JOURNAL

HÉLÈNE BERR

JOURNAL

1942-1944

suivi de Hélène Berr, *une vie confisquée,*
par Mariette Job

Préface de Patrick Modiano

ÉDITIONS FRANCE LOISIRS

Édition du Club France Loisirs,
avec l'autorisation des Éditions Tallandier

Éditions France Loisirs,
123, boulevard de Grenelle, Paris
www.franceloisirs.com

Le Code de la propriété intellectuelle n'autorisant, aux termes des paragraphes 2 et 3 de l'article L. 122-5, d'une part, que les « copies ou reproductions strictement réservées à l'usage privé du copiste et non destinées à une utilisation collective » et, d'autre part, sous réserve du nom de l'auteur et de la source, que les « analyses et les courtes citations justifiées par le caractère critique, polémique, pédagogique, scientifique ou d'information », toute représentation ou reproduction intégrale ou partielle, faite sans le consentement de l'auteur ou de ses ayants droit ou ayants cause, est illicite (article L. 122-4). Cette représentation ou reproduction, par quelque procédé que ce soit, constituerait donc une contrefaçon sanctionée par les articles L. 335-2 et suivants du Code de la propriété intellectuelle.

© 2008 Éditions Tallandier
ISBN : 978-2-298-01649-9

PRÉFACE

par Patrick Modiano

Une jeune fille marche dans le Paris de 1942. Et comme elle éprouvait dès le printemps de cette année-là une inquiétude et un pressentiment, elle a commencé d'écrire un journal en avril. Plus d'un demi-siècle s'est écoulé depuis, mais nous sommes, à chaque page, avec elle, au présent. Elle qui se sentait parfois si seule dans le Paris de l'Occupation, nous l'accompagnons jour après jour. Sa voix est si proche, dans le silence de ce Paris-là...

Le premier jour, mardi 7 avril 1942, l'après-midi, elle va chercher au 40 de la rue de Villejust, chez la concierge de Paul Valéry, un livre qu'elle a eu l'audace de demander au vieux poète de lui dédicacer. Elle sonne et un fox-terrier se jette sur elle en aboyant. – Est-ce que M. Valéry n'a pas laissé un petit paquet pour moi ? Sur la page de garde, Valéry a écrit : « Exemplaire de mademoiselle Hélène Berr », et au-dessous : « Au réveil, si douce la lumière, et si beau ce bleu vivant. »

Pendant tout ce mois d'avril et ce mois de mai, il semble, à la lecture du journal d'Hélène Berr, que Paris, autour d'elle, soit en harmonie avec la phrase de Valéry. Hélène fréquente la Sorbonne où elle prépare un diplôme d'anglais. Elle accompagne un « garçon aux yeux gris » dont elle vient de faire la connaissance à la Maison des lettres, rue Soufflot, où ils écoutent une cantate de Bach, un concerto pour clarinette et orchestre de Mozart... Elle marche avec ce garçon et d'autres camarades à travers le Quartier latin. « Le boulevard Saint-Michel inondé de soleil, plein de monde », écrit-elle. « À partir de la rue Soufflot, jusqu'au boulevard Saint-Germain, je suis en territoire enchanté. » Parfois elle passe une journée aux environs de Paris dans une maison de campagne à Aubergenville. « Cette journée qui s'est déroulée dans sa perfection, depuis le lever du soleil plein de fraîcheur et de promesse, lumineux, jusqu'à cette soirée si douce et si calme, si tendre, qui m'a baignée tout à l'heure lorsque j'ai fermé les volets. » On sent, chez cette fille de 20 ans, le goût du bonheur, l'envie de se laisser glisser sur la douce surface des choses, un tempérament à la fois artiste et d'une très grande lucidité. Elle est imprégnée par la poésie et la littérature anglaises et elle serait sans doute devenue un écrivain de la délicatesse de Katherine Mansfield. On oublierait presque, à la lecture des cinquante premières pages de son journal, l'époque atroce où elle se trouve. Et pourtant, un jeudi de ce mois d'avril, après un cours à la Sorbonne, elle se promène dans le jardin du Luxembourg avec un camarade. Ils se sont arrêtés au bord du bassin. Elle est fascinée par les reflets et le clapotis de l'eau sous le soleil, les voiliers d'enfants et le ciel bleu – celui qu'évoquait Paul Valéry dans sa dédicace. « Les Allemands vont gagner la guerre, lui dit son camarade. – Mais qu'est-ce que nous deviendrons si les Allemands gagnent ? – Bah ! rien ne changera. Il y aura toujours le soleil et l'eau... Je me suis forcée à dire : "Mais ils ne laissent pas tout le monde jouir de la lumière et de l'eau !" Heureusement, cette phrase me sauvait, je ne voulais pas être lâche. »

C'est la première fois qu'elle fait allusion aux temps sombres où elle vit, à l'angoisse qui est la sienne, mais de manière si naturelle et si pudique que l'on devine sa solitude au milieu de cette ville ensoleillée et indifférente. En cette fin du printemps 1942, elle marche toujours dans Paris, mais le contraste entre l'ombre et la lumière se fait plus brutal, l'ombre gagne peu à peu du terrain.

Le mois de juin 1942 est pour elle le début des épreuves. Ce lundi 8, elle doit, pour la première fois porter l'étoile jaune. Elle sent l'incompatibilité entre son goût du bonheur et de l'harmonie et la noirceur et l'horrible dissonance du présent. Elle écrit : « Il fait un temps radieux, très frais… un matin comme celui de Paul Valéry. Le premier jour aussi où je vais porter l'étoile jaune. Ce sont les deux aspects de la vie actuelle : la fraîcheur, la beauté, la jeunesse de la vie, incarnée par cette matinée limpide ; la barbarie et le mal, représentés par cette étoile jaune. » Sèvres-Babylone – Quartier latin. Cour de la Sorbonne. Bibliothèque… Les mêmes trajets que d'habitude. Elle guette les réactions de ses camarades. « Je sentais leur peine et leur stupeur à tous. » À la station de métro École militaire, le contrôleur lui ordonne : « Dernière voiture », celle où doivent obligatoirement monter les porteurs d'étoile jaune. Elle nous dit les sentiments qu'elle a éprouvés concernant cette étoile : « J'étais décidée à ne pas la porter. Je considérais cela comme une infamie et une preuve d'obéissance aux lois allemandes… Ce soir, tout a changé à nouveau : je trouve que c'est une lâcheté de ne pas le faire, vis-à-vis de ceux qui le feront. » Et le lendemain, dans sa solitude, elle imagine que quelqu'un lui pose la question : « Pourquoi portez-vous cette étoile ? » Elle répond : « C'est parce que je veux éprouver mon courage. »

Puis, à la date du 24 juin, sans élever le ton, elle rend compte de l'épreuve qu'elle vient d'affronter et qui sera déterminante pour elle. « Je voulais écrire ceci hier soir… Ce matin, je me force à le faire, parce que je veux me souvenir de tout. » Il s'agit de l'arrestation de son père, livré par la police française aux « questions juives » à la Gestapo, puis transféré à la préfecture de police avant d'être interné à Drancy. Motif : son étoile jaune n'était pas cousue à sa veste. Il s'était contenté de la fixer à l'aide d'agrafes et de pressions, afin de pouvoir la mettre plus facilement sur tous ses costumes. Il semble qu'à la préfecture de police, on ne fasse guère de différence entre les juifs « français » et les juifs « étrangers ». Raymond Berr, le père d'Hélène, ingénieur des mines, ancien directeur des établissements Kuhlmann, décoré de la croix de guerre et de la légion d'honneur à titre militaire et faisant partie des huit personnes de sa « race » à bénéficier de l'article 8 de la loi du 3 octobre 1940 : (« Par décret individuel pris en Conseil d'État et dûment motivé, les juifs qui, dans les domaines littéraire, scientifique, artistique, ont rendu des services exceptionnels à l'État français, pourront être relevés des interdictions prévues par la présente loi ») se trouve sur un banc de bois, surveillé par des policiers. Hélène et sa mère ont obtenu l'autorisation de le voir. On lui a enlevé sa cravate, ses bretelles et ses lacets. « L'agent nous expliquait pour nous rassurer que c'était un ordre car hier un détenu avait essayé de se pendre. »

Une cassure s'est alors produite dans l'esprit d'Hélène Berr entre la vie tranquille d'étudiante qu'elle menait jusque-là et la vision de son père surveillé comme un criminel dans une officine crasseuse de la préfecture de police. « Un abîme infranchissable », écrit-elle. Mais le ton du journal reste le même, sans aucun fléchissement, aucun pathos. Les phrases toujours aussi brèves nous révèlent de quelle trempe est cette jeune fille. L'internement de son père à Drancy lui fait prendre conscience de tout ce qui obscurcit et empoisonne le Paris de l'été 1942 et demeure pourtant invisible à ceux qui sont absorbés par leurs soucis quotidiens ou ceux qui ont choisi de fermer les yeux. Hélène, elle, les garde grands ouverts. Une jeune fille aussi artiste, aussi délicate aurait pu détourner son regard dans un réflexe de sauvegarde ou un geste d'épouvante ou même se réfugier en zone libre. Elle, au contraire, ne se dérobe pas et, d'un mouvement spontané, elle se sent solidaire de la souffrance et du malheur. Le 6 juillet 1942, elle se présente au siège de l'UGIF pour être recrutée comme assistante sociale bénévole aux services des internés du camp de Drancy et de ceux du Loiret. Chaque jour, elle sera en contact avec les familles démembrées par les arrestations et le témoin direct de toute l'horreur quotidienne, celle du « Vél d'Hiv », de Drancy et des départs à l'aube dans les trains de marchandises à la gare de Bobigny. L'un des responsables de l'UGIF lui a dit : « Vous n'avez rien à faire ici ! Si j'ai un conseil à vous donner, partez. » Mais elle reste. Elle a franchi la ligne dans un élan irréversible.

Son courage, sa droiture, la limpidité de son cœur m'évoquent le vers de Rimbaud :

Par délicatesse
J'ai perdu ma vie.

Elle a pressenti le caractère fatal de sa démarche. Elle écrit : « Nous vivons heure par heure, non plus semaine par semaine ». Elle écrit aussi : « J'avais un désir d'expiation, je ne sais pourquoi. » On pense à la philosophe Simone Weil et certaines pages du journal d'Hélène – ce journal qu'elle considère comme une lettre adressée à son ami Jean, le garçon aux « yeux gris » du Quartier latin, et dont elle ne sait même pas s'il la lira un jour – ce journal évoque parfois les lettres poignantes de Simone Weil à Antonio Atarès, à la même époque. Oui, Simone Weil aurait pu écrire cette phrase d'Hélène : « Les amitiés qui se sont nouées ici, cette année, seront empreintes d'une sincérité, d'une profondeur et d'une espèce de tendresse grave que personne ne pourra jamais connaître. C'est un pacte secret, scellé dans la lutte et les épreuves. » Mais à la différence de Simone Weil, Hélène Berr est sensible au bonheur, aux matinées radieuses, aux avenues ensoleillées de Paris où l'on marche avec celui qu'on aime, et la liste qu'elle dresse de ses livres de chevet ne comporte aucun philosophe, mais des poètes et des romanciers.

Son journal s'interrompt pendant neuf mois. Elle le reprend définitivement en novembre 1943. Sa belle écriture déliée, telle qu'elle apparaît dans le manuscrit, est devenue aiguë, saccadée. Rien de plus suggestif que ce bloc de silence de neuf mois qui nous fait comprendre l'extrême gravité de ce qu'elle a vu et ressenti. Elle note : « Toutes mes amies du bureau sont arrêtées. » Un leitmotiv revient sous sa plume : « Les autres ne savent pas… » « L'incompréhension des autres… » « Je ne peux pas parler, parce qu'on ne me croirait pas… » « Il y a trop de choses dont on ne peut pas parler… » Et cette brusque confidence : « Personne ne saura jamais l'expérience dévastatrice par laquelle j'ai passé cet été. »

Et aussi : « En ce moment, nous vivons l'histoire. Ceux qui la réduiront en paroles… pourront bien faire les fiers. Sauront-ils ce qu'une ligne de leur exposé recouvre de souffrances individuelles ? » Après ce long silence, sa voix est toujours aussi claire mais elle nous parle désormais de plus loin, de presque aussi loin qu'Etty Hillesum dans ses *Lettres de Westerbork*. Elle n'a pas encore franchi le dernier cercle de l'enfer. Dans cette ville où elle marche, elle est toujours émue par des signes amicaux et rassurants : la petite porte des Tuileries, les feuilles sur l'eau, toute la beauté lumineuse de Paris… Elle va à la librairie Galignani acheter *Lord Jim* et *Le Voyage sentimental*. Mais de plus en plus souvent, par de brèves indications qu'elle donne, on comprend aussi qu'elle est happée dans les trous noirs de la ville, les zones maudites dont les noms de rues reviennent dans son journal. Rue de la Bienfaisance. C'est là, dans leurs bureaux, que seront arrêtées les assistantes sociales comme elle, et son amie Françoise Bernheim. Hélène Berr échappera par hasard à cette rafle. Rue Claude-Bernard. Un patronage d'enfants et d'adolescents où les sinistres policiers des « questions juives » fouilleront et pilleront les bagages qu'ils ont confisqués à ceux qui partaient en déportation. Rue Vauquelin. Un foyer de jeunes filles qui seront raflées et déportées juste avant la libération de Paris. Le centre de la rue Édouard-Nortier, à Neuilly. Hélène s'y rend souvent pour s'occuper des enfants, les emmener en promenade, et, quand ils sont souffrants, aux Enfants-Malades, rue de Sèvres, ou à l'hôpital Rothschild, rue de Santerre. Parmi eux, le petit Doudou Wogryb, « au sourire radieux », la petite Odette, le petit André Kahn « que je tenais par la main – un de mes petits de Neuilly que j'adore », et celui, de 4 ans, dont on ne savait même pas le nom… La plupart seront déportés le 31 juillet 1944.

J'ai voulu, un après-midi, suivre ces mêmes rues pour mieux me rendre compte de ce qu'avait pu être la solitude d'Hélène Berr. La rue Claude-Bernard et la rue Vauquelin ne sont pas loin du Luxembourg et à la lisière de ce qu'un poète appelait le « Continent Contrescarpe », une sorte d'oasis dans Paris, et l'on a de la peine à imaginer que le mal s'infiltrait jusque-là. La rue Édouard-Nortier est proche du bois de Boulogne. Il y avait sûrement en 1942 des après-midi où la guerre et l'Occupation semblaient lointaines et irréelles dans ces rues. Sauf pour une jeune fille du nom d'Hélène Berr, qui savait qu'elle était au plus profond du malheur et de la barbarie : mais impossible de le dire aux passants aimables et indifférents. Alors, elle écrivait un journal. Avait-elle le pressentiment que très loin dans l'avenir, on le lirait ? Ou craignait-elle que sa voix soit étouffée comme celles de millions de personnes massacrées sans laisser de traces ? Au seuil de ce livre, il faut se taire maintenant, écouter la voix d'Hélène et marcher à ses côtés. Une voix et une présence qui nous accompagneront toute notre vie.

Ceci est mon journal.
Le reste se trouve à Aubergenville.

1942

Mardi 7 avril
4 heures

Je reviens... de chez la concierge de Paul Valéry. Je me suis enfin décidée à aller chercher mon livre. Après le déjeuner, le soleil brillait ; il n'y avait pas de menace de giboulée. J'ai pris le 92 jusqu'à l'Étoile. En descendant l'avenue Victor-Hugo, mes appréhensions ont commencé. Au coin de la rue de Villejust, j'ai eu un moment de panique. Et tout de suite, la réaction : « Il faut que je prenne les responsabilités de mes actes. *There's no one to blame but you* [Tu ne peux t'en prendre qu'à toi-même]. » Et toute ma confiance est revenue. Je me suis demandé comment j'avais pu avoir peur. La semaine dernière, même jusqu'à ce moment, je trouvais cela tout naturel. C'est Maman qui m'a rendue intimidée en me montrant qu'elle était très étonnée de mon audace. Autrement je trouvais cela tout simple. Toujours mon état de demi-rêve. J'ai sonné au 40. Un fox-terrier s'est précipité sur moi en aboyant, la concierge l'a appelé. Elle m'a demandé d'un air méfiant : « Qu'est-ce que c'est ? » J'ai répondu de mon ton le plus naturel : « Est-ce que M. Valéry n'a pas laissé un petit paquet pour moi ? » (Tout de même, *de loin*, je m'étonnais de mon aplomb, mais de très loin.) La concierge est rentrée dans sa loge : « À quel nom ? – Mademoiselle Berr. » Elle s'est dirigée vers la table. Je savais d'avance qu'il était là. Elle a fouillé, et m'a tendu mon paquet, dans le même papier blanc. J'ai dit : « Merci beaucoup ! » Très aimablement, elle a répondu : « À votre service. » Et je suis repartie, ayant juste eu le temps de voir que mon nom était inscrit d'une écriture très nette, à l'encre noire, sur le paquet. Une fois de l'autre côté de la porte, je l'ai défait. Sur la page de garde, il y avait écrit de la même écriture : « Exemplaire de mademoiselle Hélène Berr », et au-dessous : « Au réveil, si douce la lumière, et si beau ce bleu vivant », Paul Valéry.

Et la joie m'a inondée, une joie qui venait confirmer ma confiance, qui s'harmonisait avec le joyeux soleil et le ciel bleu tout lavé au-dessus des nuages ouatés. Je suis rentrée à pied, avec un petit sentiment de triomphe à la pensée de ce que les parents diraient, et l'impression qu'au fond l'extraordinaire était le réel.

* * *

Maintenant, j'attends Miss Day qui doit venir goûter. Le ciel s'est subitement obscurci, la pluie fouette les carreaux ; on dirait que c'est grave, tout à l'heure il y a eu un éclair et du tonnerre. Demain, nous devons aller faire un pique-nique à Aubergenville avec François et Nicole Job, Françoise et Jean Pineau, Jacques Clère. En descendant les marches du Trocadéro, je pensais à demain avec joie ; après tout, il y aurait bien des éclaircies. Maintenant, ma joie est assombrie. Mais le soleil va ressortir, c'est presque fini. Pourquoi ce temps est-il si instable ? C'est comme un enfant qui rit et pleure à la fois.

* * *

Hier soir, je me suis endormie après avoir lu la deuxième partie de *La Mousson*. C'est magnifique. Plus je vais, plus je découvre de beauté dans ce livre. Avant-hier, c'était la scène entre Fern et sa mère, les deux vieilles filles. Hier soir, cela a été l'inondation, la maison des Bannerjee, et les Smiley. J'ai l'impression de vivre parmi ces personnages. Ransome maintenant est une vieille connaissance, il est très attachant.

* * *

La soirée a été remplie de l'excitation de demain. Ce n'était pas un débordement, mais une espèce de joie sous-jacente que parfois l'on oubliait et qui revenait doucement par moments. Il y avait des préparatifs comme pour un départ en voyage. Le train est à huit heures trente-trois. Il faut se lever à six heures quarante-cinq.

* * *

Mercredi 8 avril

Je rentre d'Aubergenville. Tellement abreuvée de grand air, de soleil brillant, de vent, de giboulées, de fatigue et de plaisir que je ne sais plus où j'en suis. Je sais simplement que j'ai eu une crise de dépression, avant le dîner, dans la chambre de Maman, sans cause normale ou apparente, mais dont l'origine était le chagrin de voir finir cette journée merveilleuse, d'être brusquement séparée de son atmosphère. Je n'ai jamais pu m'habituer à ce que les choses agréables aient une fin. Je ne m'attendais pas à cette crise de désespoir. Je croyais avoir oublié ces choses enfantines, mais cela est venu sans que je m'en rende compte, sans que j'essaie non plus de lutter contre. Et puis en rentrant j'ai trouvé une carte d'Odile et une carte de Gérard[1], celle-ci méchante, blessante. Il se moque de moi, de ma carte. Je ne me rappelle plus de quoi il s'agissait, mais je pensais qu'il me comprendrait. Je vais lui répondre dans le même ton.

* * *

Mes yeux se ferment malgré moi. La journée défile par bribes dans mon esprit abruti, je revois le départ à la gare par une pluie battante et un ciel gris ; le voyage dans le train avec les joyeuses plaisanteries, l'impression que tout allait être bien dans cette journée, la première promenade dans le jardin dans l'herbe mouillée, sous la pluie, et la brusque apparition du ciel bleu ensoleillé à partir du petit champ, la partie de *deck tennis* avant le déjeuner, la table de la cuisine et le déjeuner très animé et très gai, la vaisselle où tous donnaient un coup de main, Françoise Pineau essuyant méthodiquement les assiettes, Job rangeant très régulièrement, sa pipe à la bouche. Jean Pineau rangeant une fourchette, ou une assiette à la fois et riant chaque fois qu'on l'attrapait, en ouvrant les bras d'un air évasif ; la promenade sur la route du plateau, en plein soleil, l'averse drue et brève, ma conversation avec Jean Pineau, le retour vers le village où nous avons retrouvé Jacques Clère, la promenade jusqu'à Nézel, sous un ciel lavé, et un horizon de plus en plus large et lumineux, le goûter sympathique avec le chocolat pas sucré et sans goût, le pain, la confiture ; la sensation que tous étaient heureux, le retour avec Denise et les deux Nicole[2] serrées sur une banquette pour que Job puisse se placer avec nous,

---

1. Odile Neuburger et Gérard Lyon-Caen.
2. Une cousine d'Hélène et sa belle-sœur. Voir p. 293.

mes joues brûlantes ; la belle figure de Jean Pineau en face de moi, avec ses yeux clairs et ses traits énergiques, les adieux dans le métro, et les sourires qui disaient le plaisir sincère et franc de la journée. Tout cela me semble à la fois étrangement près et étrangement loin. Je sais que c'est fini, que je suis ici, dans ma chambre et en même temps j'entends les voix, je revois les visages et les silhouettes, comme si j'étais entourée de fantômes vivants. C'est que la journée n'est plus tout à fait Présent, et n'est pas encore Passé. Le calme environnant est tout bruissant de souvenirs et d'images.

***

Jeudi matin, 9 avril

Je me suis réveillée à sept heures. Tout s'embrouillait dans ma tête. La joie d'hier, la déception d'hier soir, l'état d'*unpreparedness* [incapacité à réagir] où je suis pour aujourd'hui, n'ayant rien envisagé avant-hier au-delà de cette journée, mon irritation contre Gérard qui, si je la raisonne, disparaît car au fond, il a raison de se moquer de moi ; le visage sérieux et passionné en même temps de Jean Pineau, dans le train ; la pensée qu'Odile est définitivement partie, juste au moment où il y avait un épanouissement et cet approfondissement de notre amitié qui se préparait. Comment vais-je faire sans elle maintenant ?

***

Samedi 11 avril

Ce soir, j'ai une envie folle de tout flanquer en l'air. J'en ai *assez* de ne pas être normale ; j'en ai assez de ne plus me sentir libre comme l'air, comme l'année dernière ; j'en ai assez de sentir que je n'ai pas le droit d'être comme avant. Il me semble que je suis attachée à quelque chose d'invisible et que je ne peux pas m'en écarter à ma guise, j'en viens à haïr cette chose, et à la déformer. Le pire c'est que vis-à-vis de moi-même, je me sens entièrement libre et inchangée, mais que vis-à-vis des autres, des parents, de Nicole, de Gérard lui-même, je suis *obligée* de jouer un rôle. Parce que, malgré tout ce que je pourrais leur dire, ils resteront persuadés que ma vie a changé. Plus le temps passe, plus l'abîme se creuse entre ces deux mondes. Il y a le moi qui maintenant aspire de toutes ses forces à redevenir ce qu'il était avant, ce qu'il serait devenu si rien n'était arrivé ; et le moi que les autres pensent nécessairement s'y être substitué. Peut-être ce dernier moi est-il une création de mon imagination. Non, je ne le pense pas.

Plus le temps passe, plus la situation se déforme pour moi. Qu'est-ce qui fait que je la considère maintenant comme un malaise que je fuis presque tête baissée ?

C'est pour cela que ce soir, lorsqu'en rentrant j'ai trouvé la carte où Gérard m'annonçait qu'il ne me reverrait pas avant l'automne, j'ai pleuré, pour la première fois depuis des mois. Pas parce que j'avais du chagrin, mais parce que j'en ai tellement assez de ce malaise sourd. J'en ai tellement assez de cette situation fausse, fausse vis-à-vis de lui, fausse vis-à-vis des parents, fausse vis-à-vis de Denise, de Nicole, d'Yvonne. J'espérais qu'au moins sa visite éclaircirait tout. Mais encore tout le printemps, et tout l'été, à vivre comme cela... Et je ne peux l'expliquer à personne. En relevant la tête, j'ai eu envie de lancer un défi à je-ne-sais-quoi, je me suis dit que je me vengerais ; que je m'en donnerais à cœur joie, sans arrière-pensée, puisque c'est comme ça ; et puis j'ai enfoui la nouvelle sous le fouillis de la vie actuelle, pour « y repenser demain », parce que je savais bien que c'était une mauvaise nouvelle.

J'ai parfaitement conscience que je déforme tout, moi-même, d'où cela vient-il ?

À l'origine : l'analyse m'a conduite toujours à cette même conclusion que je ne peux *rien* décider avant de l'avoir revu et de le connaître mieux.

Cela, tout le monde est d'accord pour l'admettre ; seulement ce que je ne crois pas que les parents comprennent, c'est que cette conclusion soit devenue absolue, et sans réserves pour moi : que je ne sache *absolument* rien de ce qui arrivera ; que je ne désire absolument aucune solution, que j'attende, comme un résultat de match où je ne jouerais pas.

Cela vient sans doute de mon incapacité à accepter une situation non définie. J'aime à faire le point, peut-être pour être débarrassée et pour pouvoir redevenir normale. Cela ressemble beaucoup à l'ennui que cause en moi tout bouleversement de la vie habituelle. Denise dirait que je suis « casanière ».

Donc, depuis que je suis arrivée à cette conclusion, j'attends ce match qui est devenu une chose totalement indifférente et extérieure ; c'est la seule chose que j'attends.

Seulement, malgré tout, c'est une tension qui à la longue devient intolérable. Voilà pourquoi je n'ai pas pu supporter l'idée qu'elle devait se prolonger.

Voilà pourquoi j'ai pris en horreur toute cette histoire, et que je la caricature presque volontairement. Au fond, je ne veux pas changer ; qu'un changement doive se produire avec des choses pareilles, c'est inévitable. Mais il faut que le changement soit brusque, et surtout qu'il soit inondé de joie, comme il doit l'être lorsque tout est bien.

Ce soir, si je voulais, je pourrais me jeter sur mon lit, et pleurer, et dire à Maman que je veux me raccrocher de toutes mes forces à ce que j'étais avant. Et Maman sûrement me consolerait, et je m'endormirais avec le goût des larmes, et aussi le calme de la paix. Mais Maman alors se ferait encore un peu plus de bile dans la chambre à côté.

Et je ne sais même pas si je pourrais faire cela. Ce serait du *self-pity* [apitoiement sur soi-même], et je suis devenue dure pour moi-même, parce que je crois que rien n'est plus nécessaire en ce moment. C'est pour cela seulement ; car ce n'est pas la dignité qui m'en empêcherait. La dignité avec Maman serait un crime. Ce n'est pas non plus parce que j'exhiberais et exploiterais une émotion ou un sentiment qu'au fond je ne ressentirais pas, pour arriver à ce résultat inévitable : le rendre *cheap* [minable]. Car tout ce que je dirais serait parfaitement sincère et vrai. Mais je ne veux pas faire de la peine à Maman. Déjà ce soir Papa a reçu un avis de spoliation[1], et Maman prend tout cela sur son dos, et cache tout.

It sufficeth that I have told thee [Il me suffit de t'en avoir parlé], mon bout de papier ; tout va déjà mieux.

* * *

---

1. La spoliation, ou « aryanisation économique », est la confiscation des propriétés, des immeubles, des entreprises appartenant aux juifs. Une série de mesures prises conjointement par l'occupant allemand et le gouvernement de Vichy à partir de l'automne 1940 privent progressivement les juifs de leurs biens, désormais gérés par des administrateurs provisoires.

Pensons à autre chose. À la beauté irréelle de cette journée d'été à Aubergenville. Cette journée s'est déroulée dans sa perfection, depuis le lever du soleil plein de fraîcheur et de promesse, lumineux, jusqu'à cette soirée si douce et si calme, si tendre, qui m'a baignée tout à l'heure lorsque j'ai fermé les volets.

Ce matin, en arrivant, après avoir épluché les pommes de terre, je me suis sauvée au jardin, sûre de la joie qui m'attendait. J'ai retrouvé les sensations de l'été dernier, fraîches et neuves, qui m'attendaient comme des amies. Le foudroiement de lumière qui émane du potager, l'allégresse qui accompagne la montée triomphante dans le soleil matinal, la joie à chaque instant renouvelée d'une découverte, le parfum subtil des buis en fleurs, le bourdonnement des abeilles, l'apparition soudaine d'un papillon au vol hésitant et un peu ivre. Tout cela, je le *reconnaissais*, avec une joie singulière. Je suis restée à rêver sur le banc là-haut, à me laisser caresser par cette atmosphère si douce qu'elle faisait fondre mon cœur comme de la cire ; et à chaque moment je percevais une splendeur nouvelle, le chant d'un oiseau qui s'essayait dans les arbres encore dénudés, et auquel je n'avais pas encore fait attention, et qui soudain peuplait le silence de voix, le roucoulement lointain des pigeons, le pépiement d'autres oiseaux ; je me suis amusée à observer le miracle des gouttes de rosée sur les herbes, en tournant un peu la tête, je voyais leur couleur changer du diamant à l'émeraude, puis à l'or rouge. L'une d'elles est même devenue rubis, on aurait dit des petits phares. Brusquement, en renversant la tête, pour voir le monde à l'envers, j'ai réalisé l'harmonie merveilleuse des couleurs du paysage qui s'étendait devant moi, le bleu du ciel, le bleu doux des collines, le rose, le sombre et les verts embrumés des champs, les bruns et les ocres tranquilles des toits, le gris paisible du clocher, tout baignés de douceur lumineuse. Seule l'herbe fraîche et verte à mes pieds mettait une note plus crue, comme si elle seule était vivante dans ce paysage de rêve. Je me suis dit : « Sur un tableau, on croirait ce vert irréel, avec tous ces coloris de pastel. » Mais c'était vrai.

* * *

Mercredi 15 avril

J'écris ici, parce que je ne sais pas à qui parler. Je viens de recevoir une carte presque désespérée, pleine d'amertume et de découragement. Mon premier sentiment en la lisant a été presque du triomphe, de voir que lui aussi était comme moi. La seconde a été la terreur, de voir que je ne pouvais pas à mon gré tourner le déclic de mes propres sentiments, sans qu'un autre être humain souffre.

Il y a des phrases qui m'ont fait frémir, – votre voie diverge de la mienne... nous allons droit dans l'impasse... –, parce que brusquement j'ai l'impression qu'elles confirment des intuitions vagues et obscures que j'avais toujours eues. Et maintenant j'ai peur.

Qu'est-ce qu'il faut faire ? Nous avons l'un et l'autre de la peine. Mais nous ne pouvons pas la mettre en commun, comme pourraient le faire deux autres personnes ; car si j'essaie de le consoler, je lui dirai seulement que je suis comme lui, et cela ne lui fera-t-il pas plus de peine ? Si je mets de la tendresse dans ma réponse, je mentirai, ou ce sera de la sentimentalité.

En même temps, j'ai l'impression que j'ai devant moi un inconnu, un caractère d'homme, et que je n'ai aucune expérience, et que je ne sais comment agir envers lui.

Maman seule pourrait m'aider. Mais je sais qu'elle penserait à Papa, qu'elle me citerait des analogies dans le cas de Papa, et elle ne comprendra pas pourquoi je me contracte lorsqu'elle met Gérard à la place de Papa. Je ne peux pas envisager cela comme pareil.

Il me parle de l'enthousiasme de mes cartes. C'est pour cela que sa voie diverge de la mienne. Mais ne comprend-il pas que si je lui envoie des « descriptions de paysages », c'est parce que je ne peux pas parler d'autre chose, de mes sentiments qui ne sont pas sûrs comme les siens ? Mais cela, je ne peux pas le lui expliquer non plus.

Par moments, un calme désespoir s'empare de moi. Je pense : j'ai toujours su que nous n'étions pas faits l'un pour l'autre. Je le sentais et cela me faisait peur quand je voyais les autres envisager autre chose ; j'ai quelque chose d'Hindou dans mon tempérament.

Mon Dieu ! qu'est-ce qu'il faut faire ? Que vais-je répondre ?

La fin de sa carte est cynique. Mais cela ne me touche même pas. S'il savait !

Pourquoi est-ce que la vie est devenue si compliquée ?

Mercredi 15 avril

J'ai travaillé toute la journée, pour m'enfuir. J'ai réussi à oublier. Trois heures après, j'émergeais d'un monde lointain, et il m'a semblé qu'à nouveau tout cela était sans consistance.

J'ai travaillé aussi tout l'après-midi, à taper mon chapitre sur Brutus. Le soleil était si fort que j'ai fermé les volets. Dehors, c'était le couronnement de l'été.

Je suis sortie à quatre heures, en plein dans la chaleur d'été – impression étrange –, je suis allée à la Sorbonne, à la séance Escarpit. Cela me rappelait la période examen de l'année dernière, et pourtant je me sens plus libre, plus errante, moins harassée.

J'ai fini *La Mousson* avant de m'endormir. Mais j'ai très mal dormi.

Jeudi 16 avril

Ce matin, je suis allée à la Sorbonne, pour me changer un peu. J'ai eu une déception, parce que j'espérais voir Sparkenbroke[1]. Mais je l'ai vu cet après-midi ; je suis arrivée trop en avance, naturellement. Je suis montée un instant à la bibliothèque, en redescendant j'entendais quelqu'un chanter à tue-tête dans l'escalier. C'était Escarpit, qui était en bas, avec sa fiancée. Il chantait, probablement parce qu'il était content ; content de son bonheur, de son travail. C'est un garçon merveilleusement équilibré. Il a beau ne pas être *très* cultivé, il respire la santé morale, intellectuelle. Je me suis arrêtée net en bas de l'escalier en le reconnaissant. Il a ri, sans être le moins du monde gêné, j'ai ri, sa fiancée a ri. Une vague de sympathie m'a envahie.

J'ai attendu dans la cour, en bavardant avec Charlotte Brontë, la fille qui a le diplôme sur Charlotte Brontë. Elle est très gentille. Elle possède aussi cette indéfinissable qualité des étudiants que je vois, de vous faire sentir qu'on vous aime bien.

Le cours de Cazamian comportait un exposé d'un garçon qui a l'air futé et drôle, sur le lyrisme de Shelley. Je n'ai pas très bien suivi, mais je *sentais* que ce qu'il disait était plein de flamme et de poésie. La louange de Cazamian a confirmé mon intuition. Mais je n'avais pas la

---

[1]. Hélène Berr donne à ses amis le nom de héros de roman. Ici, André Bay est Sparkenbroke, d'après le héros du roman de Charles Morgan. Jean Morawiecki, lui, est Lancelot of the Lake.

patience d'écouter. À onze heures et quart, je suis partie. Je suis allée au secrétariat faire renouveler ma carte, et je suis rentrée.

Après le déjeuner, je suis repartie avec Maman en voiture chez le docteur Redon, qui m'a coupé quelques lamelles de peau sur mon doigt, pour chasser l'invisible goutte de pus, et j'ai ensuite descendu le boulevard Saint-Michel inondé de soleil, plein de monde, retrouvant ma joie familière, merveilleuse, en approchant de la rue Soufflot. À partir de la rue Soufflot, jusqu'au boulevard Saint-Germain, je suis en territoire enchanté.

Aussi ai-je à peine été étonnée lorsqu'en quittant Maman à l'arrêt de l'S, je suis tombée en plein sur Jean Pineau. Il m'a serré la main ; je retirais mon doigt malade sans qu'il s'en aperçoive. Il avait la figure toute rose, peut-être du plaisir de la rencontre ? Je n'en sais rien. Moi, j'étais ravie. Mais ce n'est qu'après que j'ai réalisé le merveilleux de cette rencontre. Il a saisi mon livre – le Hugo von Hofmannstahl – que je voulais en réalité montrer à Sparkenbroke. Il était brusque, mais joyeux, impossible à définir. Nous nous sommes quittés presque tout de suite, lui remontait le boulevard, moi j'allais à l'Institut. Il était trois heures dix, j'avais l'intention d'aller au cours de Delattre.

Je suis entrée à l'amphithéâtre et j'ai aperçu Sparkenbroke dans sa baignoire. Je me suis assise à ma place habituelle, à côté d'une fille grognon. Delattre parlait de chacun, je n'écoutais pas, je regardais mon ombre dans le soleil. À la demie, il y a eu le remue-ménage qui précède l'explication de texte, ma voisine a passé devant moi pour sortir. Je me suis levée pour la laisser passer, et j'ai vu Sparkenbroke me faire des signes qui voulaient dire : « Vous restez ? » J'ai répondu non, et nous sommes sortis dans le soleil. Un étrange soulagement m'a envahi. J'aurais été trop déçue si je ne l'avais pas vu, c'était la seule lueur de paix dans cette espèce d'enfer où je vis, c'était le seul moyen de me raccrocher à ma vie normale, de me fuir.

Il a dit : « Nous allons au Luxembourg ? » J'ai regardé ma montre, Françoise Masse venait goûter. Mais je n'ai pas hésité. Il est rentré dans l'amphithéâtre chercher sa serviette, et nous sommes partis. L'étrange promenade dans les rues connues, que je ne reconnaissais plus, comme si brusquement elles étaient étrangères, la rue de l'École-de-Médecine, la rue Antoine-Dubois, la rue de Médicis. Il parlait de son projet d'écrire un *Chantecler et Pertelope*, je retrouvais sa voix nonchalante, ses intonations, ma timidité habituelle, et peu à peu le normal se rétablissait. Au Luxembourg, nous nous sommes arrêtés au bord du bassin, où voguaient des dizaines de bateaux à voile ; je sais que nous avons parlé, mais je n'ai plus qu'un souvenir de la fascination qu'exerçait sur moi l'étincellement de l'eau sous le soleil, le clapotis léger et les rides qui étaient pleines de joie, la courbe gracieuse des petits voiliers sous le vent, et par-dessus tout, le grand ciel bleu frissonnant. Autour de moi, il y avait une foule d'enfants et de grandes personnes. Mais c'était l'eau étincelante, dansante qui m'attirait. Même quand je parlais, c'était elle qui occupait mon esprit, je le sens maintenant. J'avais pourtant envie de me disputer, car Sparkenbroke me disait : « Les Allemands vont gagner la guerre. » J'ai dit : « Non ! » Mais je ne savais pas quoi dire d'autre. Je sentais ma lâcheté, la lâcheté de ne plus soutenir devant lui mes croyances ; alors, je me suis secouée, je me suis exclamée : « Mais qu'est-ce que nous deviendrons si les Allemands gagnent ? » Il a fait un signe évasif : « Bah ! rien ne changera… – je *savais* d'avance qu'il me répondrait cela –, il y aura toujours le soleil et l'eau… » J'étais d'autant plus irritée que, au fond de moi-même, à cet instant, je sentais aussi le suprême néant de toutes ces disputes, en face de la beauté. Et pourtant je savais que je cédais à un enchantement mauvais, je me reniais, je savais que je m'en voudrais de cette lâcheté. Je me suis forcée à dire : « Mais ils ne laissent pas tout le monde jouir de la lumière et de l'eau ! » Heureusement, cette phrase me sauvait, je ne voulais pas être lâche.

Car je sais maintenant que c'est de la lâcheté, on n'a pas le droit de ne penser qu'à la poésie sur la terre ; c'est une magie, mais elle est suprêmement égoïste.

Après, il s'est mis à parler des voiliers, des arbres d'Aubergenville, de ses jeux d'enfants, mon malaise avait passé. À la grille, il a rencontré un camarade, je me suis éloignée, peu après, j'ai aperçu Jacques Weill-Raynal, avec qui j'ai causé un instant. Spark m'a rejoint, et nous sommes sortis. Il a dit : « C'est drôle, quand je rencontre un ami, vous en rencontrez un aussi. » Puis, après, il m'a dit qu'il ne voudrait pas rencontrer sa femme ; comme il m'en avait toujours parlé avec désinvolture, j'ai essayé sur le même ton de dire : « Pourquoi ? elle serait fâchée. » Mais il m'a dit alors qu'elle attendait un enfant et qu'elle était assez nerveuse.

Alors, quelque chose a sombré, c'est ce quelque chose qui menaçait toujours de troubler l'atmosphère limpide si étrange et si merveilleuse, ce quelque chose qui me ferait brusquement tout voir du point de vue « des autres gens », car maintenant je sais que je n'ai pas le droit de continuer, quoique sa femme n'ait absolument pas lieu d'être jalouse, cela pourrait lui faire de la peine. Et si je savais qu'elle avait de la peine, cela troublerait toutes mes idées peut-être, et toute la beauté idéale de cela. Maintenant, quelque chose est fini.

En redescendant le boulevard Saint-Michel, il parlait de ses amis, tous mariés et pères de famille. J'ai dit : oui, tous les garçons se marient jeunes. Et la conversation a continué sur ce terrain. J'ai dit à un moment : « Au fond ce n'est pas difficile de se marier, ce qui est difficile, c'est de trouver le vrai bonheur »... là, j'ai cherché mes mots, en hésitant. Il a répondu : « Je n'ai jamais cru à cela. » J'ai répondu avec force : « Moi j'y crois encore, et je ne veux pas que vous m'ôtiez mes illusions. » J'ai eu brusquement une impression d'isolement. Au fond il était très différent de moi, lui aussi. Au bas du boulevard Saint-Michel, nous parlions de notre philosophie de la vie, il m'expliquait que pour lui tout était intéressant, n'importe quoi... – « Moi, ce n'est pas cela, je ne suis pas dilettante, je cherche le beau, le parfait, je fais un tri entre les choses belles et les autres. J'ai encore une échelle de valeurs, je ne suis pas encore arrivée au stade où c'est tout qui devient digne d'intérêt. » Puis nous avons parlé de l'incommunicabilité de la pensée, de la transmission de pensée. Il m'a quittée à la bouche du métro, j'étais éblouie de soleil. Il m'a dit : « Je reviens demain. » J'ai hésité ; soudain, je sentais l'inutilité de le revoir, plutôt je ne retrouvais plus en moi le désir de le revoir ; j'ai dit : « Je crois... aussi que je viendrais. » Il est reparti. Je me suis aperçue soudain que je n'avais ni argent ni billets de métro. Il n'y avait qu'une chose à faire, je lui ai couru après. Il marchait lentement, comme s'il réfléchissait. Je l'ai rejoint, et je lui ai expliqué en riant ce qui m'arrivait. Il a souri de son sourire malicieux, et il a sorti un carnet de tickets. Brusquement, tout était redevenu comme avant.

Mais ce soir, je sens que cela aussi me lâche, qu'il y a dissonance là. Et la seule chose qui me semble pure, saine et fraîche dans cette journée, c'est cette rencontre avec Jean Pineau.

Et pourtant, je suis jeune encore, c'est une injustice que toute la limpidité de ma vie soit troublée, je ne veux pas « avoir de l'expérience », je ne veux pas devenir blasée, désabusée, vieille. Qu'est-ce qui me sauvera ?

Avec Françoise Masse, j'ai parlé longtemps, beaucoup ; je lui ai montré mes livres, mon diplôme. Par moments, j'avais conscience du désespoir qui me guettait. Lorsqu'elle m'a dit que Georges avait écrit que Gérard était de plus en plus misanthrope, j'ai été blessée au vif, parce que j'étais à vif. Pourquoi venait-elle me confirmer que j'avais maintenant entraîné quelqu'un d'autre, que mes actes ne touchaient plus seulement moi-même, que je n'étais plus libre ? Car la liberté même dans la souffrance, c'est une consolation.

* * *

Dimanche 19 avril
12 heures

Je viens d'écrire cette lettre. Je me sens lavée par une crise de larmes.

Et mon doigt me donne une souffrance physique dont je suis reconnaissante.

Je suis allée rue de la Chaise tout à l'heure. Redon m'a encore incisée un tout petit peu, car j'avais trop mal. Il dit que ce n'est rien.

* * *

Cet après-midi, j'ai vaguement travaillé à mon chapitre sur *Antoine et Cléopâtre*. Mais tout mon désespoir d'hier soir avait disparu. Lisette Léauté, qui s'était naturellement trompée de dimanche pour l'orchestre, est venue bavarder avec moi dans ma chambre ; j'étais décoiffée, sans bas, mais avec les Léauté, tout cela importe peu. C'était très agréable.

Après, je suis allée rejoindre Denise chez les Job. Breynaert, elle et François jouaient le trio de Schumann. Peu après est arrivé Sennizergues, le camarade de Job et Daniel. Le goûter était somptueux, il y avait une glace merveilleuse. Je suis partie à cinq heures et demie pour aller chez Francine Bacri ; métro étouffant, gluant. Chez les Bacri, il y avait son père en robe de chambre, Jeanne Audran et ses parents, et une amie de Francine que je connais de vue, avec sa mère. On a parlé politique, naturellement.

* * *

Lundi

En me couchant hier soir, j'avais à nouveau la sensation que mon doigt était pris dans une pince de homard. Je n'ai dormi qu'à coup d'aspirine.

Mais c'est étrange : cette douleur physique me donne l'impression de concentrer en elle toute ma méchanceté et mon malaise moral. Elle me débarrasse, elle est salutaire. Elle correspond à un grand changement. Je ne sais pas si j'aime Gérard ou non ; mais toute méchante pensée à son égard a disparu de moi. Lorsque je pense à lui, c'est presque comme à une chose sacrée que je ne veux plus toucher.

* * *

Toute la matinée, j'ai fini de rédiger le chapitre sur *Antoine et Cléopâtre*. Après le déjeuner, je suis retournée chez Redon avec Maman, mon doigt n'était pas beau. Il m'a fait quatre piqûres pour m'anesthésier. Cela ne m'a pas fait une impression très agréable. Lorsque je me suis levée pour aller m'asseoir dans le bureau en attendant que les dix minutes nécessaires à l'insensibilisation soient écoulées, j'étais toute étourdie. Lorsqu'il a commencé à m'inciser, cela aurait pu aussi bien se passer à dix kilomètres de moi ; je n'ai pas regardé, mais Maman regardait, et d'après ses grimaces, j'ai compris que ce n'était pas très joli. Un moment, j'ai vu qu'il enlevait des choses avec une petite pince. Mais mon doigt ne m'appartenait plus.

Je suis allée ensuite à la bibliothèque prendre ma permanence[1]. Naturellement, j'ai excité beaucoup d'intérêt. Mais Vivi Lafon était si gentille que j'étais pleine de reconnaissance. On m'a soignée comme un bébé. Nicole et Denise sont venues. J'ai eu très mal quand l'insensibilisation s'est terminée, mais après cela s'est calmé.

Après le dîner, de mon lit, j'ai dicté à Denise le commencement de mon chapitre. Nous avons passé une soirée très agréable, presque excellente même.

Mardi 21 avril

Ce matin, nous avons continué à taper et à dicter. Denise me dit que c'est très bien. Je suis très contente et j'ai peur en même temps. Après je suis allée à la Sorbonne, Jas est venu déjeuner. J'ai cru qu'il y aurait un éclat à déjeuner, tellement Maman a mal discuté avec lui.

Cet après-midi, je lutte contre le sommeil et l'abrutissement. Est-ce le temps orageux ? Est-ce le contrecoup de mon doigt ? Odile rirait si elle était là : car c'est mardi

---

1. Hélène Berr est bibliothécaire bénévole à l'Institut d'anglais de la Sorbonne. Pour ses lectures, voir p. 295.

aujourd'hui. Toute l'année, le mardi a été une journée gâchée. Mais Odile n'est pas là. Je me suis endormie sur ma table en travaillant, j'ai bien envie de recommencer. Je n'ai pas le courage de relire *Coriolan* ; je suis sortie rue Saint-Dominique faire arranger ma boîte à violon. J'ai pris du thé, dans l'espoir de me réveiller. Mais il n'y a rien à faire, je suis complètement engourdie.

Mercredi 22 avril

J'ai reçu deux cartes.
Toute cette semaine s'est passée : le matin à travailler mon diplôme, l'après-midi à prendre mon temps, la soirée à désespérer de mon travail, l'après-dîner à taper, et à être horrifiée de mon incapacité à m'exprimer. Le matin, je me réveille à sept heures, et toute ma fraîcheur d'esprit, que je gardais en réserve pour pouvoir travailler, a disparu quand je me lève.
Je vis comme dans un mauvais rêve, je ne sais plus quel jour je suis, je ne sais pas comment le temps a passé.

Vendredi 24 avril

Je suis allée déjeuner chez Jean et Claudine, c'est le seul point lumineux de cette semaine. Je suis restée chez eux jusqu'à quatre heures, à jouer du violon. Jean lisait deux chapitres de mon diplôme, jamais il n'a été aussi gentil. Pourtant, il m'intimide un peu, et je sens que je l'intimide. Mais il est merveilleux.
Je suis rentrée ici, et comme toujours, au milieu de l'après-midi, j'ai été complètement désemparée. Je suis ressortie à six heures pour aller chez le Dr Redon. J'ai eu, boulevard du Montparnasse, au milieu de cette foule attablée aux terrasses des cafés, ou circulant bruyamment,

une impression de solitude et de cafard horrible. Je ne me suis rattrapée qu'en voyant les arbres magnifiques du Petit-Luxembourg.

Samedi 25 avril

J'ai reçu une carte de Gérard, il a l'air bouleversé. Il y a quelque chose de grave brusquement entre nous. Comment cela va-t-il finir ? Je ne pense plus à lui qu'avec une espèce de tendresse étrange.
 Déjeuner à *La Reine Pédauque*. Nous sommes allés à Aubergenville. Denise est restée, parce qu'elle avait invité Jean Vigué et sa femme.
 Les lilas étaient en fleurs, l'herbe est déjà haute, mais je me suis défendue d'en jouir, parce que je me trouve maintenant idiote, depuis que j'ai compris combien j'avais pu énerver Gérard avec mes descriptions.

Dimanche 26 avril

Orchestre : Job, Breynaert et sa sœur, Françoise Masse, Annick Bouteville. Denise a joué son concerto de Mozart, et nous l'avons accompagnée, François conduisait.

* * *

Lundi 27 avril

À la bibliothèque, j'ai revu ce garçon aux yeux gris ; à ma grande surprise, il m'a proposé de venir écouter des disques jeudi ; pendant un quart d'heure, nous avons discuté musique. Lorsque Francine Bacri est arrivée pour me donner le résultat de sa lecture de mon diplôme, nous parlions encore. Je sais son nom. Il s'appelle Jean Morawiecki. Avant de le savoir, je lui avais trouvé l'air slave, l'air d'un prince slave. C'est dommage qu'il ait une voix pareille.

Comme Maman a pris cette invitation le plus naturellement du monde, elle m'a paru soudain aussi tout à fait naturelle, et j'ai écrit pour accepter.

Mardi 28 avril

Je suis allée faire du deux-violons avec M. Lyon-Caen. Après, je suis allée goûter chez Miss Day. J'ai accepté ces deux invitations en pleine semaine pour *échapper* au mardi. Et j'ai réussi. D'abord, parce que cette visite chez les Lyon-Caen me faisait à la fois peur et plaisir, en tout cas, c'était du nouveau. D'ailleurs, je n'ai réalisé ce que j'avais fait en acceptant cette invitation que lorsque j'ai fait le chemin à pied jusqu'à la rue de Longchamp. Le même chemin que j'avais fait d'abord toute seule le jeudi, et ensuite avec Gérard le dimanche. Alors, j'ai réalisé que j'allais chez *ses* parents, chez lui, et brusquement j'ai eu peur. Et puis j'ai toujours un peu le cafard en montant leur escalier, et en attendant derrière la porte.

Mais tout cela s'est très bien passé. M. Lyon-Caen est absolument épatant. Lorsqu'il est entré dans la pièce, j'ai à peine osé le regarder, parce que brusquement la forme générale de sa figure m'a rappelé celle de Gérard. Mais après, je me suis aperçue qu'il ne lui ressemblait pas, et que je pouvais le regarder sans émotion. Il a une jeunesse d'allure, de gestes même, extraordinaire. Au début, cela me paraissait téméraire de jouer avec un monsieur de cet âge, que je ne connaissais pas. Heureusement, il y avait Françoise. Après, la musique m'a absorbée et je n'y ai plus pensé. Quand nous avons goûté avec Mme Lyon-Caen et

Claude, mon malaise avait disparu : j'étais en visite chez des gens qui étaient comme les autres.

Mercredi 29 avril

Je me suis réveillée de très bonne heure, après avoir rêvé de Gérard. Jusqu'au lever, j'ai continué à penser à lui, et j'ai été très heureuse. Je n'ai pas essayé de discuter ce sentiment, il était inconnu et nouveau. Je savais que ce matin j'aurais une carte.
Je l'ai eue, elle ne disait pas grand-chose, surtout je n'ai pas compris l'allusion de la fin.
Toute la journée, pour la première fois depuis longtemps, j'ai été, en un sens, à lui. Est-ce pour de bon ? Est-ce une illusion ?
J'ai passé devant la Faculté de droit en revenant de porter un paquet pour M. Boisserie à Henri-IV. Et j'ai pensé, avec une espèce de nostalgie, que maintenant s'il était là, je me sentirais le droit d'aller le chercher à la sortie de la Faculté. Alors qu'autrefois j'aurais mieux aimé disparaître sous terre que de *penser* même à me diriger de ce côté-là. Pour moi, ç'aurait été le comble de « l'Âge-Ingraterie » ; et d'ailleurs, je n'aurais jamais eu assez de courage pour le faire. S'il savait que je pensais à lui il y a si longtemps – c'était l'année de la guerre ! Comme tout a changé !

Jeudi 30 avril

J'ai passé un après-midi merveilleux.
Cela me gênait beaucoup d'aller entendre ces disques avec ce garçon totalement inconnu. Mais dès que je l'ai vu arriver dans la cour de l'Institut [d'anglais] où j'avais fixé le rendez-vous, ma gêne a disparu. Tout était très simple.

Il nous a emmenés, moi et un de ses camarades que je connais de vue, très laid, mais sympathique, à la Maison des lettres, rue Soufflot.

Jusqu'à six heures trente, nous avons écouté des disques. Au début, il y avait à côté un étudiant qui jouait du Chopin sans arrêt, ce qui nous dérangeait. Mais après, nous avons eu la paix. J'ai entendu un quintette de Jean-Chrétien Bach, le début de la *Huitième Symphonie*, l'adagio de la *Dixième*, que j'avais demandé, et qui a été une splendeur, un concerto pour clarinette et orchestre de Mozart, une cantate de Bach, deux préludes de Bach et l'*Ode funèbre* de Mozart, un morceau magnifique.

C'était très drôle : ils m'ont servi du thé et des toasts, le thé était imbuvable, mais l'attention était touchante.

Je suis rentrée avec Jean Morawiecki : il viendra dimanche et apportera un quatuor de Beethoven.

J'ai trouvé la maison en effervescence. Les amis de Maman venant de partir, Papa de rentrer, Nicole et Denise très excitées, Auntie Ger [Tante Germaine].

M. Périlhou est venu dîner ; après, il a essayé mon violon. Nous avons joué, à deux violons, le concerto de Bach et une sonate. Il n'a fait que répéter que nous étions de chics gosses. Je ne sais pas s'il sait ce que nous pensons de lui.

Dimanche

Journée extraordinaire. Mais je n'ai rien fait.

Ce matin, je suis allée apporter du lilas à Bonne Maman et à Françoise Masse. Le matin était si joli, si ensoleillé, avec les marronniers en fête et le ciel bleu, que j'ai oublié tout remords et que je me suis laissée aller à la beauté environnante. J'ai dû rester chez les Lyon-Caen à bavarder avec Mme Lyon-Caen. Cela me gêne toujours beaucoup.

Mme Lévy est venue déjeuner. Après, il y a eu les préparatifs du goûter.

François n'est pas venu faire de la musique. Annie avait amené un altiste, petit garçon très silencieux, mais gentil. Nous avons essayé la *Symphonie concertante* de Mozart, c'était trop difficile. Breynaert est arrivé en plein milieu ; nous avons joué le concerto de Bach à deux violons, mais il m'a énervée parce qu'il jouait fort tout le temps.

À quatre heures, j'ai arrêté. À quatre heures et demie, on a sonné, j'ai ouvert. C'était François et Jean Morawiecki. Je crois qu'il a fait la conquête de tout le monde.

C'est tellement extraordinaire de penser qu'il était là, ce garçon que je connais à peine, que j'ai rencontré à la Sorbonne, dont je ne savais pas le nom lundi. Il y a du merveilleux dans toute cette histoire.

Maintenant que tous lui trouvent l'air slave, cela m'ennuie. Je ne veux pas que ce soit pour cela que je le trouve sympathique. Je l'ai trouvé sympathique sans raison, à cause de lui. Il n'y avait aucune sophistication, aucun chiqué, de ma part. Il avait apporté le Corelli et le *Quinzième Quatuor*, celui dans lequel Spandrell se tue dans *Contrepoint*. Le *Heilige Dankgesang*. Toutes les fenêtres étaient ouvertes, le soleil entrait à flots, le miracle de la clarté s'est produit, j'avais l'impression que tous étaient sous le charme.

Lundi 4 mai

Quelle nuit ! Toute la nuit j'ai rêvé. Ce matin, en me réveillant, lorsque j'ai réfléchi à ce rêve, à tout ce que cela pouvait brusquement impliquer, j'ai gémi.

Et maintenant, je me rappelle que cet après-midi, avec Jean Morawiecki, que la semaine dernière je ne connaissais pas, j'ai lu le poème de Heine *J'ai pleuré en rêve*. Et tout cela m'a paru étrangement beau, mais d'une beauté tragique, où il y avait des larmes.

Car j'ai encore passé l'après-midi avec lui : je savais que je le reverrai, il me l'avait dit hier, mais j'étais sûre. Il est arrivé vers trois heures et demie. Et il s'est installé au fond de la bibliothèque. Pendant une heure, j'ai eu du travail sans arrêt. Je désespérais de lui parler. Mais vers quatre heures et demie, il s'est levé et est venu me confier sa serviette pendant qu'il allait faire des courses. En réalité, il n'est pas parti et est resté là jusqu'à six heures moins le quart.

Et ce soir je suis saisie par une étrange tristesse. Est-ce que je me laisse entraîner dans une mauvaise voie ? Est-ce que je redeviens folle et passionnée ?

Je crois qu'avec Gérard j'aurai manqué tout ce qui doit être si beau, l'éveil, la floraison magnifique, peu à peu, profondément, silencieusement ! Il y a quelque chose de trop normal et pourtant c'est moi qui rabaisse la chose ainsi. Est-ce qu'un jour je détruirai ces pages parce que j'aurai choisi Gérard ?

Qu'est-ce que je vais devenir ? Je ne sais pas où je vais et ce que sera demain.

Jeudi 7 mai

J'ai revu Jean Morawiecki aujourd'hui, au cours de Delattre. Après le cours, nous sommes allés rue de l'Odéon puis au Luxembourg ; jusqu'à cinq heures, je suis restée assise sur un banc sous les marronniers de la grande allée. Là, il y avait du silence et de l'ombre. En plein soleil, la chaleur était insupportable.

Il était encore plus pâle que d'habitude. Il ne peut pas supporter le soleil. Est-il malade ?

Je crois que j'ai découvert ce qu'il est. Son père devait être quelque chose dans une ambassade. Il m'a dit aujourd'hui qu'à Barcelone son père recevait toutes les personnalités de passage. (À propos de Paul Valéry. Dimanche, il avait dit qu'il n'était jamais resté plus de trois mois dans la même ville. Sa distinction, son raffinement sont essentiellement aristocratiques.)

En ce moment, j'entends sa voix, sa voix un peu haute, aux intonations légèrement affectées. Chaque fois que je le regardais, il détournait la tête.

Il nous a invitées, Denise et moi, jeudi prochain à écouter des disques de musique russe.

Samedi soir, 9 mai

J'ai été folle, je crois, aujourd'hui.

J'ai été complètement exaltée. J'ai dit à Nicole des choses que jamais je n'aurais dû dire.

Et pourtant, avant le dîner encore, elles me semblaient réelles. Ce charme me semblait réel, je savais que désormais, il serait là, à m'attendre à chaque tournant.

Mais, ce soir, je suis si fatiguée que je vois tout à travers un voile épais ; je ne sens plus rien, je ne comprends même pas comment j'ai pu être si bouleversée, je suis froide, je me trouve stupide.

Il y a eu la lettre de Gérard, le déjeuner avec Simone, le quatuor de Beethoven, et la conversation avec Nicole sur l'appui de la fenêtre, la vue plongeant sur les marronniers en fleur. Qu'est-ce que j'ai dit ? Qu'est-ce que j'ai pensé aujourd'hui ? Est-ce que demain le même drame recommencera ?

Je crois que je vais dormir.

Dimanche

Tout le tragique d'hier a disparu. Je ne comprends pas ce qui m'a pris. Jamais je ne me laisserai aller ainsi. Journée à Aubergenville. Orageuse, étouffante. Après le déjeuner, j'étais si épuisée que j'ai dormi sur le banc de pierre là-haut. Cela me tentait trop.

Jeudi 14 mai

Après l'histoire d'hier, j'ai été à la fois abattue et surexcitée comme un lendemain de bal.

J'ai fini mon diplôme tant bien que mal. Ce jour d'Ascension avait un aspect indéfinissable de dimanche. Papa à la maison, le souvenir d'hier, tout cela créait une atmosphère étrange.

Je n'ai guère eu le temps de me préparer à cet après-midi, ce qui était beaucoup mieux. Nous avions rendez-vous ; Denise et moi devant l'Institut. Le Quartier latin était vide comme un dimanche. J. M. [Jean Morawiecki] nous attendait, avec un camarade ; j'ai reçu un verre d'eau sur la tête, lancé de l'hôtel d'en face. Nous nous sommes dirigés vers la Maison des lettres. Le boulevard Saint-Michel était encombré, lui. J'ai raconté à Morawiecki tout ce qui s'était passé hier, cela tenait du rêve. J'ai rencontré moins d'incrédulité qu'avec Sparkenbroke hier. Il est certainement plus près de moi que Spark. La Maison des lettres était en principe fermée, mais l'ami de Morawiecki, Molinié, celui de l'autre fois, avait la clé, et nous a accueillis, avec une autre jeune fille qui était déjà là la dernière fois. C'était tout à nous. Nous avons d'abord écouté le *Quatorzième Quatuor* de Beethoven, que je préfère, je crois, au *Quinzième*. Puis cela a été le tour de la musique russe, *Prince Igor*, Tziganes, musique populaire, Chaliapine ; j'étais enthousiasmée, ils nous ont servi un goûter merveilleux avec du chocolat au lait mousseux, et J. M. a offert des cigarettes égyptiennes et russes. C'était excessivement agréable.

Il nous a raccompagnées en métro jusqu'à Sèvres-Babylone. Ce soir, comme toujours, j'avais la nostalgie de la journée. Et puis, je ne comprends plus rien à cette semaine. Avec l'événement d'hier, et la surexcitation des dernières heures de rédaction du diplôme. Demain, ce sera encore pareil. Peut-être que lundi, le normal reprendra.

Mercredi 20 mai

Je viens de recevoir la visite de Francine de Jessay. Il y a trois ans que je ne l'ai vue.

Cela m'a fait bien plaisir ; et il n'y a pas eu le moindre frottement, même malgré notre désaccord sur l'issue finale de la guerre.

Elle est devenue ravissante ; c'est vraiment la seule camarade de classe que j'ai eu plaisir à revoir. Elle repart lundi pour Limoges, malheureusement.

Sa visite a réveillé un tas de souvenirs du cours[1].

Jeudi, 2 heures

Je suis en train de faire une chose très dure.

Je ne sais pas très bien quelle force absurde me pousse à agir soudain de cette manière. Si, je sais, la brusque réalisation que je ne dois pas continuer, parce que je ferai

---

1. Le cours Boutet de Monvel, où Hélène Berr a fait ses études secondaires.

de la peine à J. M. Jusqu'ici, je trouvais tout cela merveilleux, il n'y a pas d'autre mot pour exprimer ce que je sentais. Et puis il y a eu la crise de la semaine précédente, qui a vite passé, et qui m'a forcée à m'interroger de temps en temps, à voir plus loin. Et plus loin, j'ai vu, parmi l'inconnu, des brèves « intimations », des négations. Je ne sais pas si ces choses sont vraies, ou encore des créations de mon imagination. Je ne sais pas si c'est vrai qu'il n'est pas fait pour moi, que cela n'a été qu'une crise passagère, parce que je n'ai pas assez de recul. Mais je le sens vaguement, et j'obéis sans discuter.

Seulement, je m'aperçois que c'est dur. Dur, pas parce que je refuse, mais parce que je ne veux pour rien au monde lui causer le moindre chagrin. Il doit être très sensible, comme Jacques, comme une fille presque ; et je sais l'importance qu'une fille peut attacher à la moindre petite chose. Et puis aussi, je m'aperçois que c'est un peu un sacrifice que je fais. Je dois avoir le courage d'aller jusqu'au bout, donc de renoncer au charme de tout cela, renoncer à ce qui rendait les lundis agréables, les jeudis aussi.

Et par moments je sursaute, révoltée. Et je me dis : pourquoi est-ce la peine de tout dramatiser ?

Mais une voix répond : il faut, je ne dramatise pas, car ce garçon souffrira ; je crois qu'il n'y a pas quelque chose d'ordinaire et de simple.

Je suis impartiale : ce n'est pas un sacrifice à Gérard que je fais, je veux mettre cela sur le plan de la justice.

Mais je suis comme Brutus. Et je *fall back on instinct* [m'en remets à mon instinct], je suis au fond mue par la pensée que j'appartiens à Gérard et que donc je ferai de la peine à ce garçon. Cela, je ne le veux pas.

Je devais le voir à trois heures et demie cet après-midi. Il n'y avait pas moyen de ne pas le faire, car il m'apportait le Bottin. Mais, ce matin, en revenant du secrétariat, je l'ai rencontré rue des Écoles. J'étais sûre de le rencontrer, j'étais soulagée. Comme cela, je n'aurais pas à revenir exprès pour lui à trois heures. Mais j'étais oppressée par *ce que je savais de ma décision*. J'avais tout le temps l'impression de le blesser. Il est revenu à onze heures et demie à l'Institut. Et il s'est assis en face de moi. Je ne sais pas ce qui m'a pris de lui donner le programme des cours d'interprétation. Il a dit qu'il irait, je ne crois pas qu'il ait spécifié demain. Mais il est trop réservé et trop bien élevé pour le dire. Il m'a demandé à quelle heure j'y allais d'habitude. Et je connais sa manière, je pense qu'il ira.

Alors, j'ai décidé de ne pas y aller. Cela m'ennuie, indépendamment de tout le reste, parce que le programme m'intéressait. Mais je ne veux pas y aller, je sais très bien ce que la musique fera sur lui, et peut-être sur moi. Et je ne veux pas le voir trop souvent.

Seulement, comme tout cela est très compliqué, je fuis la maison cet après-midi, et je vais faire beaucoup de courses pour la faire passer.

Heureusement que j'ai *Beowulf*.

7 heures

Je suis rentrée énervée à en pleurer.

Voilà ce qui s'est passé. J'ai fait des courses dans tout Paris. Artisanat, Bibliothèque américaine, rue de Passy pour des souliers, une paire, etc. Je suis arrivée chez Bonne Maman à cinq heures. J'y ai trouvé Jean-Paul au salon avec Nicole, cela m'a calmée. Mais après, pendant que nous goûtions, Nicole m'a demandé si j'allais au concert demain, et j'ai réalisé qu'elle y allait. Alors, quelque chose à vif s'est rouvert. Je crois qu'il y avait une espèce de jalousie, à la pensée que les autres le verraient, parce qu'il est bien. Cela m'a fait le même effet lorsque Nicole m'a dit que Jean-Paul avait demandé le nom du « beau jeune homme blond ». Il me semblait qu'elle parlait déjà d'une chose du passé. Mais en même temps, une voix qui parlait avec les dents serrées me promettait que si je sortais victorieuse de cette lutte, je serais purifiée, de quoi, pourquoi, je ne sais pas. Par moments, je me demande pourquoi j'ai si brusquement, volontairement renoncé.

La crise a été déterminée par ma révolte devant la malhonnêteté du cordonnier à qui j'avais fait poser des caoutchoucs sur les souliers de bois que je venais d'acheter. Il m'avait fait payer trente francs à l'extérieur. Quand je suis retournée les chercher ce soir, il m'a réclamé trente francs pour la pose. Je ne sais pas attraper les gens, je suis partie, sans prendre les souliers, je n'avais plus d'argent, et envie de pleurer.

J'ai repris le métro à La Muette, un métro bondé, chaud, gluant, malodorant. Et je n'avais plus qu'une pensée en tête, pourvu que j'aie une carte de Gérard en rentrant. Au milieu de l'après-midi, exactement en passant rue Chernoviz, l'avenir s'est éclairé subitement parce que j'ai pensé à lui pendant un long instant.

Mais quand je suis rentrée, j'ai trouvé une carte de Vladimir, et une de Jean-Pierre Aron, qui était le comble du grotesque, dans son dramatisme lyrique. J'ai tout de même écrit à Gérard. Peut-être n'aurais-je pas dû.

Quand Maman est rentrée, je lui ai déversé mon histoire de souliers. Cela m'a brusquement calmée de parler de choses matérielles. Pour l'instant, cela va mieux. Mais il y a encore demain à passer.

Vendredi 22 mai

Il n'était pas au concert. Ma première pensée a été : « Tout sera à recommencer. » La seconde : un soulagement extraordinaire.

* * *

L'après-midi a été assez dur à passer ; sans compter que je suis rentrée du mariage de Pierrette Vincent à deux heures et quart et que je me suis trouvée tout endimanchée dans cette journée désorganisée.

Je suis restée au mariage, avec Francine. C'était une sûreté et une garantie contre la bande Lemerle, Viénot et Cie, je me sentais en sécurité. D'ailleurs, j'aime beaucoup Pierrette ; son mari est épatant. Et l'atmosphère était sympathique.

Samedi 23 mai

Matin : été à l'Institut à neuf heures. Rencontré Jacques Ulmann, Roger Nordmann (celui dont le frère vient d'être fusillé[1]) et Françoise Blum, que j'ai reconnue vaguement, sa fiancée. Ils m'ont fait une relation tellement enjolivée de l'événement de la semaine passée que je ne le reconnaissais pas. À l'Institut, je suis tombée sur les frotteurs, le samedi cela n'ouvre qu'à dix heures. En bas, j'ai rencontré un étudiant à qui je n'ai jamais parlé. Mais il a été très aimable et nous avons cherché ensemble, moi une traduction de *Coriolan*, lui une grammaire anglo-saxonne.

---

1. Léon-Maurice Nordmann, avocat, résistant, fusillé au mont Valérien le 23 février 1942.

À dix heures, nous sommes remontés et je me suis plongée dans *Beowulf*.

La musique, en trio, a très mal marché. Job et moi étions abrutis. Jean est venu cinq minutes. À cinq heures, je suis revenue travailler ici *King Horn*. Au dîner, j'étais désespérée de n'avoir rien fait.

Toujours aucun courrier. Je recommence à m'énerver comme il y a plusieurs mois.

Dimanche

Déjeuner à Auber [Aubergenville], avec Job, Jean-Paul et Jacques Monod. Jean-Paul est charmant et pas fatigant à recevoir, Monod est grossier et assommant.

La journée a été agréable, mais je me suis ennuyée, quelque chose me manquait terriblement.

Lundi de Pentecôte

J'étais lancée à corps perdu dans *King Horn* lorsque Papa m'a appelée : « Morawiecki au téléphone. » J'étais si loin de tout cela que cela ne m'a fait aucune impression, ou est-ce que j'ai résolu la question ? Il voulait savoir si la bibliothèque était ouverte, quel prétexte ! Après cela, il y a eu un tel silence que j'ai dû le rompre en me lamentant sur l'anglo-saxon. Je l'ai invité pour le 7.

Mais c'est étrange ce que cela m'a fait peu d'effet.

Samedi 30 mai

Ce matin, pour la première fois depuis que je travaille sans arrêt, j'ai été découragée avant de commencer. J'étais presque sûre d'avoir une carte ce matin, j'en avais rêvé cette nuit, rêvé que je recevais deux lettres, une lettre qui contenait je ne sais pas pourquoi une discussion sur Blake, et une autre que je ne parvenais pas à lire. Cette certitude m'avait fait accepter avec bonne humeur le tapage de l'alerte de cette nuit, m'avait fait lever pleine de courage. Et cependant, il y a tant de jours que mon espoir a été déçu que quelque chose au fond de moi-même me disait que je n'aurais rien. J'espérais simplement que je pourrais me moquer de ce doute.

Mais il n'y a rien eu, et je me suis enfoncée dans mon travail pour ne pas penser à ma déception.

Dimanche 31 mai

Je suis restée toute seule à Paris pour travailler. C'est curieux comme je m'énerve peu cette année pour mon travail.

Déjeuner chez Bonne Maman, où Decourt était là de nouveau. Claudine m'a horrifiée par ses remarques sur hier. Elle trouve Catherine Viénot ravissante, etc. Jean est exactement de l'avis contraire, ce qui m'a fait plaisir. Je suis rentrée à trois heures et j'ai travaillé ma grammaire anglo-saxonne jusqu'à sept heures trente.

Un moment, j'ai cru que j'allais m'affoler devant mon ignorance. Mais ce n'a été qu'une fausse alerte, je n'arrive pas à m'inquiéter. Et je vais à mon travail comme à un refuge.

Lundi 1er juin

Refait l'Ancien Rivoli dans la matinée. Maman est venue m'annoncer la nouvelle de l'étoile jaune[1], je l'ai refoulée, en disant : « Je discuterai cela après. » Mais je

---

1. Le 29 mai 1942, la huitième ordonnance allemande « concernant les mesures contre les juifs » leur impose en public

savais que quelque chose de désagréable était *at the back of my mind* [me préoccupait confusément].

Je suis rentrée de la Sorbonne complètement ahurie. J'ai essayé de travailler tout en étant bibliothécaire. Et j'ai fait mon service n'importe comment et n'ai pas réalisé ce qui se passait. Puis J. M. est venu vers trois heures, et Nicole et Jean-Paul qui n'avaient pas le cours de Pons. J'étais dans un *glorious muddle* [belle confusion].

En rentrant, j'ai trouvé une carte au crayon de Gérard, sans intérêt et même pas très affectueuse. Mais je n'arrive pas non plus à être fâchée de cela.

Jeudi 4 juin

Je ne sais plus où j'en suis.

J'ai eu un *wild morning* [folle matinée]. Les parents et Denise sont partis à six heures pour Auber. J'avais demandé de rester pour aller voir passer mes camarades.

D'abord, je suis réveillée par la lumière et la chaleur depuis six heures.

J'ai déjeuné toute seule, et je suis partie à neuf heures, libre comme l'air, dans le matin clair et encore frais. J'ai commencé par aller à la poste faire partir le livre de Sparkenbroke, cela m'a rappelé l'année dernière, et m'a fait apparaître brusquement tout cela comme du passé. Je ne regrette rien, mais j'ai une vague nostalgie quand j'y pense.

---

le port de l'étoile jaune dès l'âge de 6 ans : « L'étoile juive est une étoile à six pointes ayant les dimensions de la paume d'une main et les contours noirs. Elle est en tissu jaune et porte, en caractères noirs, l'inscription JUIF. Elle devra être portée bien visiblement sur le côté gauche de la poitrine et solidement cousue sur le vêtement. »

Puis j'ai pris le métro jusqu'à Odéon. À l'Institut, les examens avaient déjà recommencé. Je me sentais vieillie de toute mon expérience d'hier. En bas de l'Institut, j'ai rencontré Vivi Lafon. Elle m'a dit des choses tellement épatantes à propos de l'étoile que j'en ai été rassurée.

Elle est si gentille et si affectueuse que c'est elle qui pour moi incarne l'esprit de l'Institut. Je suis remontée avec elle de la salle de travail, puis redescendue voir passer les autres ; je bavardais avec une camarade lorsque J. M. est arrivé. Naturellement, il s'est arrêté et nous avons parlé dans l'escalier pendant une heure ou presque. Puis je suis allée avec lui chez Didier et le marchand de livres rue Soufflot ; il a exaspéré les marchands, et moi aussi, presque.

Puis je suis retournée à l'Institut, remontée voir Vivi Lafon, et repartie, après une conversation avec Jean.

J. M. m'a raccompagnée jusqu'au métro. Il voulait que nous allions au concert cet après-midi. C'est pour cela qu'il cherchait un journal. Lorsque j'ai réalisé son intention, je lui ai dit que je ne pouvais pas.

Je suis rentrée ici pour redescendre déjeuner avec Mme Lévy. Maintenant, je vais chez Mme Jourdan[1].

C'est très curieux ; il n'y a que l'épithète *wild* [folle] qui s'applique à cette journée. Du moment que je suis occupée, je n'ai pas le temps d'avoir le cafard. Et je retourne ce soir à l'Institut voir mon résultat.

* * *

Il faisait une chaleur brûlante quand je suis repartie, j'ai pris le 92. Chez Mme Jourdan, j'ai rencontré […] avec

---

1. Hélène Jourdan-Morhange, professeur de violon d'Hélène Berr et amie intime de Maurice Ravel.

qui nous avons discuté la question de l'insigne¹. À ce moment-là, j'étais décidée à ne pas le porter. Je considérais cela comme une infamie et une preuve d'obéissance aux lois allemandes.

Ce soir, tout a changé à nouveau : je trouve que c'est une lâcheté de ne pas le faire, vis-à-vis de ceux qui le feront.

Seulement, si je le porte, je veux toujours être très élégante et très digne, pour que les gens voient ce que c'est. Je veux faire la chose la plus courageuse. Ce soir, je crois que c'est de le porter.

Seulement, où cela peut-il nous mener ?

Je suis allée chez Bonne Maman, où j'ai trouvé Mlle Detraux. Bonne Maman m'a donné une broche ravissante et une enveloppe. Lorsque Jean est arrivé, Nicole m'a soudain appris tout. J'ai compris pourquoi hier elle était si « abrutie ». J'ai eu un choc.

Et puis l'agitation, qui rappelait tant celle des 14 et 15 mai 40, a pris la place de la douleur.

Heureusement que Bonne Maman est sourde.

J'ai repris le métro à cinq heures et demie avec Jean jusqu'à La Motte-Picquet. À l'Institut, j'ai attendu une heure en bavardant avec Maurice Saur et Paulette Bréant. Les résultats n'ont été publiés qu'à sept heures. J'ai vu arriver Cécile Lehmann, que j'avais cru apercevoir hier en noir. Elle m'a dit bonjour, et avec son beau regard bleu et franc, sans trembler, elle m'a dit que son père était mort au camp de concentration de Pithiviers². Je ne sais

---

1. L'étoile jaune.
2. Le gouvernement de Vichy a prévu dès octobre 1940 l'internement des juifs étrangers dans des camps de concentration. À côté des camps de la zone dite libre, quatre camps principaux ouvrent en 1941 au Nord, dans la zone occupée : Beaune-la-Rolande et Pithiviers, dans le Loiret, puis Drancy et

pas si les autres qui étaient là ont eu la même émotion que moi. Il m'a semblé être soudain en présence d'une douleur immense, inévitable, inconsolable. Tous les mardis matins, quand je la voyais, je lui demandais des nouvelles de son père. Ce fait même me le représentait *vivant* bien plus que tout. Cette déchirure brutale, l'injustice immense de cette fin, c'est atroce – surtout que je l'aime beaucoup, cette fille.

Je n'avais aucune envie de me réjouir quand tous les camarades sont venus me féliciter. La pensée de cette mort me hantait et rendait absolument inexistant tout le reste.

Lundi 8 juin

C'est le premier jour où je me sente réellement en vacances. Il fait un temps radieux, très frais après l'orage d'hier. Les oiseaux pépient, un matin comme celui de Paul Valéry. Le premier jour aussi où je vais porter l'étoile jaune. Ce sont les deux aspects de la vie actuelle : la fraîcheur, la beauté, la jeunesse de la vie, incarnée par cette matinée limpide ; la barbarie et le mal, représentés par cette étoile jaune.

* * *

Hier, nous avons fait un pique-nique à Auber. Lorsque Maman est entrée dans ma chambre à six heures et quart

---

Compiègne. Les juifs arrêtés sont d'abord des étrangers puis des Français, des hommes, des adultes, qui survivent difficilement dans les camps et souffrent de la faim. Les premiers convois vers Auschwitz quittent Compiègne le 27 mars et le 5 juin et Drancy le 22 juin.

(elle partait de bonne heure avec Papa et Denise) elle m'a ouvert les volets ; le ciel était lumineux, mais avec des nuages dorés de mauvais augure. À sept heures moins le quart, seule dans la maison matinale, je me suis précipitée pieds nus au petit salon, voir le baromètre. Le ciel s'assombrissait rapidement. Le tonnerre grondait. Mais jamais les oiseaux n'avaient chanté aussi fort. Je me suis levée à sept heures et demie, lavée des pieds à la tête. J'ai mis ma robe rose, je me sentais libre comme l'air, avec les jambes nues. Pendant que je déjeunais, la pluie tombait, il faisait toujours très lourd. Je suis descendue à la cave chercher du vin, j'ai failli me perdre.

À huit heures et demie, je suis partie. Je n'avais qu'une idée fixe : arriver à la gare sans encombre. Car c'était hier que l'ordonnance entrait en vigueur. Il n'y avait encore personne dans la rue. Une fois dans le hall de la gare Saint-Lazare, j'ai respiré. J'ai attendu un quart d'heure. Le premier qui soit arrivé, c'était J. M., il avait une veste de tussor blanc qui faisait très acteur américain. Il était très beau. Puis Françoise est arrivée, pleine d'entrain. Quand je lui ai demandé : « Comment ça va ? », elle m'a répondu : « Mal », et je me suis arrêtée net, parce que ce n'est pas son habitude de répondre comme cela. Alors, elle m'a expliqué de sa manière rapide, en détournant les yeux comme elle le fait toujours lorsqu'elle parle de son père, que son père avait probablement été envoyé de Compiègne[1] déblayer une gare bombardée par les Anglais, Cologne. J'étais muette.

Pendant ce temps, Molinié était arrivé, deux fois il est reparti faire des commissions à sa mère (rue de la Pépinière). Les Pineau sont arrivés ensuite et Claude Leroy, et

---

1. Le camp d'internement de Royallieu à Compiègne.

enfin Nicole. Nous avons attendu Bernard jusqu'à neuf heures et demie. Puis nous sommes allés rejoindre les autres (Nicole, Françoise et les Pineau, qui étaient montés dans le train). Il y a eu les hésitations habituelles pour les places. Finalement, je me suis trouvée à un bout avec Molinié, à l'autre bout il y avait les Pineau et Claude Leroy, et au milieu, Nicole, Françoise et Morawiecki. Il pleuvait désespérément, et le ciel était gris et bas. Mais quelque chose me disait que cela allait s'arranger.

À Maisons-Laffitte, beaucoup de gens sont descendus, et je suis allée rejoindre le groupe central avec Molinié. À la station suivante, Jean Pineau s'est assis à côté de moi. J'avais l'impression de ne pas l'avoir vu encore. Brusquement, je l'ai redécouvert.

Après cette journée, je l'ai comparé à J. M., et finalement, bien que je l'aie peu vu, c'est lui, le vainqueur. Tout le monde est pris par lui, même les parents, par son énergie et sa valeur morale ; c'est curieux, c'est le seul garçon dont on puisse dire que *moralement* il est d'une essence rare. Ce qui transparaît en lui, c'est l'énergie et la droiture.

Lundi soir

Mon Dieu, je ne croyais pas que ce serait si dur.

J'ai eu beaucoup de courage toute la journée. J'ai porté la tête haute, et j'ai si bien regardé les gens en face qu'ils détournaient les yeux. Mais c'est dur.

D'ailleurs, la majorité des gens ne regarde pas. Le plus pénible, c'est de rencontrer d'autres gens qui l'ont. Ce matin, je suis partie avec Maman. Deux gosses dans la rue nous ont montrées du doigt en disant : « Hein ? T'as vu ? Juif. » Mais le reste s'est passé normalement. Place de la Madeleine, nous avons rencontré M. Simon, qui s'est arrêté et est descendu de bicyclette. J'ai repris toute seule le métro jusqu'à l'Étoile. À l'Étoile, je suis allée à l'Artisanat chercher ma blouse, puis j'ai repris le 92. Un jeune homme et une jeune fille attendaient, j'ai vu la jeune fille me montrer à son compagnon. Puis ils ont parlé.

Instinctivement, j'ai relevé la tête – en plein soleil –, j'ai entendu : « C'est écœurant. » Dans l'autobus, il y avait une femme, une *maid* [domestique] probablement, qui m'avait déjà souri avant de monter et qui s'est retournée plusieurs fois pour sourire ; un monsieur chic me fixait : je ne pouvais pas deviner le sens de ce regard, mais je l'ai regardé fièrement.

Je suis repartie pour la Sorbonne ; dans le métro, encore une femme du peuple m'a souri. Cela a fait jaillir les larmes à mes yeux, je ne sais pourquoi. Au Quartier latin, il n'y avait pas grand monde. Je n'ai rien eu à faire à la bibliothèque. Jusqu'à quatre heures, j'ai traîné, j'ai rêvé, dans la fraîcheur de la salle, où les stores baissés laissaient pénétrer une lumière ocrée. À quatre heures, J. M. est entré. C'était un soulagement de lui parler. Il s'est assis devant le pupitre et est resté là jusqu'au bout, à bavarder, et même sans rien dire. Il est parti une demi-heure chercher des billets pour le concert de mercredi ; Nicole est arrivée entre-temps.

Quand tout le monde a eu quitté la bibliothèque, j'ai sorti ma veste et je lui ai montré l'étoile. Mais je ne pouvais pas le regarder en face, je l'ai ôtée et j'ai mis le bouquet tricolore qui la fixait à ma boutonnière. Lorsque j'ai levé les yeux, j'ai vu qu'il avait été frappé en plein cœur. Je suis sûre qu'il ne se doutait de rien. Je craignais que toute notre amitié ne fût soudain brisée, amoindrie par cela. Mais après, nous avons marché jusqu'à Sèvres-Babylone, il a été très gentil. Je me demande ce qu'il pensait.

Mardi 9 juin

Aujourd'hui, cela a été encore pire qu'hier.

Je suis éreintée comme si j'avais fait une promenade de cinq kilomètres. J'ai la figure tendue par l'effort que j'ai fait tout le temps pour retenir des larmes qui jaillissaient je ne sais pourquoi.

Ce matin, j'étais restée à la maison, à travailler du violon. Dans Mozart, j'avais tout oublié.

Mais cet après-midi tout a recommencé, je devais aller chercher Vivi Lafon à la sortie de l'agreg [l'agrégation d'anglais] à deux heures. Je ne voulais pas porter l'étoile, mais j'ai fini par le faire, trouvant lâche ma résistance. Il y a eu d'abord deux petites filles avenue de La Bourdonnais qui m'ont montrée du doigt. Puis, au métro à l'École militaire (quand je suis descendue, une dame m'a dit : « Bonjour, mademoiselle »), le contrôleur m'a dit : « Dernière voiture[1]. » Alors, c'était vrai le bruit qui avait couru hier. Cela a été comme la brusque réalisation d'un mauvais rêve. Le métro arrivait, je suis montée dans la première voiture. Au changement, j'ai pris la dernière. Il n'y avait pas d'insignes. Mais rétrospectivement, des larmes de douleur et de révolte ont jailli à mes yeux, j'étais obligée de fixer quelque chose pour qu'elles rentrent.

Je suis arrivée dans la grande cour de la Sorbonne à deux heures tapantes, j'ai cru apercevoir Molinié au milieu, mais, n'étant pas sûre, je me suis dirigée vers le

---

1. Le 7 juin 1942, à la demande des autorités allemandes, le préfet de la Seine impose aux juifs de ne voyager dans le métro qu'en seconde classe et dans la dernière voiture de la rame. Pour éviter tout scandale, le préfet précise à ce sujet qu'aucune affiche ne sera apposée « ni aucun communiqué fait au public ».

hall au bas de la bibliothèque. C'était lui, car il est venu me rejoindre. Il m'a parlé très gentiment, mais son regard se détournait de mon étoile. Quand il me regardait, c'était au-dessus de ce niveau, et nos yeux semblaient dire : « N'y faites pas attention. » Il venait de passer sa seconde épreuve de philo.

Puis il m'a quittée et je suis allée au bas de l'escalier. Les étudiants flânaient, attendaient, quelques-uns me regardaient. Bientôt, Vivi Lafon est descendue, une de ses amies est arrivée et nous sommes sorties au soleil. Nous parlions de l'examen, mais je sentais que toutes les pensées roulaient sur cet insigne. Lorsqu'elle a pu me parler seule, elle m'a demandé si je ne craignais pas qu'on m'arrache mon bouquet tricolore, et ensuite elle m'a dit : « Je ne peux pas voir les gens avec ça. » Je sais bien ; cela blesse les autres. Mais s'ils savaient, eux, quelle crucifixion c'est pour moi. J'ai souffert, là, dans cette cour ensoleillée de la Sorbonne, au milieu de tous mes camarades. Il me semblait brusquement que je n'étais plus moi-même, que tout était changé, que j'étais devenue étrangère, comme si j'étais en plein dans un cauchemar. Je voyais autour de moi des figures connues, mais je sentais leur peine et leur stupeur à tous. C'était comme si j'avais eu une marque au fer rouge sur le front. Sur les marches, il y avait Mondoloni et le mari de Mme Bouillat. Ils ont eu l'air stupéfaits quand ils m'ont vue. Et puis, il y avait Jacqueline Niaisan, qui m'a parlé comme si de rien n'était, et Bosc, qui avait l'air gêné, mais à qui j'ai tendu la main pour le mettre à son aise. J'étais naturelle, superficiellement. Mais je vivais un cauchemar. À un moment, Dumurgier, celui à qui j'avais prêté un livre, est venu me demander quand il pourrait me remettre mes notes. Il avait l'air naturel, mais j'avais l'impression que c'était exprès. Lorsque enfin j'ai vu sortir J. M., je ne sais pas ce qui s'est passé en moi, un soulagement brusque, en voyant son visage, parce que lui, il savait et il me connaissait. Je l'ai appelé ; il s'est retourné et a souri. Il était très pâle. Puis il m'a dit : « Excusez-moi, je ne sais plus très bien où je suis. » J'ai réalisé qu'il était complètement perdu et éreinté. Mais il souriait quand même, et n'avait même pas l'air, lui, d'être changé.

Au bout d'un moment, il m'a demandé si je n'avais rien de spécial à faire. Il m'a dit qu'il viendrait me retrouver dans la cour, qu'il allait chercher Molinié. Je suis revenue vers le groupe Vivi Lafon, Marguerite Cazamian et une autre petite qui est charmante. Peu après, elles m'ont emmenée avec elles au Luxembourg. Je ne sais pas si J. M. est revenu. Mais il valait mieux que je ne l'attende pas. Pour nous deux : j'étais trop énervée, et lui aurait cru que j'étais venue pour lui. Au Luxembourg, nous nous sommes attablées devant des verres de citronnade et d'orangeade. Elles étaient charmantes. Vivi Lafon, Mlle Cochet, qui est mariée depuis deux mois, la petite dont je ne connais pas le nom, et Marguerite Cazamian. Mais je crois qu'aucune ne comprenait ma souffrance. Si elles l'avaient comprise, elles auraient dit : « Mais alors, pourquoi le[1] portez-vous ? » Cela les choque peut-être un peu de voir que je le porte. Moi aussi, il y a des moments où je me demande pourquoi je le fais, je sais évidemment que c'est parce que je veux éprouver mon courage.

Je suis restée assise un quart d'heure au soleil avec Vivi et Mlle Cochet, puis je suis retournée à l'Institut dans l'espoir de voir Nicole et Jean-Paul ; je me sentais abandonnée un peu. Mais à l'Institut, si je n'ai pas vu Nicole, je me suis sentie soudain en confiance ; évidemment, mon entrée a produit un certain effet, mais comme tous le

---

1. L'insigne, c'est-à-dire l'étoile jaune.

connaissent, personne n'a été gêné. Il y avait là Monique Ducré, si gentille, qui m'a parlé longtemps, exprès – je connais ses idées ; le garçon qui s'appelle Ibalin s'est alors retourné (il était en train de chercher une cote) et il a eu un sursaut en voyant, mais il s'est approché ostensiblement et s'est mêlé à la conversation – nous parlions musique. Le sujet importait peu, l'essentiel était de faire comprendre l'amitié silencieuse qui nous unissait.

Annie Digeon a été charmante aussi. Je suis repartie et j'ai passé à la poste acheter un timbre, de nouveau j'avais la gorge serrée, et lorsque l'employé m'a souri, et m'a dit : « Allez, vous êtes encore plus gentille comme ça qu'avant », j'ai cru que j'allais fondre en larmes.

J'ai repris le métro, le contrôleur ne m'a rien dit. Et je suis allée chez Jean. Claudine était là aussi. Jean ne sort pas. Si Claudine n'avait pas été là, j'aurais pu parler longtemps avec Jean. Mais elle était là, elle mettait un *blight* [intervenait] sur tous les sujets, et je ne m'aventurais pas plus loin, sachant qu'elle nous contredirait. Cette visite qui aurait pu être épatante a fini par me peser, et je suis rentrée ici, sans l'insigne.

Maintenant, en racontant ma journée à Maman, j'ai été obligée de me précipiter dans ma chambre pour ne pas pleurer, je ne sais pas ce que j'ai.

J. M. a téléphoné ici vers trois heures et demie pour dire qu'il m'attendait à dix heures moins le quart demain matin ; il a dû revenir me chercher. Il a une attitude très chic, et je suis pleine de reconnaissance, ou plutôt c'est ce que j'espérais de lui.

Mercredi 10 juin

Je suis allée au concert du Trocadéro ce matin. Je ne le[1] portais pas.

Quand je suis arrivée, il pleuvait et il faisait froid. J'ai vu Nicole et J. M. qui parlaient en haut des marches. Simone est arrivée peu après. Mais, en fin de compte, nous sommes restés séparés. C'est la première fois de ma vie que je vais au concert avec un garçon, toute seule.

C'est merveilleux d'être soignée par quelqu'un d'autre, par exemple quand il m'a tendu ma veste pour que je la passe, je n'y suis pas habituée. Il me donne une impression de raffinement, presque de luxe.

Francine Bacri est venue goûter.

Jeudi 11 juin

Nous sommes allés à Auber.

Partis à sept heures par le train de Mantes. La matinée s'est passée à cueillir des fraises et des cerises.

Nous étions tous les quatre, très gais, peut-être avec le sentiment que nous étions tous ensemble pour une fois, tout ce qui reste ici de la famille. Et aussi par détente.

Nous sommes rentrés par le train de deux heures.

Je suis allée avec Maman chez Bonne Maman pour chercher les photos. À Paris, le soleil était sorti, il faisait très chaud. Les photos étaient excellentes. Je suis revenue comme avec des ailes ici tellement j'étais contente.

Mlle Fauque est venue goûter. Je lui ai donné ma première leçon d'anglais. L'autorité me venait peu à peu.

Reçu par le courrier de cinq heures deux cartes de Jacques, une de Vladimir et une de Gérard.

---

1. *Idem.*

Annie Léauté est venue dîner. Après le dîner, nous avons fait des compotes en disant des inepties.

> Vendredi 12

Je me suis levée de mauvaise humeur, j'ai été méchante avec Maman. Elle m'a demandé les cartes de Jacques. J'ai dû répondre *snappily* [d'un ton cassant], sans faire exprès. Et tout s'est aggravé.

Ensuite, au moment de sortir, je suis venue lui dire au revoir avec mon insigne sur la poche. Cela l'a blessée naturellement. Elle m'a dit de le mettre autre part. J'étais exaspérée d'avoir à le mettre. Je l'ai ôté carrément et mis sur mon imperméable. Elle m'a alors dit de le remettre. Nous nous sommes exaspérées mutuellement, et je suis partie en claquant la porte.

J'ai traversé tout le Champ-de-Mars pour aller prendre le métro à La Motte-Picquet (pour acheter un gâteau à *La Petite Marquise*). Les Boches y faisaient l'exercice, des commandements ressemblaient à des cris de bêtes.

J'ai pris le métro jusqu'à Odéon. Après quoi, j'ai flâné au Quartier latin. Je suis allée à la bibliothèque, où Maurice Saur, tout en me parlant, cherchait visiblement mon étoile. Il était gêné. J'ai acheté un Mallarmé rue Gay-Lussac et je suis allée attendre la sortie de l'agreg à onze heures. Alors que personne ne sortait, j'ai vu J. M. traverser la cour. Il s'est retourné, et il m'a vue. Finalement, il m'a raccompagnée jusqu'ici. J'ai parlé tout le long du chemin, jamais je n'ai autant parlé. Je ne me rappelle plus ce que j'ai dit.

J'ai vu aussi Sparkenbroke, qui m'a paru légèrement débraillé avec les cheveux trop longs. Je ne le reconnaissais plus. À côté de l'autre, il avait l'air efféminé. Il y avait quelque chose qui n'allait pas.

Cet après-midi, Françoise Masse est venue ; nous avons bavardé une heure, puis nous sommes parties pour la salle Gaveau, au cours d'interprétation de Marguerite Long-Jacques Thibaud. Nous avions rendez-vous avec Françoise et Jean Pineau à quatre heures. Nicole et Denise étaient là. Nous avions une loge. Le concert était épatant.

Nous sommes rentrés à pied. Avant de nous séparer des Pineau, avenue Bosquet, nous avons eu une grande conversation. Impression merveilleuse, enthousiasmante, d'avoir de *vrais* amis, qui vous aiment, qui vous comprennent. Jamais je n'ai eu cette impression avant. En nous serrant la main, Jean Pineau a dit : « En tout cas vous êtes des jeunes filles épatantes, si, si merveilleuses. » C'était une chose qui venait de son cœur, une idée qui est sous-jacente dans toutes nos conversations, et qui crée cette atmosphère unique. J'étais si reconnaissante que j'ai traversé sans savoir ce que je faisais.

Lorsque je passe en revue cette semaine, je m'aperçois qu'il plane au-dessus un ciel sombre, cela a été une semaine de tragédie, une semaine bouleversée, chaotique. Mais, en même temps, il y a quelque chose d'exaltant à la pensée des compréhensions merveilleuses que j'ai rencontrées, les Pineau, J. M. Il y a du beau mêlé au tragique. Une espèce de resserrement de la beauté au cœur de la laideur. C'est très étrange.

* * *

Samedi 13 juin

À la musique, nous avons joué le *Quatrième Quatuor* de Beethoven, un trio à cordes de Beethoven. J'ai joué tout l'après-midi, et le soir j'étais éreintée.

Dimanche 14 juin

Aubergenville avec Simone et Françoise.

Nous étions toutes très excitées. En particulier, Nicole et moi avions retrouvé l'humeur bête et merveilleuse des vieux jours – je ne sais pas pourquoi, cela nous prend surtout en faisant la vaisselle. Nous appelons cela notre euphorie.

Nous avons mangé des cerises « galon ». Dit des inepties. Taquiné les unes et les autres au sujet de Jean Pineau et de Jean-Paul. Nous étions tout à fait *cracked* [toquées]. Mais c'était épatant.

Lundi soir, 15 juin

La vie continue à être étrangement sordide et étrangement belle. Il s'y passe maintenant, pour moi, les choses que j'ai toujours crues réservées au monde des romans.

Par exemple, ce soir, en rentrant de la Sorbonne, je suis tombée avenue de La Bourdonnais sur Jean Pineau. Il s'est arrêté, nous avons échangé quelques paroles, il avait toujours son beau regard franc et son sourire toujours prêt à se changer en rire. Il tenait à la main un bouquet de roses. Soudain, il m'a dit : « Vous ne voulez pas de mes fleurs ? » et j'ai accepté. Je les ai prises. Une fois que je les tenais, j'ai été stupéfaite et horrifiée de ce que j'avais fait. Mais il a insisté ; nous avons ri tous les deux, et nous nous sommes séparés sur une bonne poignée de main.

À la bibliothèque, jusqu'à trois heures j'ai lu *Crime et Châtiment*, qui maintenant m'empoigne. À un moment, la porte s'est ouverte, et j'ai su, avec un calme extraordinaire, que c'était J. M. qui entrait. Il est resté un moment, puis il est reparti téléphoner. L'étrange est que nous ne trouvions rien à dire. Il m'avait apporté des livres. Il a commencé à me dire : « Voyons, c'était quel jour ?... » et pendant cinq minutes a cherché ; il a fini par me dire que, vendredi soir, il avait téléphoné à la maison pour me demander de venir fêter la fin des examens avec Molinié et lui. Bernadette ne m'avait rien dit.

Vers cinq heures, il y a brusquement beaucoup à faire. Il parlait avec Mondoloni. Et il est parti sans que j'aie pu lui parler, j'ai marmonné quelque chose comme cela, quand il m'a dit au revoir, et il m'a fait répéter trois fois, pour ne pas entendre finalement. Il a dit en anglais : « *It's crowded now* » [il y a foule maintenant], et il est parti.

Le nommé Stalin (qui sait) est resté jusqu'au bout, peut-être pour marquer le coup – j'avais l'étoile sur ma poche. Nous avons pris le métro, Nicole, Jean-Paul, Suzanne Bénezech, et moi. Rue de l'École-de-Médecine, j'ai rencontré Gérard Caillé, qui est rentré avec nous. Il est très beau garçon, mais il le sait. Il fait du charme.

En rentrant, j'ai trouvé deux cartes d'Odile.

Mardi 16 juin

Étrange journée. Je suis allée à Aubergenville avec Nicole chercher le cochon. Nous avons passé une matinée dans notre « euphorie ». C'était épatant.

Et puis me voilà rentrée à quatre heures, avec un panier terriblement lourd, prenant une tasse de thé, de très bonne humeur. Pour aucune raison valable.

Brusquement, je me rappelle que je n'ai plus pensé à Gérard depuis longtemps, et que je peux très bien l'oublier. Et j'ai un serrement de cœur à la pensée que cela arrive justement au moment où il est parti sur les plateaux. Et où il m'avait demandé de lui écrire souvent. La distance me semble triplée ; je recommence à vivre autrement. Comment suis-je arrivée à tout oublier comme cela ? Il y a des moments où j'entrevois des possibilités tragiques. Mais le reste du temps, je suis inconsciente.

Il est évident que je ne l'aime pas, comme on doit aimer.

Comment puis-je écrire cela si froidement.

Heureusement que je me suis débattue pour être sincère. Qu'est-ce qui sortira de tout cela ? Je ne peux pas envisager plus loin que le lendemain.

* * *

Mercredi 17 juin

Jamais je n'ai entendu quelque chose comme ce matin. Le concert était *splendide*.

Jamais non plus je ne pourrais entendre l'adagio du *Concerto en mi* sans avoir un peu envie de pleurer. J'ai eu du mal à retrouver mon équilibre. Il n'est revenu que pendant ma promenade au Quartier latin, à la recherche de Thucydide pour Jacques. Je suis allée chez Gibert, chez Didier, rue Soufflot, boulevard Saint-Michel. Et en bouquinant, le normal s'est rétabli.

J'ai fini la journée chez Bonne Maman.

* * *

Claude Mannheim est mort hier, après deux mois de souffrance. Il ne doit pas y avoir de désespoir plus profond, plus inconsolable que de perdre son mari quand on est jeune. Denise reste avec deux petites filles. Qu'est-ce que la vie va signifier pour elle, maintenant ?

* * *

Jeudi 18 juin

Artisanat, Methey.

J'ai dormi un quart d'heure après le déjeuner. Cela m'a rappelé Bergerac.

Pierre Detœuf est venu à deux heures et demie.

Après-midi chez Jean. Mais je n'ai pas vu Jean, ou à peine. D'abord, Denise Sicard est venue. Puis Claudine a voulu me faire jouer. Puis Mme Simon est arrivée, j'ai joué avec elle.

J'ai dû partir à six heures et demie pour la leçon de Mlle Fauque.

Les Brocard et Mme Lévy sont venus dîner.

Jeudi

Est-ce que j'ai été folle jusqu'à maintenant et que maintenant je vois clair ?

Est-ce que je suis folle en ce moment ?

J'ai reçu quatre cartes de Gérard ce soir. Il ne peut pas savoir ce qui se passe en moi. Il a confiance, confiance malgré ma froideur. Il ne sait pas le reste. Il attend notre réunion. Il y a trois semaines cela m'aurait fait entrevoir des possibilités de bonheur. Ce soir, cela m'a simplement fait une impression très douloureuse.

Je ne sais pas si j'ai raison.

Il y a un mois, j'étais sans direction. Maintenant, quelque chose en moi s'est orienté dans une autre direction, parce que j'ai essayé de vivre normalement, comme si rien n'existait. Et voilà ce qui est arrivé.

Je crois que c'était écrit. Cela devait arriver. Depuis le début, je me suis demandé si ce n'était pas parce que je ne connaissais personne d'autre que je m'étais engagée.

Personne, pas même Maman, n'a compris mon anxiété. Si, peut-être Yvonne, mais elle est si loin.

J'ai essayé une semaine de lutter. Mais à quoi cela sert-il ? Si cette chose-là doit se produire, je ne peux pas, je ne dois pas l'empêcher.

Je ne sais pas si l'autre chose est sûre, seulement elle m'a fait brusquement réaliser que la première fois, rien de moi n'était pris.

Ou plutôt, il n'y a que ma tête qui soit prise. On ne peut pas aimer avec la tête et la raison.

Est-ce parce que je ne le vois pas que je ne l'aime pas autrement ? C'est toute la question.

Toujours j'ai pensé qu'il y avait quelque chose qui me manquait dans Gérard.

Est-ce que j'ai tort ou raison ?

S'il était là, et s'il n'y avait rien entre nous, je pourrais choisir librement. Mais ce simple fait d'être engagée me tourmente, et m'empêche peut-être de voir clair.

Je ne peux pas nier que je suis engagée. Mais je ne sais pas comment cela s'est fait. Tout vient de ce que j'aime trop écrire des lettres.

Il faudrait tout recommencer. Maintenant, je ne vois pas du tout, du tout l'avenir.

Cette nuit, je me suis endormie en pleurant. J'avais parlé à Maman. Elle était venue me dire bonsoir. Elle s'était attardée dans la chambre. Je savais qu'elle attendait. Je lui ai dit, et après j'ai regretté, parce que j'ai déformé ma pensée, parce que je ne sais pas si je pense ce que je dis, parce que c'est déloyal de dire des choses fausses, parce que je ne veux pas qu'on s'occupe de moi, parce que cela m'a naturellement fait pleurer.

Et ce matin, en me réveillant, j'ai retrouvé la dispute toute prête dans ma tête. En plus, je suis vidée, comme après une crise de larmes.

Je relis les cartes d'hier soir. Elles m'empoignent, malgré moi. Mais en me donnant une impression douloureuse, comme si c'était quelque chose de perdu ; de fini.

Comment suis-je venue à lui laisser m'écrire comme cela, sans que je l'aime ? Quand je lis, je me dis que je perds quelque chose de merveilleux. Et quand je réfléchis, le vieux dualisme reparaît.

J'ai répondu.

Une carte décousue, décevante, décourageante.

Lorsque j'ai commencé, je me suis rappelé soudain le plaisir avec lequel j'écrivais avant. Il m'a semblé que quelque chose était brisé, j'étais paralysée.

Avant, je devais être aveugle. Je n'aurais pas dû écrire comme cela, n'étant pas sûre de mes sentiments.

Mais est-ce vrai que tout s'est clarifié ? Ou est-ce maintenant que je suis aveugle ? Et si vraiment tout s'est clarifié, ne vais-je pas me trouver devant le désert ?

Singleness of mind [sentiment de solitude].

* * *

M. Boisserie à déjeuner.

Musique chez les Lyon-Caen. J'étais terriblement énervée et complètement abrutie. Françoise s'en est aperçue.

Quand M. Lyon-Caen est parti, je suis restée à bavarder avec Françoise, cela allait mieux. Je suis retournée chercher Maman chez Bonne Maman.

J'ai oublié mon sac rue de Longchamp.

Samedi 20

Je suis retournée chercher mon sac. Françoise avait oublié de le mettre chez la concierge. Je suis montée ; j'ai sonné trois fois. Cette porte était devenue familière et presque hostile, je ne l'aimais plus. Il n'y avait personne. En redescendant, j'ai rencontré M. Lyon-Caen qui rentrait ; je suis remontée, et il a fouillé la chambre de Françoise, sans résultat. J'avais vaguement conscience du côté comique de la situation : tous deux seuls dans cet appartement, moi, presque une habituée. Mais je n'avais pas envie de rire.

Je suis repartie sans sac, par le métro, jusqu'à Saint-Augustin. De là, j'ai marché jusque chez Galignani. J'ai acheté les poèmes de W. de la Mare.

J'ai été d'une humeur massacrante à la musique, mais je ne pouvais même pas faire un effort pour me secouer.

Et voilà Denise qui me désespère par sa souffrance. Elle souffre, elle aussi ; mais elle n'en parle pas. Mais je le sais.

Mercredi 24 juin

Je voulais écrire ceci hier soir. Mais j'étais trop abrutie et je n'aurais pas pu faire l'effort.

Ce matin, je me force à le faire, parce que je veux me souvenir de tout.

* * *

La première fois où je me suis éveillée et que j'ai vu la lumière du matin à travers les volets, brusquement l'idée m'est venue que Papa n'aurait pas son petit déjeuner normal ce matin, qu'il n'arriverait pas à la table du petit déjeuner, pour prendre ses morceaux de pain grillé et verser son café. Cela m'a causé une peine immense.

Ce n'était que la première fois, peu à peu (je me suis souvent à demi rendormie) d'autres pensées sont venues, qui me faisaient réaliser ce qui s'était passé, le bruit des clefs dans sa poche, des volets qu'il ouvrait dans sa chambre, je l'attends toujours pour me lever, parce qu'il va allumer le gaz. À ces moments-là, je réalise. En ce moment même, je ne le fais pas bien.

* * *

C'était hier, à peu près à cette heure-ci. J'étais sortie deux fois dans la matinée. Une première fois dans le quartier, pour voir s'il y avait du fromage à la crème pour déjeuner – Simone venait. La seconde, j'avais pris le 92 jusqu'à l'Étoile pour aller à l'Artisanat, et de là je suis allée à la Bibliothèque américaine. Comme je devais rentrer avec Papa, j'ai pensé qu'il était trop tôt et je me suis attardée rue de Téhéran.

En arrivant rue de La Baume[1], j'ai trouvé toute la famille Carpentier debout devant la loge, je leur ai dit bonjour et ils m'ont à peine répondu. Ils avaient l'air préoccupé, je n'ai pas insisté ; j'ai pourtant fait des grâces au chien, mais devant le mutisme de Mme Carpentier, je suis entrée dans le hall sans rien dire. Haraud m'a suivie, j'ai trouvé un peu drôle qu'il entre avec moi ; mais je me suis ravisée, pensant qu'il avait quelque chose à faire par là. Ce qui a aussi dissipé mes soupçons, c'est que lorsque j'ai dit : « Il fait bon ici », il a répondu : « Oui, il fait frais » le plus naturellement du monde. Mais lorsque j'ai commencé à monter l'escalier, il m'a suivi. De nouveau, ma curiosité a été éveillée. J'ai demandé si Papa était là, il a répondu non. Depuis, je me suis rappelé que sa réponse avait été assez confuse. Il me disait d'aller voir M. le

---

1. Siège social de l'entreprise Kuhlmann, dont Raymond Berr est vice-président directeur général.

Président. J'ai dit : « Papa va rentrer. » Il a répondu oui, mais je ne sais pas s'il savait très bien ce qu'il disait. En haut de l'escalier, j'ai vu Carpentier qui fait l'huissier à cette heure-là ; j'ai redemandé si Papa était là. Il a répondu : « Non, mais si mademoiselle veut voir M. le Président. » Alors, ma curiosité s'est changée en appréhension, j'ai vu que Carpentier et Haraud se regardaient. Tout ce mystère m'énervait. Et pourtant, comme je ne voulais pas dramatiser, je refoulais tous mes soupçons avec une facilité extraordinaire. Mais lorsque Carpentier m'a ouvert la porte de M. Duchemin, je me suis dit : « Maintenant, je peux y aller », et je n'ai plus rien refoulé. M. Duchemin s'est levé, j'ai dit : « Qu'est-ce qui se passe ? »

Il a commencé : « Voilà, Hélène, j'ai vu votre père ce matin, il m'a laissé ce petit mot. » Je n'avais pas compris un mot de ce qu'il disait, et de ce qu'il continuait à dire (après, j'ai dû lui redemander tout), mais j'avais réalisé qu'on était venu arrêter Papa. Je me suis aperçue soudain que je n'écoutais pas un mot de ce qu'il disait. En entrant, j'avais été frappée de stupeur par sa figure. Je savais qu'il souffrait d'un eczéma, mais il était vert, avec une barbe de deux jours ; il sentait à plein nez le Junoxol. Je compris tout de même qu'il me ramenait à la maison en voiture, qu'il voulait prévenir Maman. Le papier aussi, je le retins. C'était une feuille de papier Kuhlmann. Je me rappelle qu'il y avait même la date, neuf heures trente, 23 juin, et de l'écriture nette de Papa : « Un inspecteur de police m'emmène rue de Greffulhe et de là au Service allemand », puis une ligne séparée : « Je ne sais pourquoi. »

En dessous : « Il se peut que ce ne soit pas pour arrestation ou internement. » « J'ai prévenu Maire », et en bas : « Ma femme n'est pas prévenue, comme je ne connais pas l'issue de l'affaire. Affectueusement et respectueusement. »

Je le vois encore, ce papier.

Puis M. Duchemin ferma son encrier, plia quelques papiers, et nous partîmes. En voiture, je suis arrivée à reconstituer. Mais c'est surtout dans le récit qu'il fit à Maman : à neuf heures et demie, quand il est arrivé au bureau, il a trouvé là un inspecteur de police qui emmenait Papa. Papa ne pensait pas le voir, aussi avait-il écrit ce mot.

J'étais dans une sorte de brume, je ne parlais pas. M. Duchemin essaya deux fois de rompre le silence, en me demandant des nouvelles d'Yvonne, et en me félicitant pour mon diplôme. Il faisait un temps splendide. Je ne comprenais plus très bien toute cette beauté de Paris par un matin de juin radieux. Il fait toujours beau dans les catastrophes.

Lorsqu'il fallut monter les quatre étages, je me demandais comment j'allais prévenir Maman ; les trois premiers, je les montai un à un, mais le dernier, je l'ai grimpé deux à deux, pour arriver d'abord – M. Duchemin soufflait un peu – c'est Louise qui m'a ouvert, j'ai vaguement vu qu'elle était très étonnée de voir M. Duchemin entrer sans que j'aie rien dit. Maman écrivait à son secrétaire au petit salon. Je suis entrée, et j'ai dit : « Maman, M. Duchemin est là… je crois… que Papa a été arrêté… » Au même moment, M. Duchemin entrait, et je n'avais plus rien à dire. Maman s'était levée brusquement. Puis ils se rassirent, et M. Duchemin raconta toute l'histoire. C'est comme cela que je l'appris. Lorsque tout fut clair dans mon esprit, j'allais prévenir Denise, qui travaillait son piano. Là, ce fut l'effet d'une bombe, Denise se dressa, je voulais en finir au plus vite, je parlais presque par monosyllabes, je me rappelle qu'elle soupira ou gémit et que je l'attrapai. Puis nous sommes entrées au petit salon.

M. Duchemin s'était levé pour partir. Maman est restée assise dans son fauteuil. Elle se passait la main sur le front, en répétant : « Je ne sens rien, je ne sens rien. » Je connaissais cette impression-là. Seulement, maintenant elle a réalisé, tandis que moi, je n'ai toujours pas réalisé. Elle a téléphoné à Auntie Ger.

Vers midi et demi, le téléphone a sonné, c'était une voix d'homme inconnue. Nous avons tout de suite compris : l'inspecteur de police qui avait arrêté Papa, j'ai décroché l'autre récepteur. Cela faisait un effet étrange d'entendre raconter cette histoire par une voix étrangère. Cela la confirmait, lui donnait son cachet d'authenticité. Jusque-là, cela n'aurait pu être qu'une chose qui nous appartenait, peut-être même qui n'existait pas vraiment. À partir de ce moment, nous avons su qu'elle s'était vraiment passée. Il y avait quelque chose d'irrémédiable.

L'inspecteur a affirmé que Papa aurait été relâché si son étoile avait été bien cousue, car l'interrogatoire avenue Foch s'était bien passé. J'ai protesté. Maman aussi ; elle a expliqué qu'elle l'avait installée à l'aide d'agrafes et de pressions pour pouvoir la mettre sur tous les costumes. L'autre a continué d'affirmer que c'était cela qui avait causé l'internement : « Au camp de Drancy, elles sont cousues. » Alors, cela nous a rappelé qu'il allait à Drancy[1].

* * *

Je me rappellerai longtemps ce déjeuner. Simone était là. Nous étions silencieux. L'extraordinaire, c'est que j'avais faim et que je mangeais avec appétit. Maman a téléphoné à Mme Lévy de monter. Lorsqu'elle s'est assise là, et que Maman lui a appris la nouvelle, je ne l'ai pas regardée parce

---

1. À partir de l'été 1942, la quasi-totalité des juifs internés sont conduits à Drancy avant le départ vers Auschwitz.

que je pensais que mon regard la gênerait. Elle était assise à côté de moi. Mais d'après le visage de Denise, j'ai vu qu'elle était devenue toute pâle. Denise a dit : « Elle va se trouver mal. » Nous reprochions silencieusement à Maman de ne pas l'avoir ménagée. Mais c'est peut-être parce que nous ressentions nous-mêmes encore si peu de chose que nous pensions à ménager Mme Lévy.

Ce que je me rappellerai aussi, c'est l'effervescence de la maison après le déjeuner. On aurait dit un départ en voyage. Andrée était accourue pendant le déjeuner, apportant deux pains. Dans la chambre de Miss Child [la gouvernante anglaise], tout était étalé partout. Mme Lévy était assise sur un fauteuil ; le plateau du café était là. Dans sa chambre, Maman triait le linge avec Andrée. Simone était repartie comme un dard chercher du jambon chez elle. Je ne suis pas restée là longtemps, car j'avais une liste de choses à prendre chez Tiffereau. Pendant dix minutes, j'ai attendu rue Montessuy. Le soleil donnait en plein sur ce trottoir-là, et malgré le store baissé, j'étais en nage. Je piétinais d'impatience. La paix de une heure régnait dans la rue. Lorsque Tiffereau est arrivé, par la rue, je ne l'ai pas reconnu d'abord, je lui ai tout raconté ; et après un silence il m'a dit : « Voyons, je ne vous remets pas très bien, vous êtes ? – Mademoiselle Berr. – Ah, c'est ce que je pensais. » Nous sommes entrés dans la boutique et il m'a servi, méthodiquement, lentement. Je contenais mon impatience. Je suis partie les mains chargées, le thermos dont il m'avait changé le bouchon, une brosse à dents, du dentifrice, de l'alcool de menthe. Lorsque je suis arrivée à la maison, tout était presque fini. Auntie Ger est arrivée, et Nicole aussi, mais je ne m'en suis aperçue qu'après.

C'est Haraud qui nous a emmenées toutes les trois. Jamais Paris n'avait été aussi joli, c'était une fois de plus les quais, le Louvre et la Seine. Je me suis rappelé une occasion où toute cette beauté m'avait frappée, contrastant avec les circonstances tragiques. C'était le 16 mai 1940, lorsque nous étions allés chercher en toute hâte Mlle Lesieur, le jour de la percée de Laon [1]. Cela, c'était déjà fini, passé. À ce moment-là, l'avenir était encore indéchiffrable. Maintenant, il était connu, déroulé. Et nous nous trouvions à nouveau devant un avenir inconnu. Douze jours après, encore un bout d'avenir qui a perdu son privilège de mystère et d'inconnu, et qui s'est révélé sordide et triste.

La voiture s'est arrêtée près du marché aux fleurs. Nous sommes descendues avec nos bagages. Et une espèce de pèlerinage a commencé. Je portais le *rucksack* [sac à dos] et les couvertures, Denise le panier. À la porte de la Préfecture, un agent nous a arrêtées : Maman a commencé la petite histoire, mais c'était la première fois et cela m'a donné le frisson : « C'est pour voir un interné qui part pour Drancy. On nous a dit d'apporter cela… » J'avais tout à fait accepté mon rôle, pour l'instant. Nous avons enfilé d'innombrables escaliers, des corridors dénudés, avec des petites portes à droite et à gauche, je me demandais si c'était des cellules et si Papa était là-dedans ; on nous a renvoyées d'un étage à l'autre. Il y avait dans les couloirs des hommes à mine patibulaire, ou que je m'imaginais être tels, et des employés assis à des petites tables, tous très corrects. Le sac était lourd. Au dernier étage, Maman a eu du mal à monter. En moi-même je disais : « Monte, c'est bientôt fini. » C'était un peu un calvaire.

Après quelques allées et venues dans un long couloir sur lequel s'ouvraient des portes vitrées, on nous a introduits dans la pièce n° ?, en tout cas, celle des étrangers, car au téléphone, l'agent avait dit : « Cinquième

---

1. Offensive allemande.

étage. Non, il est français. Au troisième. » Mais au troisième, il n'y était pas. C'était une pièce anonyme, avec une espèce de barre derrière laquelle se tenaient plusieurs employés. Il y avait une petite porte en bois dans cette demi-cloison. À droite s'ouvrait une autre porte devant laquelle se tenait un agent, un petit agent brun, jeune. Il avait l'air de comprendre. C'est par cette porte que l'employé est entré appelant Berr, lorsque nous avons indiqué le motif de notre visite.

À partir du moment où Papa est entré, il m'a semblé brusquement que l'après-midi se raccrochait automatiquement à ce passé si récent où nous étions tous ensemble, et que tout le reste n'était qu'un cauchemar. Cela a été en quelque sorte une accalmie, une éclaircie avant l'orage. Quand j'y réfléchis maintenant, je m'aperçois que cela a été une bénédiction. Nous avons revu Papa *après* la première phase de la tragédie, après l'arrestation. Il nous l'a racontée. Nous avons vu son sourire.

Nous l'avons vu partir avec le sourire. Nous savons tout et j'ai l'impression qu'ainsi nous sommes encore plus unis, qu'il est parti pour Drancy lié encore plus étroitement à nous.

* * *

Il est entré avec son sourire radieux, prenant la situation au comique : il était sans cravate, et au début cela m'a donné un choc, on l'avait déjà dénudé en deux heures. Papa sans cravate ; il avait l'air d'un « détenu », déjà. Mais cela a été fugitif. L'un des employés, avec des excuses, lui a dit qu'il allait lui rendre sa cravate, ses bretelles et ses lacets. Tous riaient. L'agent nous expliquait pour nous rassurer que c'était un ordre car hier un détenu avait essayé de se pendre.

Je revois Papa se rhabillant posément dans la salle. On lui avait d'abord donné la cravate de M. Rosenberg, Papa savait déjà le nom de ses codétenus. Il avait fait leur connaissance, je lui ai demandé des précisions sur eux, et j'ai été ragaillardie par quelque chose d'inexprimable. J'avais l'impression que Papa les avait étudiés avec un détachement amusé, et qu'il trouvait cela très drôle – ainsi, il avait gardé non seulement son calme, mais son *sense of humour*. Mon cœur s'est rempli de reconnaissance joyeuse. Mais tout cela est inexplicable.

Je ne me souviens plus que de quelques épisodes de ces deux heures. Au début, j'étais assise sur le banc de bois en face de Papa et Maman, en train de recoudre l'étoile de Papa. Denise déversait son indignation chez l'agent, qui l'appuyait avec sympathie. J'avais la bouche fermée. Je tâchais de réaliser la situation. Plutôt à ce moment-là, je la réalisais pleinement et mon esprit était occupé par le présent.

On aurait dit que nous attendions un train. Mais nous étions beaucoup plus calmes que si nous avions attendu un train. L'atmosphère était presque joyeuse. C'est l'attitude de Papa qui l'avait créée. Par moments, j'avais de vagues pressentiments du futur immédiat, de ce qui allait suivre ces deux heures. Mais, au fond, cela n'avait guère de signification.

Nous bavardions avec les employés, avec l'agent. Il y avait un petit monsieur très soigné, avec une moustache, et un air *concerned* [préoccupé] – qui aurait pu sortir d'un livre de Dickens, un peu genre M. Chillip. Il nous recommandait, à Denise et à moi, la prudence. Il était sincèrement désolé de ce qui arrivait et très respectueux. Le plus jeune des employés se balançait sur le portillon, et n'avait pas l'air de s'ennuyer. Il y avait quelque chose de comique dans cette scène, où le détenu était Papa, où les autorités étaient pleines de respect et de sympathie. On se demandait ce que nous faisions tous là.

Mais c'est parce qu'il n'y avait pas d'Allemands. Le sens plein, le sens sinistre de tout cela ne nous apparaissait pas, parce que nous étions entre Français.

J'oublie de noter les détails donnés par Papa sur son arrestation, c'est tout ce que j'ai su et je n'en saurai pas plus avant de le revoir. Il est en effet allé rue de Greffulhe, et ensuite avenue Foch, où un officier (moi, j'ai compris un soldat) boche s'est jeté sur lui en l'accablant d'injures (*schwein* [sale porc], etc.) et lui a arraché son étoile, en disant : « Drancy, Drancy. » C'est tout ce que j'ai entendu. Papa parlait d'une façon assez entrecoupée, à cause de toutes les questions que nous lui posions.

À un moment, j'ai remarqué une plus grande animation. La porte sur le couloir s'ouvrait et se fermait sans cesse. Finalement, un agent a dit assez haut : « Elles essayent de communiquer avec le détenu par les fentes du mur. » Alors, un employé a dit : « Laissez-les entrer, c'est la mère et la fiancée. » Je n'avais jamais mis les pieds dans une prison avant. Lorsque j'ai réalisé la situation dépeinte en ce peu de mots, brusquement toutes les scènes de commissariat de police de *Crime et Châtiment* me sont revenues à l'esprit, ou plutôt une seule, une scène généralisée. Il m'a semblé que tout *Crime et Châtiment* se passait dans une salle de commissariat de police.

La porte s'est ouverte, et trois femmes sont entrées, la mère, une grosse blonde vulgaire, la fiancée et une autre qui devait être la sœur, on a introduit le détenu, un jeune homme très brun, qui avait une beauté un peu sauvage, c'était un juif italien, inculpé pour hausse illicite [1], je crois.

---

1. Marché noir.

Ils se sont tous assis sur le banc de bois en face. À partir de ce moment, il y a eu du tragique dans l'atmosphère. En même temps, nous étions, tous les quatre ensemble, tellement éloignés de ces pauvres gens, que je n'arrivais plus à concevoir que Papa fût arrêté aussi.

Vendredi 26 juin

Matin. Bibliothèque.
Mes amies ont été charmantes. Silvia Sebaoun me fait une peine terrible. Mais elle est trop fière pour qu'on propose de l'aider. Elle doit être dans la misère. J'ai appris la nouvelle à beaucoup de camarades. À la fin, je répétais une leçon, Cécile Lehmann est venue vers onze heures, très jolie en noir. J'ai parlé avec elle. J'ai eu un mot malheureux en disant que cela se paierait, elle a répondu : « Oui, mais ceux qui sont morts ne revivront pas. » Et j'ai réalisé la cruauté de ma phrase. Stalin est venu et je lui ai dit. Il s'en est assis. Il est resté jusqu'à la fin, il est parti avec moi. Je ne le connais guère, mais il est vraiment plein d'attentions.

Maman allait bien aujourd'hui. Peut-être parce qu'elle avait dormi. Je tâche de faire les petites choses que Papa faisait pour qu'elles n'éveillent pas trop de souvenirs par leur absence : ouvrir les volets de Maman le matin, fermer le soir, ouvrir le gaz le matin.

J'ai dormi debout tout l'après-midi. Je suis allée porter un colis chez Mlle Detraux, de là, par le Luxembourg, jusqu'à l'Institut. La beauté et la fraîcheur des grands arbres, les jeux mouvants des taches d'ombre, c'était plein d'un calme apaisant, qui n'effaçait pas la tristesse, mais la comprenait.

Ensuite, par le métro bouillant et malodorant, je suis allée rue de la Bienfaisance, porter la lettre. J'ai failli pleurer d'énervement parce que j'ai dû demander trois fois le numéro.

Puis je suis allée rue Raynouard. Brusquement, dans le métro, en voyant tous ces hommes, je me suis rappelé Papa, son élégance et sa distinction. Et j'ai réalisé que tout ce que ma vie de machine voulait dire maintenant, que tout ce que les événements des derniers jours signifiaient, c'était que ce Papa-là était parti.

Je suis arrivée rue Raynouard pour apprendre qu'il y avait à la maison une carte de Papa. Je suis repartie la chercher. Ma fatigue avait disparu. Quand j'ai lu la suscription [inscription], « Berr Raymond, Matricule 11 943, Camp de Drancy », je n'ai pas compris – par moments, il y avait des éclairs de compréhension. Je l'ai lue et relue en remontant pour me persuader de la réalité de tout cela.

Maman était là quand je suis arrivée. Elle a pleuré en lisant. Nous sommes restées jusqu'à sept heures et demie à cause des visites.

Téléphone Amiral Vriacos. Denise avait trouvé moyen de s'enfoncer un noyau de cerise dans l'oreille, et nous riions toutes. Mme Lévy était là.

Vendredi soir, 11 h 15

Il y a eu un moment ce soir où j'ai commencé à réaliser. À réaliser l'affreuse tristesse de ce qui se passe. Ce n'est pas en faisant la tarte pour Papa. Pourtant, là, j'étais assaillie par des petits souvenirs, les tournées de Papa à la cuisine, sa façon de humer les gâteaux que nous faisions. Mais cela ne me faisait pas de peine ; au contraire, ils rendaient sa présence plus vivante, et éloignaient de plus en plus la compréhension de la situation actuelle.

Mais c'est en relisant des passages de sa carte, les phrases qui commencent par « mes petites filles », la description de ce qu'il avait fait en vingt heures. Au début, cela ne m'avait pas attristée, dans la joie où j'étais de savoir ce qu'il faisait là-bas. Mais j'ai réalisé le vide de cette existence nouvelle, la signification de ces préoccupations matérielles. À première vue, on croit qu'il organise une vie nouvelle ; puis on comprend ce que veut dire cette vie.

Et pourtant, en regardant cette carte, je n'arrivais pas à saisir la réalité : cette écriture de Papa me rappelle seulement les lettres qu'il nous écrivait de voyage. Récemment, je l'ai vu sur les cartes qu'il envoyait à Jacques et Yvonne, et où il parlait surtout d'Aubergenville. Je n'arrivais pas à réconcilier cette écriture, avec son sens, avec le sens de ses mots.

Et maintenant, à nouveau, je ne réalise plus.

Si, brusquement, dans le noir : je m'aperçois qu'entre le Papa d'ici et celui qui est là-bas et a écrit cette carte, il commence à se creuser un abîme infranchissable.

Samedi matin, 27 juin

Ce matin, Mme Lévy a reçu une carte de son mari[1] qui a laissé le verso à Papa.

Papa a l'air beaucoup moins gai qu'hier (il a écrit ceci hier). Il parle de la vie monotone. Toutes, nous avons senti cela, mais personne n'a osé en parler sauf Maman, et nous essayons de nier ou de dire que c'est naturel. Maman a remarqué qu'il demandait des vêtements de laine. Elle pleure en recopiant cette lettre.

Nous avons fait le premier paquet sur la table de la salle à manger. Ensuite, j'ai envoyé promener tout ce que

---

1. Également interné à Drancy.

je devais faire ce matin, pour rester avec Maman. J'ai téléphoné aux Pineau pour leur dire que Papa avait fait la connaissance du normalien. Denise est partie porter le paquet. J'ai recopié la carte d'hier pour Jacques. Mais je suis tout le temps obligée de sauter des passages qui lui feraient du mal.

J'ai téléphoné à Mme Agache pour donner des nouvelles. C'est l'infirmier qui a répondu qu'on ne pouvait pas la déranger parce que cela allait très mal. Le monde n'est que souffrance. Pourquoi a-t-il fallu que le téléphone sonne dans une maison où mourait quelqu'un ? J'ai raccroché très vite, croyant effacer le coup de téléphone.

C'est ce matin, en effet, qu'il est mort.

7 h 30

Je ne comprends plus rien à rien. Le rituel des samedis après-midi s'est si bien accompli que je suis replongée dans la vie normale, et que je crois tout le reste un cauchemar. Nous avons eu à goûter Detœuf et sa femme, Annick et son cousin Legrand, Job, Nicole et Breynaert. Le courrier est arrivé, m'apportant deux cartes d'Odile et deux de Gérard. Tout est normal. Je ne sais plus où j'en suis. J'ai l'impression de me réveiller après une mauvaise nuit et de retrouver la réalité rassurante.

Pourtant, jusqu'à huit heures, j'étais en plein dans le cauchemar ; ce matin cela allait mal. Après le déjeuner, j'ai recopié la carte de Papa pour Yvonne (à cette heure, cette phrase n'a guère de sens pour moi). Job est arrivé, il est resté avec Denise au bureau. Les Legast étaient avec Maman, je suis entrée, je les ai reconduits, je crois que Mme Legast pleurait, car elle ne m'a pas dit au revoir.

Puis je suis allée avec les autres. Peu à peu, en parlant avec Job, la conversation, l'atmosphère a repris son air habituel. Nous avons fini par faire un peu de trio. J'avais demandé à Maman de me laisser une ligne sur la carte de Papa. Lorsqu'elle est entrée avec, la réalité m'avait à nouveau échappé, et je ne reconnaissais plus la valeur de cette carte.

Pourtant, ce soir, je devais être préoccupée par les cartes de Gérard. Mais il y a quelque chose de mort en moi à ce sujet. Je ne réponds plus, au sens figuré. Cela ne me fait plus guère qu'un plaisir de curiosité de les recevoir. Est-ce parce que j'ai décidé de ne pas le faire ? Ou est-ce que réellement je suis détachée de lui ? Sincèrement, je ne crois pas que ce soit à cause de l'autre chose, quoique j'y aie pensé souvent cette semaine. Je suis éteinte.

Maman vient de rentrer, mon engourdissement de maléfice va cesser.

Lundi 29 juin

Il n'y a plus rien de déterminé le matin quand on se lève. Mais toujours quelque chose d'inattendu à faire.

Ce matin, j'ai reçu une carte de Gérard, pas la n° 1, une qui date d'avant. Je me suis débattue un moment, et puis j'ai oublié.

Je suis allée porter une lettre à Mme Duc chez Thérèse. C'est sa femme de ménage qui m'a reçue ; elle m'a juré que les Russes me vengeraient !

En rentrant, en marchant avenue de La Bourdonnais, je pensais, je crois, à mes souliers. J'ai eu soudain conscience qu'un monsieur venait vers moi, je suis sortie de ma pensée. Il m'a tendu la main, et m'a dit d'une voix forte : « Un catholique français vous serre la main... et puis, la revanche ! » J'ai dit merci, et je suis partie en commençant à réaliser ce qui s'était passé. Il y avait d'autres personnes dans la rue, assez loin. J'avais presque envie de rire. Et pourtant, c'était chic, ce geste. Il devait être Alsacien ; il avait trois rubans à sa boutonnière.

Dans la rue, on est sans cesse obligé de représenter, c'est une épreuve de sortir.

* * *

En prenant le lait chez le crémier, je me suis tapé le front de toutes mes forces dans le rideau de fer, cela me fait mal. Quand je suis partie après déjeuner, vers midi et demi, l'avenue était empreinte d'une beauté si calme, si rayonnante que je me suis laissé bercer un moment.

À la bibliothèque, J. M. est arrivé vers quatre heures. Je l'attendais. Jean-Paul est venu aussi. En rentrant, nous avons marché jusqu'à Sèvres-Babylone.

Françoise Masse m'a dit hier que sur les quatre-vingts femmes déportées des Tourelles[1] la semaine dernière, il y en avait une par exemple qui l'avait été parce que son enfant de 6 ans et demi ne portait pas l'étoile. Parmi elles se trouve la fille d'une femme médecin que connaissent à la fois J. M. (elle habite Saint-Cloud) et Françoise. Elle est condamnée aux travaux forcés à perpétuité. Ils sont paraît-il près de Cracovie, les autres.

* * *

Dimanche, nous sommes allées à Aubergenville, Denise, Nicole, Françoise et moi. Maman, à la dernière minute, n'est pas venue car elle voulait voir M. Aubrun. Il valait mieux qu'elle ne vienne pas. Je crois que cela aurait été une épreuve trop dure.

---

1. À la caserne des Tourelles, boulevard Mortier à Paris.

J'ai réussi à ne pas penser. D'abord, nous avons beaucoup parlé en route. Et en cueillant les framboises, j'ai pensé à autre chose, à laquelle je ne peux pas m'empêcher de penser. Évidemment, nous avions l'impression d'un vide, et j'étais tout le temps à joindre Denise ici et là pour diriger les opérations de cueillette, pour l'aider. Mais nous n'avons pas parlé de ce que nous sentions.

Nous sommes restées dans les framboisiers tout l'après-midi. Au début, nous aurions pu croire que c'était une simple expédition de semaine, sans les parents. Mais au fond de nos consciences, il y avait le souvenir des événements récents. Quand j'y repense maintenant, je m'aperçois que nous étions complètement isolées dans les framboisiers, et que le reste du jardin continuait à vivre de sa vie à part, qu'il doit avoir quand nous ne sommes pas là. Je n'arrive plus à communier avec lui, à sentir qu'il m'aime et qu'il m'accueille. Il est presque devenu indifférent. C'est de ma faute, car plus jamais, en arrivant, je ne fais ma tournée. Et puis nous venons toujours en coup de vent.

Les rosiers parasols étaient en fleurs, les rouges et les roses. Cela m'a rappelé la *garden-party*.

J'ai essayé de prendre la place de Papa. Pour éviter que Denise y pense. J'ai tiré la remorque, chargé les paquets.

Avant de partir, nous avons dit au revoir aux Hup. Ils savaient tout, mais n'avaient rien dit à leurs enfants. En parlant à Mme Hup, j'ai vu soudain son visage se tordre en une grimace de douleur, pour pleurer. C'était horrible. Mais cela n'a duré qu'un instant. M. Hup[1] est venu nous aider à cueillir des cerises. Nous avons parlé de ce qu'il fallait faire pour Papa. Les projets ont toujours un côté matériel qui vous occupe l'esprit.

---

1. Jardinier d'Aubergenville.

Dans le train, en revenant, nous étions inondées de jus de framboises. J'avais de plus cassé un œuf qui coulait. Nous avons donné nos places à des femmes qui avaient des bébés. À la gare, Andrée et son mari, et Louise nous attendaient. Cela avait quelque chose de réconfortant. Et en même temps, lorsqu'on réfléchissait à cette impression, on savait qu'elle cachait quelque chose de triste.

Mardi 30 juin

Cette nuit, il y a eu des coups de canon, une alerte, durant laquelle on n'a rien entendu. Je me suis rappelé vaguement que, dans l'après-midi, nous avions dit que les Anglais ne venaient plus. J. M. avait dit qu'ils ne viendraient pas. Maman m'a parlé de sa chambre et j'ai répondu – nous avions la même idée, l'idée de Papa. Elle m'a saisie dans la nuit, comme elle ne me saisit jamais dans la journée. Dans la journée, la vie forme une croûte par-dessus la pensée.

Ce matin, Papa a envoyé son étiquette vestimentaire. Maman a lu la liste en pleurant, car il demande beaucoup de tricots et de grosses choses. Plus elle descendait, plus sa voix se brisait, c'était désespérant. Elle a nommé une chose que je n'ai pu comprendre ; j'ai su après que c'était de la poudre insecticide. Elle a fait un geste de la main pour montrer la tête. J'ai compris.

Je suis descendue tout de suite chez la crémière. Mais elle n'avait rien.

Cet après-midi, j'irai à Aubergenville chercher le costume gris que Papa demande. Est-ce que je comprendrai le sens de ce voyage ? Sur le moment, je n'arrive pas. Ce n'est pas de ma faute, je n'arrive pas à réaliser. Je *sais* que Papa est à Drancy. Je *sais* que la semaine dernière il y avait ici un Papa vivant, souriant, actif. Je ne peux pas réconcilier les deux choses.

Jeudi soir, 2 juillet
23 h 15

Lorsque j'ai fermé les volets dans ma chambre, un éclair a traversé le ciel. Le ciel menace encore ce soir. Après toute cette journée d'orage, d'averses, de grondements lointains, et de tension nerveuse. Journée faite pour son dénouement de ce soir. Je veux écrire ces lignes avant de m'endormir. Car je sais que je vais m'endormir malgré tout ; et que mon corps vaincra mon esprit comme toujours.

Ce qui se passe ? D'abord, juste au moment de nous mettre à table, le coup de téléphone de M. Duchemin. J'ai répondu et passé l'appareil à Maman. Elle parlait avec tant de précision et de calme que j'ai été stupéfaite lorsque après elle nous a dit : « On libérera Papa à condition qu'il s'en aille. » Je n'avais pas encore accepté l'idée ; j'ai été surprise quand j'ai vu que Maman l'avait fait ; car elle nous a demandé ce que nous ferions à sa place.

S'en aller. C'est le vague pressentiment que j'ai eu depuis cette semaine. La réponse à cette idée, cela a été une sensation brusque d'anéantissement. Et puis de révolte. Ce soir, après avoir un peu réfléchi, je pense qu'il y a de l'égoïsme en moi, que je ne veux pas sacrifier mon bonheur, car tout ce que j'ai éprouvé d'heureux se trouve concentré dans cette vie d'ici. Mais je peux me dire cela ; je peux me forcer à faire ce sacrifice. Il reste autre chose.

Il reste à sacrifier le sentiment de dignité, à accepter d'aller rejoindre ceux qui sont partis.

Il reste à sacrifier le sentiment d'héroïsme, de lutte que l'on éprouve ici.

Il reste à sacrifier le sentiment d'égalité dans la résistance, d'accepter d'être mis à part des autres Français qui luttent.

Mais en face de cela, il y a Papa. Et il ne faut pas hésiter. Il paraît qu'au début de la semaine, on a eu très peur qu'il ne parte pour plus loin. Il n'y a pas à hésiter et cela ne se discute même pas. C'est un chantage odieux, et il y a beaucoup de gens qui se réjouiront. Des gens qui croient qu'ils le font par bon cœur et charité, et qui au fond ne se douteront pas qu'ils sont heureux de ne plus avoir à se faire du souci pour nous, ou même à nous donner de la pitié ; d'autres qui croiront avoir trouvé la solution rêvée pour nous et qui ne comprendront pas que c'est pour nous un arrachement aussi grand que pour eux, parce qu'ils ne se mettent pas à notre place, et qu'ils nous considèrent comme naturellement voués à l'exil. Mais tout cela, c'est des idées. Et je peux les chasser en me disant que ce ne sont que des idées. Mais ce n'est pas tout. Il y a aussi des *impossibilités*, des pensées qui viennent et vous font sursauter, parce qu'elles sont vraiment des impossibilités : Quitter Bonne Maman et Auntie Ger. Attitude vis-à-vis des autres internés. Quitter Mme Lévy.

Elle est montée juste après le coup de téléphone. Elle était très énervée. Tout à coup, elle a explosé. Il fallait qu'elle nous dise quelque chose qu'on lui avait dit. Elle était près d'éclater, éclater pas en sanglots, mais en paroles, et en énervement. Il s'agit d'une ordonnance pour le 15[1]

---

1. D'abord prévue les 13 et 14 juillet, la rafle dite du Vél d'Hiv a été reportée aux 16 et 17 juillet. À la demande des Allemands, le gouvernement français accepte d'organiser une vaste rafle en zone occupée comme en zone libre. La police

enfermant tous les juifs dans des camps de concentration. Elle avait dû retourner cela dans sa solitude, et dans l'atmosphère d'orage de cette journée. Pendant tout le dîner, elle a continué à rouler cette pensée-là, tandis que nous trois nous pensions à l'autre chose. Deux courants de pensée se croisant, ou se côtoyant silencieusement. Cela me donnait froid dans le dos de penser que la nôtre nous isolait du sort commun. Et je me consolais presque de cela en pensant à la misère de la vie en zone libre. J'avais un désir d'expiation, je ne sais pourquoi.

Après le dîner, le ciel s'était encore assombri. Et le tonnerre a éclaté avec fracas au-dessus de nous. Mais peu à peu Mme Lévy se détendait. Lorsqu'elle est partie, elle était calme. Ce soir, Maman médite des vengeances contre les lâches qui ont fait ce marché, et prépare ce qu'elle dira aux gens. Mais moi, maintenant, le sommeil me guette, me serre les tempes, et je ne peux plus me rappeler mes pensées. Demain matin, je verrai plus clair. Je ne crois pas à la réalité de ce soir. On peut me dire ce que l'on veut.

Vendredi matin, 7 heures
3 juillet

Je me réveille avec une seule idée claire : c'est une lâcheté abominable que l'on veut nous faire commettre. À quoi d'autre fallait-il s'attendre de la part des Allemands ? En échange de Papa, ils nous prennent ce que nous estimons le plus : notre fierté, notre dignité, notre

---

française doit arrêter les juifs étrangers, pas les Français. Des fuites provenant de l'administration font qu'à Paris, les associations juives sont informées de l'imminence de la rafle.

esprit de résistance. Non lâcheté. Les autres gens croient que nous jouissons de cette lâcheté. Jouir ! Mon Dieu.

Et au fond, ils seront contents de ne plus avoir à nous admirer et à nous respecter.

Pour les Allemands aussi, le marché est avantageux : Papa en prison, cela indigne trop de monde. Cela leur fait une mauvaise réclame. Papa sorti de prison et reprenant sa vie, c'est un obstacle et un danger pour eux. Mais Papa disparaissant en zone libre, l'affaire devenant bien calme, bien plate, c'est leur idéal. Ils ne veulent pas de héros. Ils veulent rendre méprisable, ils ne veulent pas exciter l'admiration pour leurs victimes.

Mais si c'est cela, je fais le vœu de continuer à les gêner de toutes mes forces.

Il y a en moi deux sentiments qui reviennent à peu près au même, quoique leur type soit différent : le premier, c'est le sentiment de la lâcheté commise en s'en allant, une lâcheté qui nous est imposée, lâcheté vis-à-vis des autres internés, et des pauvres malheureux ; et celui du sacrifice de la joie de lutter, qui est le sacrifice d'un bonheur, parce que en plus de la joie de cet héroïsme, il y a les compensations de l'amitié, de la communauté dans la résistance.

Au fond, je me place à un double point de vue : pour moi, partir n'est pas une lâcheté, puisque c'est un sacrifice énorme, et que là-bas je serai malheureuse, mais je ne peux pas demander aux autres gens de penser comme moi. Pour les autres gens, c'est une lâcheté.

Vendredi

Toute la matinée a été étrange. D'abord, le ciel était encore sombre et lourd. Dans les maisons, il faisait une chaleur moite et étouffante. Je suis partie de la maison en retard (je devais être bibliothécaire) parce que j'avais attendu le courrier. J'emportai deux cartes de Gérard que j'ai lues dans la rue. Arrivée à l'Institut, où il y avait déjà de petits groupes dans la cour, Albus m'a dit qu'il n'y avait pas de bibliothèque pendant les oraux. Toute ma matinée vide soudain. Je suis montée à la bibliothèque en me frayant un chemin difficilement à travers les étudiants massés dans l'escalier. Puis la chaleur était telle là-haut que je suis redescendue. Au premier, Ch. Delattre faisait passer philologie, j'ai mis ma tête à la porte, je ne savais pas s'il m'avait vue, et je me suis retranchée derrière le battant. Mais j'ai entendu un pas autoritaire dans la salle, c'était lui. Il m'a dit bonjour, a tout de suite compris que la chemise que je tenais sous mon bras contenait mon diplôme. Il m'a demandé si cela allait. J'ai dit : « Aussi bien que possible. » Il se préparait à rentrer dans la salle. Puis il est revenu et m'a dit : « Est-ce vrai que votre père a été arrêté ? » J'ai débité à nouveau toute l'histoire. Il écoutait d'un air soucieux. Puis il m'a quittée et est rentré dans la salle.

Je suis redescendue et je suis restée appuyée contre le mur dans la cour presque une heure en attendant Nicole. Je me sentais isolée au milieu des étudiants de licence inconnus. Cependant, j'en connaissais certains, qui sont venus me parler. J'ai bavardé avec Monique Duert assez longtemps. Vers dix heures, Jean-Paul est arrivé. J'étais ravie de voir enfin quelqu'un de mon groupe d'amis. Il était nerveux comme un chat, à cause de cet oral. J'ai été avec lui chez Landré, salle 1, pour le calmer. Il s'est inscrit pour l'après-midi. Dans une de mes nombreuses courses dans l'escalier, j'ai vu Sylvère Monod, très gentil, et Annie Digeon, charmante. Quand elle est indignée de quelque chose, elle écarte les narines et son nez, qui est tout petit, se gonfle de colère. Quand j'ai parlé d'elle à Jean Pineau, il m'a dit : « Elle a l'air très douce. » C'est vrai. En haut, j'ai enfin trouvé Nicole qui avait rejoint Jean-Paul. Alors, je suis partie. Il était onze heures. Je suis rentrée ici. Maman et Denise étaient là. Il n'y avait pas eu d'autres nouvelles. Mais l'histoire d'hier soir n'avait rien d'un ultimatum. Nous étions toutes les trois vidées par notre lutte de la veille. Je suis allée à la cuisine faire des sablés pour goûter. Louise est partie, et c'est Bernadette qui fait tout. Nous sommes plus unis que jamais.

M. Boisserie est arrivé en même temps que M. Duchemin. M. Duchemin – j'ai écouté derrière la porte un instant – est très optimiste, parle avec une importance d'autant plus grande qu'elle a l'air de s'ignorer, de « de Brinon »[1], « qui a été saisi », etc.

M. Boisserie était atterré par la nouvelle. Le déjeuner a été assez silencieux. Après, nous avions sommeil, Denise et moi. Mais je me suis héroïquement raidie. Vers deux heures et demie, je suis allée chez Mathey. Il faisait terriblement chaud. Françoise Masse est venue vers cinq heures. Nous avons goûté dans ma chambre. Puis joué une sonate de Mozart.

Olivier Debré[2], rasé par brimade d'atelier, est venu vers sept heures, en même temps qu'Annie.

Après le dîner, Maman est descendue. Denise, au bureau de Papa, travaillait son allemand. Je lisais la vie de Dostoïevski. Maman est revenue vers dix heures. La

---

1. Fernand de Brinon, homme politique français. Partisan de la collaboration, il est le représentant du gouvernement de Vichy auprès des autorités allemandes à Paris de 1940 à 1942.
2. Olivier Debré, étudiant à la Faculté des lettres et aux Beaux-Arts, deviendra un peintre célèbre. Il est le fils du professeur Robert Debré et le frère du futur Premier ministre Michel Debré, tous deux membres de la Résistance.

soirée n'était pas finie. La question des camps de concentration est revenue sur le tapis. Comme toujours dans ces moments-là, nous mêlions le rire au grave, faisant des plaisanteries qui finalement l'emportent et empêchent de réaliser le sérieux du problème. Tout cela s'est terminé dans la cuisine, d'abord par une consommation de petits pois froids qui sont ma passion, et par une discussion dans le cabinet de toilette de Denise sur les mérites respectifs de J. M., que Denise n'aime pas, et de Jean Pineau.

Si j'écris tous ces petits détails, c'est parce que maintenant la vie s'est resserrée, que nous sommes devenus plus unis, et tous ces détails prennent un intérêt énorme. Nous vivons heure par heure, non plus semaine par semaine.

Samedi

Dannecker[1] a ordonné l'évacuation de l'hôpital Rothschild. Tous les malades, les opérés d'hier, ont été envoyés à Drancy. Dans quel état ? Avec quels soins ? C'est atroce.

Job et Breynaert sont venus. Job ne veut rien entendre pour partir. Nous avons joué le *Quintette de la Truite*, très joli.

Dimanche

Aubergenville avec toute la famille Bardiau. Avons cueilli des fruits toute la journée, chaleur effroyable. Il a fait de l'orage toute la nuit.

---

1. Le SS Theodor Dannecker est, jusqu'en juillet 1942, le chef du service des Affaires juives de la Gestapo en France.

Lundi 5 juillet

Ce matin est arrivée la deuxième carte de Papa. Il décrit sa vie, une de ses journées. Elles sont lamentablement vides. Le matin, réveil, et il met à côté un point d'interrogation parce qu'il ne doit pas beaucoup dormir, à sept heures. Appel à huit heures. (L'autre jour, un M. Muller qui était malade était resté couché pour une fois, dénoncé, et Dannecker lors de sa visite monte droit chez lui, le trouve couché, avec un pyjama trop beau, il le fait déporter, 58 ans.) De huit à dix heures, promenade, oscillation. Il y a des petits mots humoristiques que Papa emploie, mais qui dans ces circonstances sont déchirants. Plus loin, il parle des *potatoes* [pommes de terre]. Je l'entends encore prononcer le mot, à Aubergenville. C'est à la fois consolant, parce que cela nous fait sentir tout proches, et poignant. À onze heures et demie, soupe, et à dix-sept heures trente. Puis ils s'occupent du menu du déjeuner. L'après-midi est ce qu'il y a de plus long, parce qu'il ne veut pas faire de sieste pour garder son sommeil pour la nuit. Il joue aux dames, au Diamino, au bridge. Papa, qui ne jouait jamais à aucun jeu, qui pendant que Jean et les autres faisaient des parties de Diamino au petit salon à Auber, travaillait impassiblement à sa table. La soirée se passe à causer. Il donne des nouvelles de M. Basch, de Maurice, de Jean Bloch. Il raconte sa visite au dentiste, camarade de chambrée. Il faut s'habituer à dormir avec les ronflements et sans volets ; il était jusqu'ici aveuglé par le clair de lune. Il y a dans sa carte une chose qui m'a fait une peine immense, un petit détail. Il écrit : « On peut m'envoyer des groseilles. J'en ai vu dans les paquets arrivés ici. » Pourquoi cela me donne-t-il envie de m'enfuir à toutes jambes ? Il y a quelque chose d'enfantin dans cette phrase.

Et toutes les journées doivent passer ainsi. Il dit qu'il ne réalise pas qu'il y a déjà passé une semaine. Et moi, qui suis libre, qui cours à droite et à gauche comme je veux, qui ai quelque chose de différent à faire toutes les heures et tous les jours, qui n'ai même pas le temps de penser.

Cette écriture de Papa, faite pour rédiger des discours, des lettres d'affaires, ou des nouvelles de ses voyages, elle est toujours là, précise, propre, nette, intellectuelle, pour décrire une vie réduite, confinée, une vie de prisonnier de droit commun.

On ne réalise pas l'énormité de cette injustice, l'infamie de ces traitements, parce qu'elle est trop grande, parce que aussi nous sommes habitués à tout attendre.

Papa dit que M. Basch a le moral assez bas. Depuis six mois, il est enfermé là, six mois ; maintenant, tout espoir de voir finir cela a dû s'évanouir. Comment peut-on avoir envie de vivre encore ?

Papa vit pour nous. Il doit penser à nous nuit et jour. Pour moi, il est presque un inconnu. C'est étrange, et peut-être mal de dire cela. Mais Papa, ce Papa que Maman connaît, est très renfermé. Seulement, quelques phrases de ses cartes le laissent entrevoir. Quelque chose en moi, lorsque j'ai lu celle de ce matin, m'a dit qu'il existait entre nous deux un pacte indissoluble.

Mardi matin
6 juillet

Les soucis reviennent peu à peu s'accumuler comme des nuages noirs. C'est étonnant, cette faculté que j'ai d'oublier et de ne pas penser.

Ce matin, je reçois une carte de Gérard. Plus cela va, plus j'ai l'impression d'une méprise douloureuse ; je sais d'avance quelque chose qu'il ne sait pas et que je ne veux pas lui dire ; j'ai l'impression d'avoir joué à mon rôle. Parce que j'aimais écrire. Et pourtant, je ne me suis jamais engagée.

Seulement, je croyais rester toujours à la surface des choses ; et le simple fait que j'ai continué à écrire a pour lui tout approfondi.

J'aimais bien qu'il m'écrive « ma petite Hélène ». Maintenant, oublier cela me gêne, parce que j'ai l'impression qu'il s'empare de mon intimité, ou, quand je me souviens que j'aimais cela et que je lui ai même demandé de le faire, cela m'apparaît comme une formule vide de sens, une phrase indifférente.

**

Dans *La Princesse* de Tennyson, le Prince était affligé d'une étrange infirmité : brusquement, le monde devenait fantomatique et perdait sa substance.

Je suis comme lui, toute cette histoire est réelle, vivante, je viens de discuter Shakespeare sur une carte à Gérard, je ne faisais guère de question au sujet de notre intimité, je pensais qu'il me connaissait bien, que son intelligence était faite pour comprendre ce que j'écrivais, et brusquement je m'aperçois de ce qui est *underlying* [sous-jacent]. Et tout devient vide et horrifiant.

C'est ce qui doit se produire quand la tête seulement et pas le cœur est engagée.

**

Nous sommes allées, Denise, Nicole et moi rue de Téhéran[1] nous faire inscrire à ce patronage. Nous avions tous le fou rire, mais c'était je crois une espèce de *exhilarition*, d'exaltation. M. Katz nous a dit : « Vous n'avez rien à faire ici ! Si j'ai un conseil à vous donner, partez. » À quoi j'ai répondu, avant même qu'il ait fini : « Nous ne voulons pas partir. » Il a dit alors : « En ce cas, il faut absolument vous occuper. »

Nous sommes munies d'un certificat assez déplaisant[2]. Nicole ne cesse de rager, disant que c'est une concession aux Allemands. Je considère cela comme le prix à payer pour rester ici. C'est un sacrifice, car je déteste tous ces mouvements plus ou moins sionistes, qui font le jeu des Allemands sans s'en douter : et, de plus, cela va nous prendre beaucoup de temps. La vie est devenue bien étrange.

* * *

Après le déjeuner – Mme Lévy était là –, coup de téléphone de Françoise Pineau nous invitant pour samedi, et de Claude Leroy, qui est venu me voir vers trois heures et demie très gentiment.

J'ai attendu tout l'après-midi Cécile Lehmann, qui n'est

---

1. Siège de l'UGIF, Union générale des israélites de France. Voir Michel Laffitte, *Juif dans la France allemande*, préf. d'Annette Wieviorka, Tallandier, 2006.

2. Fondée par Vichy en novembre 1941 sur injonction de l'occupant, l'UGIF doit fédérer les œuvres juives d'assistance, à des fins de repérage. Armand Katz en est le secrétaire général pour la zone occupée. Hélène Berr se propose comme assistante sociale bénévole. Tous les membres de l'UGIF sont titulaires d'un certificat ou carte (dit « de légitimation » en zone nord), censé leur assurer une protection illusoire.

pas venue. J'ai goûté avec Nicole, qui venait très énervée de chez Jean. Puis je suis allée chez Hudelo. C'est Denise qui a donné la leçon à Jeanne Fauque à ma place, je prends des rendez-vous à la même heure, et je pense que cela s'arrangera tout seul. Je n'ai plus la faculté de raisonner. J'ai un rhumatisme à l'œil, c'est ennuyeux à guérir.

* * *

Après le dîner, fait des gâteaux pour Jacques.
Les jumelles ont fini par s'en aller. Marianne veut et Emmeline ne veut pas. Cela doit être joli.

Jeudi 9 juillet

J'ai mal dormi cette nuit. Ce n'est pas étonnant après une telle soirée. J'étais allée passer la journée à Auber avec Nicole et Françoise. Nous avons cueilli des framboises et des groseilles dans le silence du jardin. C'était paisible, et reposant, bien que nous eussions emmené nos idées avec nous. Nous nous entendons parfaitement ; Françoise s'en va la semaine prochaine, et j'ai l'impression qu'elle ne reviendra pas. J'ai l'impression que l'irrévocable se produit, je ne sais pas si je reverrai aucune des personnes qui me quittent.

En rentrant ici, j'ai trouvé Gisèle qui m'attendait. Il y avait une belle confusion. Mme Périlhou était au petit salon. Françoise et Nicole m'avaient aidée à rapporter les paquets. Coup sur coup sont arrivés M. et Mme Jacobson, Mme Léauté, M. Mathey, la petite protégée de Maman. Il fallait dire au revoir à Nicole et à Françoise, trier les fruits, réaliser ce que Gisèle me disait. Elle aussi part ; et elle en est désespérée. La sensation de « fin du monde » voletait autour de moi. En même temps, il y avait dehors une carte de Gérard qui m'attendait, et que je n'arrivais pas à lire ; je suis descendue avec Gisèle pour aller chez Tiffereau, et en chemin j'ai pu la lire. Elle était très triste. Mais je n'avais pas le temps de réfléchir.

C'est après, quand M. Mathey fût parti *[sic]*, que j'ai commencé à réfléchir. La balance était de nouveau horizontale hier soir. Avant de m'endormir, je me suis demandé brusquement pourquoi je n'acceptais pas tout ce qui s'offrait à moi, pourquoi je ne m'abandonnais pas. Dans ma demi-conscience, j'ai presque cédé. Je ne trouvais plus mes raisons de la journée, qui ce matin sont à nouveau vivantes. Le problème devient aigu et je veux me persuader du contraire : il m'écrit que ses projets dépendent de moi. Et je ne veux pas ; je veux être libre, je ne veux pas que d'autres dépendent de moi.

* * *

Été chercher les photos et les ai apportées à M. Katz.

Après-midi chez Budé, pour Jacques. Acheté Suétone, et Wordsworth (pour moi). Passé à l'Institut, il n'y avait personne, c'était mort ; j'avais traversé tout le Luxembourg, plein de souvenirs maintenant.

De chez Bonne Maman, je suis allée chez Mlle Fauque, où j'ai retrouvé Denise.

Trouvé une carte de Gérard du 22 qui m'a beaucoup rapprochée de lui. Est-ce la vérité ou non ?

Vendredi 10 juillet

À la bibliothèque, je n'ai rien eu à faire. J'ai presque fini *La Paix des profondeurs*. C'est remarquable.

Nicole est venue me chercher.

Mlle Detraux à déjeuner.

Nouvelle ordonnance aujourd'hui, pour le métro. D'ailleurs, ce matin, à l'École militaire, je me préparais à monter dans la première voiture lorsque j'ai brusquement réalisé que les paroles brutales du contrôleur s'adressaient à moi : « Vous là-bas, l'autre voiture. » J'ai couru comme une folle pour ne pas le manquer, et lorsque je me suis retrouvée dans l'avant-dernière voiture, des larmes jaillissaient de mes yeux, des larmes de rage, et de réaction contre cette brutalité.

Les juifs n'auront plus le droit non plus de traverser les Champs-Élysées. Théâtres et restaurants réservés [1]. La nouvelle est rédigée d'un ton naturel et hypocrite, comme si c'était un fait accompli qu'en France on persécutait les juifs, un fait acquis, reconnu comme une nécessité et un droit.

Lorsque j'y ai pensé, je bouillonnais tellement que je suis venue dans cette chambre me calmer.

Été à la galerie Charpentier avec Bernard et Nicole. Bernard nous a ramenées chez lui pour goûter.

Samedi 11 juillet

Musique. Après, les Pineau et Françoise Masse, Legrand était là. Avons joué le *Quintette de la Truite*. N'ai pas pu recevoir comme je voulais. Vers six heures et demie sont arrivées… la corsetière et Mlle Monsaingeon. Quand je suis revenue au salon, c'était trop tard. Tous partaient. Les Simon après dîner.

---

1. La neuvième ordonnance allemande du 9 juillet 1942 interdit aux juifs de fréquenter les établissements de spectacle, théâtres, cinémas, musées, mais aussi les bibliothèques, les stades, les piscines, les jardins publics, les restaurants, les salons de thé. Enfin, ils ne peuvent plus entrer dans les magasins ou les commerces qu'entre 15 et 16 heures.

Dimanche 12 juillet

Auber avec Mme Lévy.

Lundi 13 juillet

J. M. à la bibliothèque. Il est revenu ici à pied avec moi sans attendre ses résultats d'agreg.

Mardi 14 juillet

Il fait gris et lourd. Je ne sais plus où j'en suis. Je viens d'écrire trois cartes méchantes, je me demande si tous mes « scrupules » sont réels ou si je ne suis pas en train de gâcher mon bonheur.
Je me demande aussi si ce n'est pas l'autre chose qui me rend méchante. Je suis plus divisée que jamais. J'ai encore reçu trois cartes ce matin. Maintenant, chacune est un tourment, car chacune pose la question avec plus d'acuité. Je lui reconnais le droit d'être brutal et de m'en vouloir. Ce qui m'étonne, c'est qu'il ne l'ait pas été plus souvent.
Est-ce qu'un matin je ne me *réveillerai* pas en m'apercevant que tout ceci était des chimères, et que j'ai perdu ma chance de bonheur ?

Mercredi 15 juillet
23 heures

Quelque chose se prépare, quelque chose qui sera une tragédie, *la* tragédie peut-être.
M. Simon est arrivé ce soir à dix heures nous prévenir qu'on lui avait parlé d'une rafle pour après-demain, vingt

mille personnes. J'ai appris à associer sa personne avec des catastrophes.

Journée commencée avec la lecture de l'ordonnance nouvelle chez le cordonnier, terminée ainsi.

Il y a une vague de terreur qui saisit tous les autres gens depuis quelques jours. Il semble que ce soient les SS qui aient pris le commandement en France, et que la terreur doive s'ensuivre.

Tous nous désapprouvent de rester, silencieusement. Mais lorsque nous abordons la question nous-mêmes, cette désapprobation s'exprime hautement : hier, Mme Lyon-Caen ; aujourd'hui, Margot, Robert, M. Simon.

Samedi 18 juillet

Je reprends ce journal aujourd'hui. Je croyais jeudi que la vie serait arrêtée. Mais elle a continué. Elle a repris. Hier soir, après ma journée de bibliothèque, elle était redevenue si normale que je ne pouvais plus croire à ce qui s'était passé la veille. Depuis hier, elle a changé à nouveau. Quand je suis rentrée tout à l'heure, Maman nous a annoncé qu'il y avait beaucoup d'espoir pour Papa. D'un côté, il y a le retour de Papa. De l'autre, ce départ pour la zone libre[1]. Chaque chose porte en elle une épreuve. Le départ, cela m'a fait une impression presque de désespoir, je n'arrive pas à m'expliquer pourquoi. Je rentrais tendue pour la lutte, unie avec les bons contre les mauvais, j'étais allée chez Mme Biéder, cette malheureuse mère de huit enfants dont le mari est déporté ; elle habite

---

1. Le frère d'Hélène, Jacques, et sa sœur Yvonne Schwartz, dont le mari a été nommé en zone libre, se trouvent déjà au sud de la ligne de démarcation.

le faubourg Saint-Denis. Nous sommes restées, Denise et moi, un quart d'heure chez elle ; en sortant, j'étais presque contente de m'être enfoncée dans la vraie souffrance. Je sentais bien que j'étais coupable, qu'il y avait quelque chose que je ne *voyais* pas, c'était cette réalité. Cette femme, sa sœur qui a quatre enfants, a été emmenée. Le soir de la rafle, elle s'était cachée, mais le malheur a voulu qu'elle redescende chez la concierge au moment où l'agent venait la chercher. Mme Biéder est comme une bête traquée. Ce n'est pas pour elle qu'elle craint. Mais elle a peur qu'on lui enlève ses enfants. On a emmené des enfants qui se traînaient par terre. À Montmartre, il y a eu tellement d'arrestations que les rues étaient bloquées. Le faubourg Saint-Denis est presque vidé. On a séparé les mères des enfants[1].

Je note les faits, hâtivement, pour ne pas les oublier, parce qu'il ne *faut pas* oublier.

Dans le quartier de Mlle Monsaingeon, une famille entière, père, mère et cinq enfants se sont suicidés au gaz pour échapper à la rafle.

Une femme s'est jetée par la fenêtre.

Plusieurs agents ont été, paraît-il, fusillés pour avoir prévenu les gens de s'enfuir. On les a menacés de camp de concentration s'ils n'obéissaient pas. Qui va nourrir les internés de Drancy, maintenant que leurs femmes sont arrêtées ? Les petits ne retrouveront jamais leurs parents. Quelles sont les conséquences lointaines de cette chose arrivée avant-hier soir, au petit jour ?

---

1. En deux jours, les 16 et 17 juillet 1942, 12 884 personnes sont arrêtées par la police française : 3 031 hommes, 5 802 femmes, 4 051 enfants. Les célibataires ou les couples sans enfants sont conduits à Drancy, les familles au Vélodrome d'Hiver, dans le quinzième arrondissement.

La cousine de Margot, partie la semaine dernière, et dont nous savions qu'elle avait échoué dans sa tentative, a été prise à la ligne [de démarcation], jetée en prison ; après que l'on eut interrogé son fils de 11 ans pendant des heures pour obtenir l'aveu qu'elle était juive ; elle a le diabète, au bout de quatre jours elle est morte. C'est fini. Lorsqu'elle était dans le coma, la sœur de la prison l'a fait transporter à l'hôpital, il était trop tard.

Dans le métro, j'ai rencontré Mme Baur, toujours superbe. Mais elle était très abattue. Elle ne m'a pas reconnue tout de suite. Elle avait l'air étonnée que nous soyons là. J'ai toujours envie d'être fière lorsque je réponds à cela. Elle m'a dit que nous aurions beaucoup à faire rue de Téhéran. Elle ne m'a pas caché non plus que le tour des Françaises allait venir. Lorsqu'elle m'a parlé d'Odile, il m'a semblé que c'était infiniment loin.

Mais s'il faut partir, partir et quitter la lutte, l'héroïsme pour trouver la platitude, l'affalement. Non, je ferai quelque chose.

Le peuple est admirable. Il paraît qu'il y avait beaucoup de petites ouvrières qui vivaient avec des israélites. Elles viennent toutes demander à se marier, pour éviter à leurs maris la déportation.

* * *

Et puis il y a la sympathie des gens dans la rue, dans le métro. Il y a le bon regard des hommes et des femmes, qui vous remplit le cœur d'un sentiment inexprimable. Il y a la conscience d'être supérieur aux brutes qui vous font souffrir, et d'être unis avec les vrais hommes et les vraies femmes. Plus les malheurs s'amassent, plus ce lien s'approfondit. Il n'est plus question de distinctions superficielles de race, de religion, ni de rang social – je n'y ai jamais cru –, il y a l'union contre le mal, et la communion dans la souffrance.

* * *

Je veux rester encore, pour connaître à fond ce qui s'est passé cette semaine, je le veux, pour pouvoir prêcher et secouer les indifférents.

En disant cela, je pense au *Brand* d'Ibsen, que j'ai commencé hier soir. Et en pensant cela, je suis ramenée à J. M. qui me l'a prêté.

Je sais aussi, et je n'essaie pas de me le cacher, que c'est à cause de lui que je ne veux pas partir. Je sais que je n'ai pas envie de revoir Gérard. Cette semaine, je n'ai pensé qu'à une chose, c'était à le revoir. Je l'avais vu lundi ; jeudi matin, il m'a écrit une lettre pour me donner le résultat de sa commission pour Papa[1]. Je lui ai répondu immédiatement. Au moment où je fermais la lettre, Denise est remontée de chez la crémière et elle m'a dit, haletante : « Ça y est, ils ont raflé toutes les femmes et les enfants, ne le dis pas à Maman », mais je raconterai tout cela en détail – j'ai rajouté un P.-S. à ma lettre pour dire cela. Je me demandais si ce serait comme *Le Dernier Jour d'un condamné à mort*, de Hugo. Il y avait quelque chose d'exaltant à ce sentiment ; car je ne réalisais pas tout à fait ce que voulait dire l'hypothèse de la catastrophe.

Et puis hier, après toute cette interminable journée de jeudi, et cette matinée gâchée d'hier, je suis allée à

---

1. Une des amies de Jean Morawiecki, Tamara Isserlis, a été arrêtée parce qu'elle avait, bien que juive, refusé de monter dans le dernier wagon du métro. Jean Morawiecki cherche à savoir si elle a été internée à Drancy. Elle a été déportée à Auschwitz le 22 juin 1942.

l'Institut. Je ne savais pas s'il viendrait. Par moments, je me disais que j'avais le pressentiment qu'il ne viendrait pas. Et je devenais maussade. J'ai réalisé que cette bibliothèque, c'était lui. Heureusement, Monique Ducret était là, réconfortante. Au début, j'étais encore *in a braze* [dans le brouillard], abrutie par ma nuit étrange, et mal adaptée au normal. Peu à peu, l'atmosphère calme et familière m'a envahie. Vers quatre heures, J. M. n'était pas là. À un moment, Mondoloni est entré ; et je ne sais pas pourquoi, j'ai eu de l'espoir. Il y avait quelqu'un qui me bouchait le passage, mais en me retournant, j'ai reconnu de dos son caoutchouc [imperméable] et ses cheveux. Brusquement, j'étais calmée. Nous sommes restés longtemps sans nous parler. J'étais occupée et lui aussi. Et je suis toujours très intimidée, parce que je l'ai attendu. Il m'a semblé que tout le cauchemar d'hier se dissipait. S'il n'était pas venu, je ne sais pas ce que je serais devenue.

Je n'ai aucune honte à écrire tout cela. Je le fais parce que c'est la vérité ; je ne me monte pas la tête. C'est probablement une habitude que j'ai prise de le voir, et comme les journées que je passe avec lui sont les seules belles choses de la vie, je ne veux pas m'en passer. Mardi, j'ai été complètement divisée et torturée, après lundi, et pendant et après la visite rue de Longchamp. Mercredi matin, je ne pensais qu'à revoir J. M. Je ne luttai pas pour éprouver la solidité de cette idée.

8 heures du soir

Nouvelle ordonnance, la neuvième : interdiction d'entrer dans les magasins, sauf entre trois et quatre heures (heure à laquelle toutes les boutiques sont fermées).

Maman vient de téléphoner à Mme Katz. Il y a un départ en masse de Drancy demain matin ; pour nous rassurer : aucun ancien combattant français[1], seulement des étrangers (combattants inclus), et des femmes. On leur envoie des malheureux enfants de partout, de Belfort, de Montceau-les-Mines.

Françoise, qui est venue ce soir, nous a dit qu'au Vél d'Hiv, où on a enfermé des milliers de femmes et d'enfants, il y a des femmes qui accouchent, des enfants qui hurlent, tout cela couchés par terre, gardés par les Allemands[2].

Nous avons fait de la musique comme d'habitude. Cela semble incroyable de voir François encore là. Il rit tout le temps et prend tout à la blague. Au fond, il est tout à fait conscient. Mais ce courage a quelque chose de fou et de tragique. Nous sommes sur une corde raide qui se tend chaque heure un peu plus.

Vers sept heures, Françoise Pineau est venue apporter les textes de Normale[3] demandés par Jacques. Elle avait l'air normale, mais je sens qu'elle n'a pas pu dire ce qu'elle voulait. Elle m'a dit très vite qu'ils feraient n'importe quelle course pour nous, que sa mère s'occuperait du ravitaillement.

---

1. Le gouvernement de Vichy s'oppose en principe à la déportation des anciens combattants français, comme à celle des femmes de prisonniers de guerre.

2. Au Vél d'Hiv, les déportés sont surveillés, non comme le croit Hélène Berr par les Allemands, mais par la police française.

3. L'École normale supérieure.

Dimanche soir, 19 juillet

Autres détails.
Une femme devenue folle a jeté ses quatre enfants par la fenêtre. Les agents opéraient six par six, avec des torches électriques.
M. Boucher a donné des nouvelles du Vél d'Hiv. Douze mille personnes y sont enfermées, c'est l'enfer. Beaucoup de décès déjà, les installations sanitaires bouchées, etc.
Nouvelles de Papa hier soir.
Depuis deux jours enfermés dans leur 1,50 m². Vu des scènes atroces. Eugène B. couché misérablement avec rhumatisme général.

* * *

Passé la matinée avec les Pineau. Je suis allée chercher Françoise à neuf heures quinze et nous avons pris le métro ensemble. Il pleuvait à torrents. Elle est si calme et si posée qu'elle vous rafraîchit.
Jean nous attendait à Normale. J'ai assisté à une interrogation d'histoire, une de français et une de philo. Au début, j'étais très intimidée. Cela faisait bachot. Mais le fait d'être invitée par Jean Pineau à voir quelque chose qui était à lui m'intimidait. Quelques normaliens à lunettes. Mais l'école est vide, à part les agrégatifs et ceux qui se présentent. Nous sommes rentrés à pied. Nous avons enfilé toutes les rues que j'aime, débouché sur la place du Panthéon embrumée, mouillée, mais encore plus attachante.
Crussard m'a croisée, à bicyclette. Je ne l'ai reconnu qu'après ; mais il aurait pu descendre.
J'ai eu tort de m'exalter en parlant des horreurs d'ici, et de mon horreur de la zone libre. Parce que Jean a dit presque tout bas : « C'est pour cela que c'est dur pour un

garçon comme moi, de 21 ans, de ne rien faire. Cela me révolte. » Je connais son idée, j'ai peur qu'il ne meure jeune d'une mort glorieuse. Son essence, c'est le chevaleresque. C'est magnifique, et en même temps, cela me remplit de tristesse. Je ne peux pas définir mon impression.

* * *

Les amitiés qui se sont nouées ici, cette année, seront empreintes d'une sincérité, d'une profondeur et d'une espèce de tendresse grave que personne ne pourra jamais connaître. C'est un pacte secret, scellé dans la lutte et les épreuves.

* * *

Je suis rentrée ici à midi et demi. Maman et Denise avaient les yeux rouges. Je n'ai pas demandé de quoi il s'agissait, j'attendais que cela vienne. Denise a pleuré pour pleurer ; elle a raison. Mais la cause indirecte a été la nouvelle qu'il faudrait vraiment que nous nous en allions. Maman est allée voir René Duchemin ce matin ; il a toujours été archi-calme et optimiste ; seulement, aujourd'hui, il a dit qu'il faudrait songer à partir.

Voici à peu près ce qui s'est passé jeudi :

Les ouvriers français refusant de partir pour l'Allemagne, Laval a alors vendu les juifs polonais et russes, pensant que personne ne protesterait. Les ouvriers, révoltés, veulent encore moins partir. Il y a encore un troisième contingent de juifs (Turcs, Grecs, Américains), et après, ce seront les Françaises.

* * *

6 heures

Je suis vidée, je ne comprends rien à cette journée.

Nous sommes allées après le déjeuner rue Claude-Bernard[1]. Nous avons été douchées. En repartant, je sentais si bien que c'était mérité que je n'avais rien contre quoi me battre. Tout le long du chemin, j'ai médité cela. Nous marchions côte à côte. Je devais avoir l'air farouche. Mes méditations ont abouti à la décision d'écrire une lettre à M. Lefschetz. Auparavant, je suis passée à l'Institut, où Mlle Moity m'a dit, de la part de M. Cazamian, de ne pas porter ma veste à la bibliothèque, et de la part de Denise Keuchelievitz, qu'elle partait[2]. En d'autres circonstances, cela m'aurait un peu bouleversée. Mais j'avais l'impression de vivre un mauvais rêve, et que tout était changé, tout le décor familier du Quartier latin et de l'Institut, et cela m'était égal.

Mardi soir, 21 juillet

Autres détails obtenus d'Isabelle : quinze mille hommes, femmes et enfants au Vél d'Hiv, accroupis tellement ils sont serrés, on marche dessus. Pas une goutte d'eau, les Allemands ont coupé l'eau et le gaz. On marche dans une mare visqueuse et gluante. Il y a là des malades arrachés à l'hôpital, des tuberculeux avec la pancarte « contagieux » autour du cou. Les femmes accouchent là. Aucun soin. Pas un médicament, pas un pansement. On n'y pénètre qu'au

---

1. Centre 19 de l'UGIF, foyer de jeunes et de pré-apprentissage, rue Claude-Bernard dans le cinquième arrondissement.
2. Sans doute en zone libre.

prix de mille démarches. D'ailleurs, les secours cessent demain. On va probablement tous les déporter.

Mme Carpentier a vu jeudi à Drancy deux trains de marchandises[1] où l'on avait entassé, comme des bestiaux, sans même de paille, des femmes et des hommes pour les déporter.

* * *

Mlle Fauque passe à l'instant. Elle n'a pas le temps de prendre sa leçon. J'aime mieux cela. Une leçon aurait rétabli le normal d'il y a quinze jours.

Elle savait tout ; d'elle, j'ai encore entendu qu'une femme avait accouché sur le bord du trottoir, boulevard Saint-Michel, qu'un homme, dont on emmenait la femme, avait voulu la suivre, et que l'Allemand avait sorti un revolver et que d'autres gens avaient réussi à l'entraîner, à quatre.

* * *

Mercredi matin, 22 juillet

Reçu la carte de Papa. Elle est des 12, 13, 14. Je viens de la recopier pour M. Duchemin. Maman ne pourrait la lui lire sans pleurer. Il a été question d'un départ. En la relisant, j'ai vécu une journée avec lui, je copie ici la dernière demi-page, écrite le 12 au soir, d'une écriture un peu tremblée. Il avait jusque-là décrit sa vie :

« 12 juillet, 21 heures. J'apprends qu'un long déplacement est possible, voire probable. Sachez que vos

---

[1]. Les trains ne partent pas directement de Drancy, mais de la gare du Bourget, puis, à partir de juillet 1943, de celle de Bobigny. Les déportés y sont emmenés en autobus.

images et pensées à tous, ma femme chérie, mes deux chères petites Denise et Hélène, ma chère grande Yvonne et son adorable Maxime, le cher Daniel et mon cher petit Jacques, ne me quittent et ne me quitteront jamais. Quoi qu'il arrive, je ferai ce qu'il faudra pour tenir, et j'espère que le Bon Dieu me permettra de vous retrouver. Mon Antoinette chérie, je sais que tu auras la force et la foi de supporter cette épreuve, que tu sauras conduire et inspirer nos enfants. Et vous, mes chers enfants, je sais que vous resterez intimement unis, vous appuyant quoi qu'il arrive les uns sur les autres. Je suis sûr aussi, mon Antoinette, que tu prendras, pour toi et nos deux Denden et Lenlen [Denise et Hélène], les décisions que les circonstances commanderaient. Je ne doute pas que Kuhlmann, pour lequel je me suis sacrifié, fasse pour vous, que j'ai tant entourées, tout ce qui sera nécessaire, et j'ai toute confiance en M. Duchemin, éventuellement ses collègues.

13 juillet, dix-neuf heures. S'il est possible et temps (??) encore, essayer de joindre au prochain colis linge le pardessus marron et sa doublure, ainsi que deux tubes de gardénal.

13 juillet, vingt heures. Depuis onze heures, nouvelles sont différentes. Henri me dit que jusqu'à nouvel ordre, il reste avec Paul. Ceci montre combien urgent succès voyage Hup, car Henri pas rassuré par millésime auquel manque un [1].

---

1. Les convois quittant Drancy pour Auschwitz comportaient en général mille déportés d'abord choisis parmi les juifs étrangers. Losque la liste établie était un peu inférieure à mille, il arrivait que les SS rajoutent quelques déportés pris au hasard, notamment parmi les juifs français. C'est précisément cette

14 juillet, onze heures. Rien de nouveau. Excellente nuit, malgré alerte, après précédente très mauvaise. Matinée occupée par corvée très légère. Je vous embrasse toutes trois, plus les absents, de toute mon âme et de tout mon cœur. Papst. »

Je suis allée ce matin rue de la Bienfaisance avec Maman porter des choses pour ces malheureux. Pont de l'Alma, j'ai rencontré Jean Pineau, rue de Miromesnil, M. Eissen ; Mme Katz et Mme Horwilleur m'ont dit de venir les aider cet après-midi, et en tout cas tous les matins.

Enfin, j'ai trouvé quelque chose à faire qui m'empêchera d'être trop égoïste. Je suis contente.

Depuis mercredi dernier, il me semble qu'une année s'est écoulée.

* * *

Jeudi 23 juillet

J'ai travaillé de deux heures à cinq heures trente hier, et de neuf à douze heures ce matin, rue de la Bienfaisance. De la paperasserie. Mais je suis presque heureuse de me plonger dans cette atroce réalité. Hier soir, en arrivant chez Nicole, et en racontant ce que j'avais entendu, j'étais *flop* [sonnée] ; on parle de déportation comme d'une chose banale là-bas. D'après ce que j'ai cru comprendre, il y a à Drancy des femmes et des enfants. Tous les jours il en part, déportés. Le Vél d'Hiv a été vidé et tout le monde envoyé à Beaune-la-Rolande.

Ces femmes qui travaillent là sont admirables. Mme Horwilleur, Mme Katz et les autres. Elles sont

---

situation redoutée que Raymond Berr désigne par « millésime auquel manque un. »

éreintées, mais elles tiennent bon. Toute la journée, c'est un défilé ininterrompu de femmes qui ont perdu leurs enfants, d'hommes qui ont perdu leurs femmes, d'enfants qui ont perdu leurs parents, de personnes qui viennent demander des nouvelles d'enfants et de femmes, d'autres qui viennent proposer d'en recueillir. Des femmes pleurent. Une s'est évanouie hier. Je ne vois pas tout cela parce que je suis dans la salle à côté. Mais j'en saisis des bribes.

Hier soir, il est arrivé un train entier d'enfants de Bordeaux et de Belfort ; des trains, comme pour des colonies de vacances, mais c'est horrible.

Il y a à Drancy des femmes en chemise de nuit.

Une petite fille est venue dire que l'on avait emmené son père et sa mère, elle n'avait plus personne.

À côté de moi, Françoise Bernheim téléphone tout le temps à des hôpitaux prendre des nouvelles d'enfants dont les parents et les frères et sœurs ont été arrêtés.

En sortant de la rue de la Bienfaisance, je suis allée voir Mme Baur, elle est charmante et pleine de jeunesse.

Vendredi 24 juillet

Matin : rue de la Bienfaisance. Beaucoup travaillé, avec Françoise Bernheim. Trié les objets que renvoyaient ces malheureux[1], bagues, clefs, ciseaux ; il y avait même des ciseaux de tailleur – tailleurs : peut-être un qui était parti croyant qu'on le ferait travailler dans sa spécialité. Au milieu de tous ces paquets plus ou moins mal faits se trouvait une petite boîte blanche très nette ; je ne sais

---

1. À leur arrivée à Drancy, les internés sont fouillés et dépouillés des objets en leur possession. L'argent, les titres et les bijoux sont confisqués, soigneusement inventoriés, et reversés à la caisse du camp après la déportation des personnes concernées.

pourquoi, j'ai eu l'intuition que c'était Papa. En effet, c'était son lorgnon qu'il renvoyait pour le faire réparer.

Mlle Detraux.

Bibliothèque l'après-midi. Cela m'a remise dans la normalité. J. M. est venu, Jean-Paul, et Nicole aussi. J. M. m'a fait cadeau des *Frères Karamazov*, ironie.

Je suis partie à cinq heures pour aller chez Nicole, où les Pineau venaient. J'ai invité J. M. pour dimanche. Jusqu'à Sèvres-Babylone, je me suis demandé si je le ferais. Au moment où j'étais décidée à ne pas le faire, cela a jailli malgré tout, j'étais lancée. J'étais contente que l'irrémédiable se soit produit. Il a accepté tout de suite.

Dimanche 26 juillet, soir

La vie est extraordinaire. Ceci n'est pas un aphorisme. Ce soir, je me sens exaltée. J'ai l'impression de vivre dans une atmosphère de roman, je ne peux pas expliquer. C'est un peu comme si j'avais des ailes. Hier, nous étions allées chez J. M., Denise et moi, à Saint-Cloud. Nous avions passé un après-midi merveilleux, dans la bibliothèque, les fenêtres ouvertes sur le jardin bourdonnant de soleil et pourtant infiniment calme, à écouter des disques. Denise a joué. Il y avait là Molinié et un autre garçon très gentil.

Après le dîner, à neuf heures, J. M. a téléphoné pour dire qu'il ne viendrait pas aujourd'hui, ses parents ont dû lui faire une scène, je ne sais pourquoi.

J'ai été tellement déçue, plus que cela, j'ai eu plus de peine que je n'en ai jamais eue pour un sujet pareil. Je n'ai pas dormi cette nuit. Mon chagrin était spontané et irrésistible. Je pensais que la journée serait gâchée. J'avais décidé que je serais triste.

Mais grâce à Jean Pineau, elle a été splendide, sans que rien soit changé. Il me fait sortir de moi-même, tellement il est délicat et chevaleresque. Après le goûter, sur les marches du perron, nous avons eu une grande conversation. Je me suis laissée aller, sans même craindre que ce fût mal. Avec lui, tout est normal et facile. Et je ne suis ni embrouillée, ni divisée. Je suis enchantée. Il y a quelque chose d'enchanté dans ma vie actuellement. J'en suis reconnaissante de tout mon cœur.

Lundi 27 juillet

Travaillé rue de la Bienfaisance ce matin.
Nouvelles de Papa. Il parle de spectacles déchirants et hallucinants. Depuis le 16, interdiction de sortir. Paul parle de l'enfer de Dante. Compiègne leur paraît un paradis à côté ! Suivi le premier cours de cadres ; j'étais en lutte sourde dès l'abord. Lefschetz[1] a fait un cours sur la question juive qui m'a mise en état d'exaspération croissante, parlant de la nation juive, disant, ce qui est vrai, que nous ne savions pas pourquoi nous étions persécutés, car nous avions perdu nos traditions, prônant le ghetto. Non je n'appartiens pas à la race juive. Si nous pouvions vivre au temps du Christ... Il n'y avait que les juifs et les idolâtres, les croyants et les ignorants. C'est de là que doit partir tout raisonnement. Ces gens-là ont l'esprit étroit et sectaire. Et ce qui est grave en ce moment, ils justifient le nazisme. Plus ils se resserreront en ghetto, plus on les persécutera. Pourquoi faire des États dans les États ? Il a rappelé ce principe de la Révolution française, qui

---

1. Emmanuel Lefschetz est le directeur du foyer de l'UGIF, rue Claude-Bernard. Après la rafle du Vél'd'Hiv, il monte un réseau de jeunes qu'il envoie dans toute la région parisienne pour récupérer et protéger des enfants dont les parents ont été déportés ou risquent de l'être.

n'admettait que le juif en tant qu'individu, et pas le judaïsme en tant que race. Mais c'est le seul principe qui tienne. Le judaïsme est une *religion* et pas une race. D'ailleurs, pour distinguer les juifs, ils sont bien obligés de parler du principe religieux.

Toutes ces discussions me font perdre la tête. Je n'ai pas l'esprit assez clair pour les poursuivre. Je sens seulement que je ne suis pas de cet avis, et que leur raisonnement pèche à la base.

En sortant de là, nous sommes allées rue des Ursulines, chez les Léauté. C'est ravissant. Si joli, que j'ai eu un véritable malaise, avant de me laisser entraîner à une réadaptation à « l'atmosphère Léauté », qui me semble une chose d'autrefois.

Reçu carte d'Odile, de Françoise Masse et de Gérard. La seule à qui j'aie envie de répondre, c'est Françoise, c'est la seule qui comprenne.

Gérard me vexe par ses moqueries. Je sens une espèce d'hostilité en lui, et en moi aussi. Cela finira mal.

Mardi 28 juillet

Ce matin, le bruit courait que les maris et pères des femmes travaillant à l'UGIF seraient libérés. Je crois que tous étaient stupéfaits de mon manque d'enthousiasme, y compris Mme Katz.

Rue Claude-Bernard, sympathique, appris des jeux de plein air ; en partant, passé chez Mme Jourdan qui venait de sortir. Rentrée ici, j'ai essayé de lire *Les Frères Karamazov*. J'étais si fatiguée que je me suis endormie. J'étais complètement perdue après.

Après dîner, déchiffré la *Deuxième Sonate* de Schumann avec Denise.

Mercredi 14 heures, 29 juillet

Après une matinée passée à ne rien faire de bien défini rue de la Bienfaisance, j'ai couru de douze heures à douze heures quinze comme une folle. Quatre des messieurs de l'UGIF ont été libérés, dont M. Rey, je suis forcée de me rendre à l'évidence. Mais je ne peux me laisser gagner à l'enthousiasme de ces dames, parce que je pense que c'est une injustice, que je pense aux autres qui ont autant, et plus de droits à la liberté. Mais je me suis obligée à avoir l'air content, car elles me trouveraient ingrate. J'ai couru rue de Téhéran, rue de Lisbonne, pour faire établir et viser un certificat d'André Baur[1]. J'avais terriblement chaud ; je volais dans les rues. Tout cela a pu être pris par Mme Katz et Mme Franck pour de l'enthousiasme.

Rentrée ici, j'ai trouvé Maman, qui avait eu une matinée terrible. Elle venait de recevoir une pauvre femme dont Papa s'occupait et qui avait été reçue comme un chien par M. Lemaire. Maman a sangloté en pensant à toute l'œuvre de Papa qui se trouvait désorganisée.

Je suis allée par devoir chez Mme Lévy lui donner le peu de nouvelles que j'avais pu obtenir par Mme Rey. Sa réaction a été ce que j'attendais, plus amère encore que je ne le croyais ; je la justifiais, et je considérais que c'était presque un reproche personnel.

Jeudi 30 juillet

Rue Claude-Bernard ce matin.
Mathey, Bonne Maman.
Musique avec Job l'après-midi.

---

1. Vice-président de l'UGIF.

Vendredi 31 juillet

Rue de la Bienfaisance le matin.
Bibliothèque l'après-midi.
J. M. est venu. Il a accepté aussi pour dimanche. Tout de suite. Depuis le début, je n'osais l'inviter. Puis, soudain, je me suis forcée, cela est sorti malgré moi, j'ai dit : « Dites, vous voulez venir dimanche ? » Il a répondu tout de suite : « Volontiers. » Il m'a raccompagnée jusqu'à Sèvres-Babylone.

Samedi 1er août

Après-midi chez les Job, chaleur excessive. Je n'attendais que le lendemain.
En rentrant, reçu pneu [courrier express] de Jean-Paul, qui ne vient pas. J'étais désolée. Tout allait mal. Le baromètre descendait, la machine piquait mal, ma jupe n'était pas finie. J'étais sûre que ce serait raté.

Lundi soir, 3 août

Je ne sais vraiment pas ce que je suis devenue, mais je suis changée de fond en comble. Je vis dans un étrange mélange de souvenirs d'hier et d'aujourd'hui. Depuis vendredi, il n'y a eu ni jours ni nuits, la nuit je n'ai pas dormi ; ou plutôt, depuis trois nuits, je me réveille après le premier sommeil, je pense à lui, et je ne peux plus me rendormir. Je ne suis pas fatiguée, je suis même très heureuse pendant ces nuits étranges.
Quand je l'ai revu cet après-midi, il m'a demandé si j'avais bien dormi ; j'ai répondu : « Non, très mal, et vous ? » – je savais d'avance que lui aussi. Il me semblait

que nous ne nous étions pas quittés et qu'il le savait aussi. Tout paraissait naturel. Il m'a dit qu'il avait rêvé de moi en Eustacia. Eustacia, Eyden Heath, le plateau éventé hier à Aubergenville, le ciel noir aujourd'hui au-dessus de la coupole de l'Institut, les rues mouillées et luisantes, et tout le temps mon bonheur sûr, constant, magnifique ; j'ai presque l'impression d'avoir des ailes. Je ne pense même pas à lui en tant que personne distincte. Il est devenu une idée vague, la cause de mon bonheur.

Hier, à Aubergenville, cela a été la plus belle journée de ma vie. Elle a passé comme un rêve. Mais un rêve si heureux, si transparent, si pur et si *unmixed* [sans mélange] que je n'ai pas connu le regret, ni même la crainte de le voir s'évanouir.

* * *

Mercredi soir, 5 août

Je viens d'écrire à Gérard. En réponse à ses deux cartes de lundi. Cela a été horriblement dur. J'ai remis cette carte tous les jours et toutes les heures. Surtout parce que je n'étais pas assez lucide. Hier soir, j'ai été saisie de la maladie du sommeil, je me suis couchée à huit heures trente et endormie de suite. L'autre raison est beaucoup plus grave : je fuyais cette réponse parce que je ne *savais* pas quoi répondre. Parce que je n'ai pas réfléchi, et que je sais que je suis en présence d'une chose très, très grave. Je ne sais pas quoi répondre : 1º parce que je n'arrive pas à réaliser que les choses en sont venues à ce point ; 2º parce que j'ai peur d'être hypocrite à cause de l'autre chose – et pourtant j'arrive ce soir à écarter complètement cette seconde chose. Je ne me *vois* pas du tout comme une personne fausse, et hypocrite, parce que j'ai réussi à oublier momentanément l'autre chose.

Tantôt, quand je pense que c'est une rupture, je m'aperçois que je suis très attachée, malgré moi. Ce lien est fondé sur cette correspondance de tout cet hiver.

Tantôt, à l'autre extrémité, je le vois comme un étranger, je vois toute la chose comme une chose sur laquelle je n'ai eu aucune prise, et je m'aperçois presque avec terreur que la dernière décision s'est faite en dehors de moi.

Et puis je retombe dans mon inconscience habituelle.

Jeudi matin

Il y avait deux lettres au courrier ce matin : une lettre de banque, et une enveloppe un peu gonflée, pour moi. J'étais sûre que c'était cela.

Une lettre charmante, moitié anglais, moitié français, drôle, se terminant par un poème de Meredith. Mais après l'avoir lue, je tremblais de tous mes membres. J'ai eu un commencement d'explication avec Maman avant de partir rue Claude-Bernard, encore un petit bout après déjeuner. Elle me répète sans cesse que je vais au malheur, qu'elle le pressent, que je me monte la tête. J'appréhendais de rentrer à la maison. Mais le soir, dans mon lit, nous avons parlé calmement ; tout a fini par des *giggles* [gloussements], j'ai montré sa lettre et ma réponse, et brusquement l'atmosphère est devenue légère, affectueuse, et réconfortante ; depuis, je n'ai plus de discussions qu'avec moi-même. Je ne retrouve pas le bonheur parfait de dimanche ; je n'ai pas de souvenir de ce jour, car je n'y ai pas repensé. Mais j'ai peur que dimanche, ils reviennent à flot.

Vendredi 7 août

Dernier cours rue Claude-Bernard.
Goûter chez Nicole avec les Job.
Lettre de Papa ce matin, je l'ai trouvée terriblement triste. Je voulais en transcrire des passages, mais Maman l'a reprise. Aubergenville est sa pensée constante, comme il l'aime, il sait de quel arbre vient chaque fruit qu'on lui envoie. À la fin de sa carte, il est tourmenté par la question de savoir s'il a bien fait de rester. À son tour, il est assailli par ces problèmes sans issue, où l'on en vient à contester la validité des principes moraux, celui de rester par exemple. Les gens ne comprendront pas pourquoi nous sommes restés. Nous n'avons pas le droit de ne pas vouloir fuir. Mais est-ce que c'est fuir, que d'échapper au sort inévitable ? Moi, j'en suis encore convaincue. Seulement, on n'a que sa conscience qui vous approuve.

Samedi 8 août

Après-midi vide, pour une fois. J'ai lu *L'Éternel Mari* et ensuite je suis allée chez Gilberte.
Les quatre sont sortis, et pas Papa, comme je le pensais. Je ne m'étais guère réjouie. Mais cela a dû être une déception terrible pour lui.

Mardi 11 août

Hier matin, je ne m'y attendais vraiment pas, encore une lettre ; cette fois-ci toute en anglais, il y avait aussi un edelweiss.
Toute la matinée, j'ai pensé à l'après-midi, sans prévoir le moins du monde ce que je dirais, ni ce qui se passerait.

Et cela s'est passé, presque tout de suite, malgré des silences ; de la rue de l'École-de-Médecine, nous sommes remontés vers l'École de pharmacie, puis redescendus je ne sais par quelles rues, et rentrés à pied ici. J'étais calme, et presque vide d'idées. Mais c'est terriblement difficile de parler, je ne savais pas quoi répondre. Le merveilleux c'est qu'il n'y a aucune gêne, sauf la difficulté de s'exprimer. Ici nous avons goûté sur la petite table en écoutant la *Sonate à Kreutzer*. C'est étrange, mais je n'avais plus rien à dire. Je n'arrivais pas à assimiler ce qui s'était passé entre nous. Quand j'y pensais, j'avais des vagues de joie et de fierté. Il s'est mis au piano, sans se faire prier, et il a joué du Chopin. Après, j'ai joué du violon. Tout était très simple et très facile. Je l'ai raccompagné jusqu'au pont de l'Alma dans un soir doré. En rentrant, j'ai reçu une attrapade de Maman pour ce dernier fait. Mais le soir, après le départ de Mlle Monsaingeon, de Pérez, qui est resté jusqu'à onze heures, elle m'a parlé si doucement et si gentiment que j'en étais complètement réconfortée.

Naturellement, je n'ai guère dormi. Mais cela ne fait rien.

* * *

Été chez Bonne Maman. Vu Thérèse.
Fini ma lettre en rentrant.

* * *

Mercredi 12 août

Les Léauté à goûter (Gilberte, Annie).
M. Périlhou.
M. Simon.

Jeudi 13 août

Pas été rue de la Bienfaisance, restée ici à écrire des lettres et à lire.

Job et Breynaert ; fini par le *Premier Trio à cordes* de Beethoven. Très joli.

Vendredi 14 août

Il a accepté pour demain.
Été chez Bonne Maman. Vu Marie-Louise Thyll, l'amie de Nicole.

Vendredi 14 août

J'ai reçu ma lettre.

* * *

Une lettre déchirante de Papa. Il finit en disant : « Je croyais pourtant que l'astucieuse Lenlen me sortirait de mon trou. » Ainsi, il a eu confiance. Mais moi, je ne l'avais pas. Il a compté sur moi.

Il parle des spectacles qu'il voit, séparations, départs, abandons de bagages. Odeur pestilentielle.

Il *faut* le tirer de là. Il n'est pas un de ceux qui y résisteront.

Samedi 15 août

Seconde journée à Aubergenville.

J'avais peur qu'en la répétant, tout fût gâché, j'avais peur aussi qu'après ce qui s'était passé, seulement lundi dernier, le miracle de l'autre fois ne se reproduise pas.

Nous sommes parties avec Mme Lévy par un temps radieux. Jusqu'à la gare, j'ai eu *peur*. Une appréhension qui me serrait brusquement la gorge et faisait battre mon cœur.

Nous sommes restés debout pendant tout le voyage. Peu à peu cette horrible timidité a disparu.

En arrivant, nous avons commencé par éplucher les pommes de terre, puis je suis allée avec J. M. cueillir des fruits dans le verger là-haut. Lorsque j'y repense, j'ai l'impression d'un enchantement. L'herbe inondée de rosée, le ciel bleu et le soleil qui faisait étinceler les gouttes de rosée, et la joie qui m'inondait. Le verger a toujours produit cette impression sur moi. Mais, ce matin-là, j'étais complètement heureuse.

Après le déjeuner, nous sommes allés nous promener sur le plateau, vers Bazemont.

Mais, tout l'après-midi, j'ai été obsédée par l'heure, par l'impression que cela allait finir. Je lui ai fait visiter la maison juste avant de partir.

Le voyage de retour a été merveilleux. À la gare, il m'a demandé très vite s'il me revoyait lundi ; prise de court, j'ai accepté. Cela me donnait d'ailleurs un point lumineux très proche, après-demain.

Dimanche 16 août

Notre première sortie avec les enfants[1]. Nous sommes allés à Robinson.

La journée a été fatigante, les enfants adorables et très attachants.

---

1. Hélène Berr s'occupe d'un patronage de l'UGIF.

Lundi 17 août

Trois heures et demie, Institut. Il était tout en blanc. Nous nous sommes promenés boulevard Henri-IV et revenus ici par les quais.

Quand il était parti, j'ai eu peur parce que c'était trop beau et trop irréel.

Mardi 18 août

Été chez Bonne Maman.

Mercredi 19 août

Je suis restée tout l'après-midi seule à la maison, ce qui ne m'était pas arrivé depuis deux mois.

Chaleur torride.

J'ai fait un peu de ma blouse. Mais j'étais si obsédée par mes pensées que j'ai essayé de lire, *Les Frères Karamazov*, puis Meredith. Pour finir, j'ai fait du violon.

Jeudi 20 août

Lettre de Papa. Il est tout à fait démoralisé.
Que faire ?

Cécile Lehmann et les Pineau sont venus. Je pensais bien quand Jean Pineau est parti que je ne le reverrais pas à son retour. Mais le temps a tout de même passé.

Vendredi 21 août

Rue de la Bienfaisance. J'ai aidé Suzanne à recevoir les gens. C'est lamentable, presque tous se sont fait prendre à la ligne. Cela, c'est la déportation immédiate. Quelle somme de souffrances pour chacune de ces personnes. Et lorsqu'on déballait les paquets renvoyés, et qu'ils voyaient les bagues, ou les montres de leur mère ou de leur père, c'était déchirant.

Tous les enfants de Beaune ont été ramenés à Drancy pour être probablement déportés. Ils jouent dans la cour, répugnants, couverts de plaies et de poux. Pauvres petits.

Samedi 22 août

Nous avons appris le chantage ignoble pour Papa[1].
Été chez les Breynaert.

Dimanche 23 août

Sortie, La Varenne.
La sortie était ratée. Il n'y a pas eu moyen de faire obéir les gosses.

Après le déjeuner, je leur ai raconté *Rikki-Tikki-Tavi*. Il y avait un petit cercle. Mes préférés. Herbert écoutait aussi. J'étais très *nervous* [tendue] au début. Mais, à la fin, j'ai été très heureuse parce qu'un des petits, les yeux encore tout vagues, répétait machinalement : « Encore une, madame, encore une ! »

* * *

Lundi 24 août

Nicole m'avait dit d'amener Jean M. chez elle. Elle avait les Pineau et Job. En partant d'ici, je ne savais

---

1. Raymond Berr sera libéré moyennant le versement d'une caution par les établissements Kuhlmann.

pas ce que je ferais. Je l'ai retrouvé à la bibliothèque. J'ai vu Sparkenbroke. Cela m'a fait un drôle d'effet de le voir arriver. Il était très beau. Mais il m'a semblé qu'il y avait des siècles que je l'avais connu. Lorsque je lui ai demandé ce qu'il devenait, il m'a dit : « Je deviens père. » Il y avait une gêne étrange, et j'étais soulagée de m'en aller.

Nous sommes remontés à pied chez Nicole. C'était très sympathique. Mais je n'étais pas heureuse de cette journée.

Mardi 25 août

Été rue Raynouard.

Jeudi 27 août

Job, musique ; Breynaert est venu aussi. M. Périlhou est venu à la fin de la soirée.

Vendredi 28 août

Rue Raynouard, où j'étais seule avec Bonne Maman.
Ensuite chez Cécile Valensi. Retrouvé l'atmosphère d'autrefois en bavardant anglais et musique. Mais j'ai une impression presque douloureuse, car il me semble maintenant que c'est un passé lointain. Et pourtant, c'était en juin seulement.

Samedi 29 août

Été porter le paquet chez Mme Schwartz. Rue de La Tour-d'Auvergne, une jolie vieille rue qui était amicale et hospitalière.

L'après-midi, par une chaleur lourde et moite, nous sommes allés chez les S., presque une atmosphère d'Aubergenville, parce que Auntie Ger et Oncle Jules étaient là. Nous avons joué, Denise et moi. C'était un samedi étrange, mais agréable.

Le soir, M. Olléon est resté jusqu'à huit heures. Il m'a raconté l'arrestation des Rosovsky, cette scène m'a hantée, son souvenir m'a hantée. Je voyais cette soirée, avec cet homme et cette femme, des Russes blancs, *résignés à être arrêtés*, ayant confié un petit garçon à Olléon ; la femme, une blonde ravissante, mais malade et exsangue, étendue sur le divan, les yeux au loin ; l'homme, qu'on essayait de faire boire pour le faire changer d'avis ; et après... Drancy, la déportation, cette femme mourant en route sans doute.

Maman est rentrée surexcitée parce qu'elle avait appris que les « indéportables » partaient pour Pithiviers.

Depuis une semaine, elle est encore plus changée. Maigrie, nerveuse et comme un enfant.

Nosley est venu après le dîner. L'atmosphère était un peu calmée.

Dimanche 30 août

Mon beau dimanche. Cela me fait penser à *Un beau dimanche anglais* de Kipling.

J'aspirais à cette journée à Aubergenville, depuis quinze jours.

Il y avait Jean Pineau, Job et Lancelot of the Lake[1]. Le miracle s'est reproduit. Pourquoi cesserait-il ? Dans le verger lumineux, là-haut, après le déjeuner sur le plateau dans le vent, et le retour dans le train.

---

1. Jean Morawiecki.

* * *

Mais en rentrant, il y a eu lutte entre les souvenirs enchantés dont j'étais envahie, et la tristesse de la lettre de Papa, de nouveau complètement démoralisé.

Lundi 31 août

M. André May et sa femme ont été repris. Probablement dénoncés. Lorsqu'ils étaient à la gare.
Le nombre de gens qui sont à Drancy pour avoir essayé de franchir la ligne. Papa a vu arriver les Thévini, cousins des Schwartz qui étaient venus à Auber, au mariage. C'était la seconde fois que Papa les voyait. C'est tragique. La générale Lévy.
Et les innombrables Polonais et Polonaises dont les familles viennent rue de la Bienfaisance. Ce matin, il y avait un homme qui parlait à peine, mais qui m'a demandé si on n'avait pas « renvoyé les effets du petit ». Il s'agissait d'un enfant de 4 ans mort au camp de Pithiviers.

Mardi 1er septembre

J'avais dit que je voulais voir J. M. aujourd'hui, pour que la semaine soit moins longue. Cet après-midi a été merveilleux. Nous avons fait le grand tour de Paris par le Carrousel, les Champs-Élysées et l'avenue Marceau. J'ai éprouvé un plaisir immense à me promener avenue des Champs-Élysées avec lui. Nous sommes revenus ici boire du sirop de framboises et écouter le final de la *Cinquième*.
J'avais reçu le matin une lettre de Jean Pineau que j'ai un peu peur de comprendre.

Mercredi 2 septembre

La sortie avec le groupe de Claude-Bernard que je redoutais s'est très bien passée. Nous étions sept, sous la conduite de Casoar, sympathique. J'étais très contente. J'ai mis une culotte de gymnastique à Casoar. J'étais un peu affolée, mais Nicole a trouvé que cela m'allait fort bien. Nous avons passé la journée à Montmorency, gymnastique, secourisme, jeux et mimage.

Jeudi 3 septembre

Job est venu. Nous avons travaillé le *Triple Concerto*.

Vendredi 4 septembre

Je ne suis pas allée à la rue de la Bienfaisance. Je l'avais décidé d'avance, pour lire le *Livre des louveteaux*. Mais j'ai employé la moitié de la matinée à répondre à la lettre de J. M.

Samedi 5 septembre

Sortie avec les 8 sizeniers[1]. Robinson.
Agréable, mais j'étais éreintée.
Le petit Bernard m'a raconté son histoire, en bégayant avec sa voix enfantine. Sa mère et sa sœur ont été déportées, et il m'a sorti cette phrase qui semblait si vieille dans sa bouche de bébé : « Je suis sûr qu'elles ne reviendront pas vivantes. » Il a l'air d'un ange.

---

1. Chefs de sizaine, groupe de six louveteaux.

Dimanche 6 septembre

Aubergenville.
Job, cueillette de mûres.
Il y a un homme qui s'est suicidé dans la chambre voisine de Papa.

Lundi 7 septembre

J'ai eu des renseignements par Mme Rhey. C'est un nommé Metzger, Français. Pris avec sa femme et sa fille parce qu'ils n'avaient pas quitté La Baule. La femme et la fille ont été déportées ; lui, resté à Drancy (63 ans), s'est torturé de remords et s'est tranché la carotide.

Nous avons reçu ce matin une femme toute jeune, dont le père a été déporté il y a six mois, la mère, un mois, et son bébé de 7 mois vient de mourir. Elle a refusé de travailler pour les Allemands, quoique ce geste eût pu lui valoir la libération de sa mère. J'ai admiré, et pourtant, par moments, je doute presque de la valeur absolue des principes moraux, puisque tous les défigurent ou y répondent par la mort.

* * *

J'avais rendez-vous avec J. M. à la bibliothèque à trois heures. Elle était pleine de monde. Il était assis au fond, en face de Mondoloni. J'ai eu l'impression de sortir d'un autre monde. Vu André Boutelleau, Eileen Griffin, Jenny. Nous sommes partis tous les deux, rue de l'Odéon, puis chez Klincksieck, chez Budé ; et rentrés ici, où nous avons goûté avec Denise en écoutant le concerto de Schumann et la symphonie de Mozart. Mais les heures passent trop vite.

Je me suis penchée au balcon ; depuis deux jours, il fait un temps ravissant d'automne. Le ciel est d'une luminosité si douce qu'il vous remplit de nostalgie. J'avais envie de saisir l'insaisissable. Tout est si irréel et nous parlons si peu de la vraie chose que, par moments, je crois qu'il n'y a rien.

Je l'ai raccompagné jusqu'au métro. Mais il y avait quelque chose qui n'allait pas, aujourd'hui, pas aussi bien que mardi, c'est inexplicable.

M. Olléon est venu.

Mardi 8 septembre

J'ai été assaillie par une crise de doutes et de peur, mais cela allait mieux après mon passage chez Nicole. Et bien, en rentrant de chez Josette, où j'ai retrouvé un peu de l'atmosphère Sorbonne, avec elle, et avec une de ses amies qui travaille chez Gallimard, Madeleine Boudot-Lamotte[1], et qui connaît Chardonne[2] et André Boutelleau. Josette me remet toujours sur pied d'ailleurs.

J'ai fini *Daphné Adeane*. Ce livre m'a causé un étrange malaise, parce que j'ai peur d'y trouver mon histoire, je *crois trop aux livres*. C'est un beau livre d'ailleurs, mais pas assez développé.

---

1. Madeleine Boudot-Lamotte est la secrétaire de Gaston Gallimard.

2. Jacques Boutelleau, Jacques Chardonne en littérature, est avant la guerre un auteur à succès, avec notamment son roman *Les Destinées sentimentales*. En 1940, il prend parti en faveur de la collaboration avec l'Allemagne, ce qui lui vaudra d'être condamné et emprisonné à la Libération.

Mercredi 9 septembre

Lorsque je suis rentrée de ma journée à Clamart, Denise m'a ouvert la porte en m'annonçant la naissance d'Yves. Je n'ai pas *réalisé* la nouvelle. Je ne peux pas me représenter le fait qu'il y a un petit bonhomme de plus sur la terre, un fils d'Yvonne. Tout cela se passe si loin de nous. Je ne peux pas m'imaginer.

Jeudi 10 septembre

Je me rappelle la naissance de Maxime à Blois. J'ai pleuré en le voyant à un quart d'heure. Si je cherchais dans mon journal, je retrouverais la page. Il y a deux ans de cela, déjà, c'est incroyable.

Je n'ai pas le temps de réfléchir à cela. Je ne pense plus, il y a les journées et il y a les nuits, avec les rêves qui ne sont qu'une continuation de la réalité.

Je ne tiens même plus ce journal, je n'ai plus de volonté, je n'y mets plus que les faits les plus saillants pour me rappeler.

Le jeune Pironneau [1], Maman a eu des détails sur son exécution. C'était le jour de la grande parade, on l'a emmené à sept heures, avec un autre, dans la voiture cellulaire avec leurs cercueils. Il n'y avait personne pour les fusiller ; ils ont attendu jusqu'à trois heures de l'après-midi, qu'un « volontaire » vienne les fusiller, en obligeant l'un à assister à la mort de l'autre.

* * *

---

1. Roger Pironneau, résistant de 19 ans, fusillé au mont Valérien le 29 juillet 1942.

Vendredi matin
11 septembre

J'ai rêvé d'Yvonne cette nuit, et en me levant, j'avais l'impression de l'avoir vue, comme si j'avais passé une journée avec elle brusquement. Maintenant, elle est repartie, mais l'impression est restée.

Je n'attendais pas de courrier, la raison me disait que c'était impossible. Et pourtant, lorsque la sonnette a retenti, *a wild flame of joy* [une folle flamme de joie] s'est levée en moi. Je me disais : « Non, je n'espère pas », et j'espérais. Je me disais : « Il faudra que je me rappelle que je n'espérais pas » ; mais pourtant, j'avais au fond un peu d'espoir. Et tout s'est trouvé illuminé lorsque j'ai vu l'enveloppe.

C'est la lettre qu'il a écrite samedi dernier et qu'il ne voulait pas envoyer parce qu'elle était trop longue.

Quand je viens de lire, je suis soulevée par des ailes, toutes mes facultés de sentir et d'aimer sont décuplées.

Après, il reste un souvenir très doux et en même temps exaltant, qui me persuade encore que je suis différente, que je ne veux pas me toucher comme si quelque chose d'inconnu flambait en moi.

Et après, je retombe, comme toute cette semaine, dans le doute et la méfiance de moi.

* * *

Après avoir erré tout l'après-midi (boulevard Saint-Germain, à la Sorbonne, cité Condorcet), je suis allée au Temple pour Rosch-Haschana. Le service était célébré à l'oratoire et salle des Mariages, le Temple ayant été détruit par les doriotistes[1]. C'était lamentable. Pas un jeune. Rien que des vieux, le seul représentant de l'« autrefois », c'était Mme Baur.

Samedi 12 septembre

Nicole et moi sommes allées à Aubergenville avec Jean-Paul et J. M. Au moment de partir, ma joie a failli être gâchée par l'inquiétude de Maman.

Nous avons fait le voyage debout. Il faisait un temps merveilleux. Si nous étions allés nous promener en arrivant, nous aurions vu la brume se lever de la terre.

Nous nous sommes promenés après le déjeuner (un déjeuner avec foie gras et Chartreuse et cigarettes américaines).

Il y a eu un magnifique orage et je suis rentrée trempée.

Je ne peux plus écrire ce journal parce que je ne m'appartiens plus entièrement. Alors, je note simplement les faits extérieurs, juste pour me rappeler.

Dimanche 13 septembre

Avec trente-cinq enfants à Saint-Cucufa, journée chaude et fatigante. Laure n'était pas là.

Jean-Paul a tenu parole et nous l'avons vu surgir avec stupéfaction vers quatre heures dans notre clairière.

---

1. En octobre 1941, encouragés par les Allemands, les doriotistes, partisans de Jacques Doriot, ultra de la collaboration, ont commis plusieurs attentats contre des synagogues parisiennes.

Lundi 14 septembre

C'est lorsque je ne prévois pas les choses qu'elles sont les plus belles. Toute ma vie, je me souviendrai de cet après-midi, si rempli. Je suis allée avec lui à Saint-Séverin, puis nous avons erré sur les quais, nous nous sommes assis dans le petit jardin qui est derrière Notre-Dame. Il y avait une paix infinie.

Mais nous avons été chassés par le gardien, à cause de mon étoile. Comme j'étais avec lui, je n'ai pas réalisé cette blessure et nous avons continué à marcher sur les quais.

À la fin, l'orage qui menaçait a éclaté. C'est de cet orage que je me souviendrai, du bruit des cataractes de pluie qui déferlaient des marches des Tuileries, du ciel sombre, et des éclairs roses, je serais restée des siècles ainsi.

Mardi 15 septembre

Auntie Ger s'est cassé la jambe. Je l'ai appris quand je suis arrivée rue Raynouard, on attendait Redon. Elle est partie rue de la Chaise ce soir.

Mercredi 16 septembre

Journée à Robinson avec Casoar, sans Nicole.
Beaucoup de gymnastique.
José, une des filles qui vient avec nous, avait peur d'être arrêtée car il est question d'arrêter les Belges.

Nous n'étions pas très sûres non plus d'avoir le droit d'aller en Seine-et-Oise, depuis les arrestations de l'autre jour.

Papa avait écrit une lettre désespérée. Il parle de ne pas nous revoir. Maman lui avait parlé de J. M. Il ne met pas d'objection, mais il fait comme si tout cela était fini et loin de lui.

Jeudi 17 septembre

Rue de la Bienfaisance.
Refait un peu d'allemand, et musique avec Job et Breynaert.
Reçu l'étiquette de J. M.

Vendredi 18 septembre

En rentrant de la rue de la Bienfaisance, ce matin (Roger était là), Maman avait pleuré. Papa a envoyé un pneu ce matin disant : « Urgent démarches aboutissent. Les Élyane Hébert [juifs français] commencent à partir. » J'ai eu des vagues appréhensions toute la matinée, on disait là-bas qu'ils avaient eu tort de rester à Drancy, qu'on les prendrait pour compléter les convois de déportés.

On a arrêté les Belges et les Hollandais – José ? Je crois que tout va recommencer comme en juin.

Le Dr Charles Mayer a été arrêté parce qu'il portait son étoile trop haut... Une de ces dames s'est exclamée : « Cela prouve vraiment leur mauvaise foi !!! » Croire qu'ils vont respecter les lois qu'ils ont instituées, alors que du début à la fin ces lois sont illégales et l'œuvre de leur caprice, ces lois sont simplement un prétexte pour arrêter, c'est leur seul but, leur but n'est pas une législation ou une réglementation.

Dimanche 20 septembre

Jamais, jusqu'à présent, je n'avais eu de pressentiments. Toute la semaine, ils ont plané vaguement sur moi. Hier, j'ai su pourquoi. Hier matin, à la rue de la Bienfaisance, l'atmosphère était agitée. Il y avait beaucoup à faire. Je devais partir à onze heures et demie pour aller chercher la lettre avenue de la R. Lorsque j'ai parlé du pneu [courrier express] de Papa, toutes ont dit : « Oui, nous savons (qu'on commence à déporter les Français de Drancy). » Il n'y avait que des messages demandant de toute urgence soit des certificats soit des vêtements chauds. À midi moins le quart, j'étais encore là. M. Katz est arrivé. J'avais quelque chose à lui demander. Il parlait avec sa femme. Il s'est retourné et m'a dit : « Prévenez tous les gens qui ont les leurs à Pithiviers d'apporter jusqu'à dix heures demain matin vêtements chauds, etc. » J'ai compris avec horreur, cela voulait dire « déportation en masse de Pithiviers ».

Ce matin, en partant, le concierge m'avait annoncé qu'à la suite d'un « attentat », toute la population serait punie et ne pourrait sortir aujourd'hui de trois heures à la nuit, cent seize otages ont été fusillés, et il y aura « déportations massives ».

C'était donc cela.

6 heures du soir

Je me surprends à souhaiter que cette journée soit finie et que le temps passe ; et brusquement, je m'aperçois qu'il n'y a *rien* à espérer et tout à redouter de l'avenir, de la journée qui va suivre.

Par moments, ma conscience du malheur imminent s'atténue. À d'autres, elle est aiguë.

M. R. a décrit à Denise comment cela se passait pour une déportation. On les rase tous, on les parque entre les barbelés, et on les entasse dans les wagons à bestiaux, sans paille, plombés.

* * *

Tout se prépare et tout attend, comme pour le dernier acte d'une pièce. Pierre Masse[1] a été transféré vendredi de la Santé à Drancy. Il a dit, paraît-il, qu'il savait ce que cela signifiait. Tous sont donc groupés, préparés, pour cette chose horrible, pour cet événement qui va se traduire par le silence angoissant, l'exil lointain, et une souffrance de chaque heure à partir du moment où il se sera produit.

* * *

Étrange journée. Tout le monde est enfermé chez soi. Aux chambres de domestiques là-haut, les gens regardent à la fenêtre. Il fait un grand vent qui balaye les nuages à travers le ciel bleu.

* * *

Pendant le déjeuner, une dame est venue ; elle sortait de Drancy hier, elle venait donner des nouvelles de M. Lévy, qui est magnifique de dévouement. Il s'est occupé des enfants qui étaient au camp et se promenait avec eux. Il faut que le camp soit vide mercredi. Avec quoi le remplira-t-on maintenant[2] ?

---

1. Pierre Masse, avocat, arrêté le 20 août 1941 en compagnie de six confrères, tous juifs et parmi les plus célèbres du barreau de Paris (Me Jean Weill, Théodore Valensi, Maurice Azoulay, Albert Ulmo, Gaston Crémieux, Édouard Bloch).
2. Entre le 17 juillet et le 30 septembre 1942, 34 000 personnes ont été déportées de Drancy à Auschwitz.

En huit jours, cette femme qui n'a rien mangé et dormi sur la paille a vu des choses horribles. Départs, deux jeunes filles arrêtées en même temps qu'elle, déportées, mercredi dernier, en robe imprimée et chaussures de toile.

* * *

Ce matin, je suis partie à neuf heures trente chercher Françoise Pineau, pour aller avec elle chez Mme Cohn chercher la lettre. Nous avons marché par la rue de Sèvres.

Je suis remontée ici, puis redescendue mettre une carte de Maman à Jacques à la poste. Là-bas, j'ai rencontré Denise, j'ai vu qu'elle avait pleuré, parce qu'elle avait lu le mot de Papa (la lettre de Mme R.). M. Geisman a dit que *tous* allaient partir.

Je n'ai pas bien pu lire le mot de Papa, car Maman sanglotait si fort que je ne pouvais fixer mon attention. Je ne peux pas pleurer pour le moment. Mais si le malheur doit arriver, j'aurai assez de chagrin, un chagrin permanent.

C'était un adieu, c'est une déchirure avec tout ce qui a rendu notre vie heureuse.

Hier matin, en me levant, j'avais constaté que jamais je ne m'étais sentie aussi bien, j'étais surprise de cette sensation.

Mais tout a changé brusquement. Cela ne pouvait être qu'une illusion. J. M. devait venir l'après-midi – sur cet après-midi a pesé une oppression inexprimable. Mais je m'en serais voulue si j'avais été heureuse. Les minutes passaient et je les voyais fuir. M. Olléon est venu et est resté trois quarts d'heure. En plus, il y avait une espèce de barrière entre nous, pas même dissipée au goûter à deux sur la table avec la nappe bleue. Il n'y avait rien à faire. Mais cela n'a pas d'importance, je n'ai pas le droit d'être contente.

* * *

Demain, c'est Kippour. Aujourd'hui, nous sommes vidées comme si nous avions jeûné.

21 septembre
Lundi soir, 11 heures

Papa rentre demain à midi.
À neuf heures ce soir, M. et Mme Duchemin[1] sont venus, je suis entrée au salon, ils m'ont embrassée en disant : « C'est pour demain midi. »
J'étais tellement enfoncée dans le bain de misère, tellement hantée par l'idée de ce qui allait se passer dans la nuit de mardi à mercredi, de leur épouvantable attente, que je n'ai pas eu une lueur de joie. Je n'ai pensé qu'aux autres. J'ai eu l'impression d'une injustice. Et je ne pourrai jamais appeler cela de la joie.

Mardi matin
22 septembre

Pendant la nuit je me suis sans doute habituée à l'idée. Maintenant, je pense à tout ce que représente le retour de Papa, à ce que cela doit être pour Maman, que dira-t-il lorsqu'il le saura lui ? Cette nuit encore, il ne savait rien, il a dû passer encore des heures d'angoisse et de désespoir final.

---

1. René Paul Duchemin, président des établissements Kuhlmann, qui a aidé à la libération de Raymond Berr.

Lorsque je suis rentrée, à six heures hier soir, moi aussi j'étais désespérée. Je n'avais plus de sentiments, mais simplement le souvenir sans contours de ces deux journées sombres. Je n'ai pas jeûné. J'avais décidé de jeûner, mais en me lavant, je ne sais quelle impulsion m'a poussée à y renoncer et à aller aider rue de la Bienfaisance, cela s'est décidé en une seconde. Je ne me rappelle plus mon état d'esprit d'alors ; mais dans le métro je sais que j'ai failli pleurer plusieurs fois à la pensée de toute cette misère. Toute la journée, nous avons travaillé comme si c'était *après* le jugement dernier, on sentait que quelque chose d'irrévocable était fait. Mme Schwartz était là, elle jeûnait, Mme Katz et Mme Horwilleur. Sans cela, la maison était vide et désolée ; je suis rentrée à midi avec Mme Horwilleur par le métro. Maman était là, c'est à ce moment que j'ai appris le geste final et très beau de M. Duchemin. Mme Lévy déjeunait avec nous.

Mardi soir, 22 septembre

Papa est là, dans la maison. Il va y avoir six heures qu'il est là, il va coucher là. Nous allons passer la soirée avec lui. Il est là, il marche de long en large dans le salon, l'air absent. Mais il a si peu changé physiquement, que c'est un réconfort de le regarder.

Lorsqu'il est arrivé, j'ai eu l'impression que les deux fragments de vie se raboutaient brusquement, exactement, et que tout le reste n'existait pas. Dieu soit loué, cette impression n'a pas duré, car elle me donnait un malaise étrange, car je ne veux pas oublier. Elle n'a pas duré parce que je sais ce que Papa a vu, parce que je suis plongée dans la souffrance des autres, parce que personne ne peut oublier ce qui s'est passé et ce qui va se passer cette nuit et demain.

* * *

Tout à l'heure, Mme Jean Bloch était là : nous n'avons pas voulu lui dire, son mari et M. Basch, et les trois cents qui ne sont pas partis de Pithiviers dimanche sont arrivés à Drancy ce matin pour repartir dans le convoi de demain, ils étaient dans les barbelés ce matin. Elle va devenir folle. Elle parle d'une voix machinale, monotone. Je sais par expérience (je l'écris ici, personne ne le verra) ce que son état nerveux peut être, seulement elle ira jusqu'à la folie. On a la sensation en l'écoutant du malheur irrémédiable, sans fond, sans nom, sans consolation. Je sens que, pour elle, nous ne vivons plus, nous ne sommes que des fantômes dans son monde, que nous sommes séparés par une barrière immense. Lorsqu'elle est repartie, j'ai su qu'elle repartait avec son fardeau de douleur glacée, morne, un désespoir où il n'y a plus une lueur, plus une trace de lutte.

* * *

Lorsque je récapitule les événements de cette journée, je suis pourtant tout à fait lucide et consciente ; souvent, en rêve, il m'est arrivé de me dire que j'étais consciente. Et pourtant je me suis réveillée de ce rêve. C'est la même chose. Ce matin encore, j'avais ma vraie conscience normale, lorsque j'ai couru d'abord chez les Franck, ensuite pour Mme Cahen chez K, chercher des lainages pour ses neveux qui vont partir peut-être demain, les porter rue de Chaumont, revenir à l'UGIF travailler. Mais depuis le retour de Papa, depuis toutes ces visites, M. Maire, Duchemin, L, Chevry, Frossard, Nicole, Job, depuis ma course à l'UGIF, je n'ai plus que cette surconscience qui est anormale.

* * *

Lorsque je suis rentrée ici, j'ai trouvé des roses-thé de Jean. Dans ma pensée, il est devenu Jean lorsque j'ai reçu ces fleurs. Ma première idée a été : « Comment a-t-il su ? » Puis j'ai réfléchi qu'il ne savait pas. Et que ces fleurs étaient une communion de pensée. Et j'ai été touchée jusqu'au fond de moi-même. Chaque fois que j'y pense, je suis envahie de douceur, c'est la seule chose douce de cette atmosphère. Et, c'est étrange, une douceur dont je jouis sans arrière-pensée, parce qu'elle ne me paraît pas illégale, elle ne paraît pas faire de tort à tout le tragique de cette journée.

* * *

Mercredi soir
23 septembre

Nous sommes tous obsédés par le départ de ce matin. Basch et Jean Bloch sont partis, c'est fini.

Cette déportation a quelque chose de bien plus horrible que la première, c'est la fin d'un monde. Que de trous autour de nous !

J'ai failli perdre mon équilibre aujourd'hui, je me sentais sombrer, arriver au moment où je ne me contrôle plus ; je commence à connaître cette impression. Mais ce n'est pas le moment de m'y laisser aller. Cela m'a pris en revenant de chez André Baur, où nous avions emmené Papa. Il est très pessimiste. Je suis allée ensuite chez Mme Favart et à la Maison du prisonnier. Rentrée ici, j'ai trouvé l'envoyé de Decourt, qui a failli me rendre folle ; il m'a fait discuter sur l'avenir, alors que j'étais dans un état anormal. Tout ce dont il me parlait, ce qu'il me demandait semblait venir d'un autre monde où je ne rentrerai plus. Il y a une espèce de glas qui sonne en moi, lorsque j'entends parler de livres, de professeurs à la Sorbonne.

* * *

Toute la journée aussi, j'ai essayé de *lire* la lettre de J. M. comme dans un rêve où la lettre qu'on lit vous échappe toujours. Je ne l'ai pas encore assimilée.

* * *

Ce soir, à la cuisine, nous faisions un gâteau pour Yvonne. Il y a si peu de temps, c'était pour Papa. Papa qui est là. La vie est restée tellement la même depuis *avant* son arrestation que je ne peux pas croire qu'il y a trois mois.

Je suis trop fatiguée pour écrire ce soir.

Je m'arrête.

Jeudi 24 septembre

Enfin atteint le but qui semblait toujours reculer. Nous nous sommes rencontrés à l'Institut. Tout le cauchemar s'est évanoui, et je n'ai pas pu retrouver l'atmosphère de ces jours derniers.

Rentrés ici, avons goûté avec Job et Denise dans notre chambre. Les visites nous chassaient de partout.

Samedi 26 septembre

Il est venu me chercher ici. Nous avons écouté un disque, goûté, et nous sommes allés nous promener avenue Henri-Martin. Il faisait déjà froid.

Dimanche 27 septembre

La Varenne avec les Louveteaux. Il a plu et fait gris toute la journée.

Lundi 28 septembre

Simon est venu goûter. Nous avons joué ensemble.

Mardi 29 septembre

Madeleine Blaess et Josette.

Mercredi 30 septembre

Mme Jourdan.
Goûter chez Nicole avec les Job. Ils ont chanté *Véronique*.

Jeudi 1er octobre

Nous avons marché pendant deux heures ; cela a commencé par une discussion rue Guynemer et s'est terminé au métro Alma. À partir des Invalides, je parlais, comme dans un rêve. Je ne voyais personne dans la rue pourtant animée.

Vendredi 2 octobre

Été chez Redon me faire ouvrir un panaris.

Job ici, je n'ai pas fait de violon et traîné tout l'après-midi à préparer la promenade dans Paris pour le lendemain.

Samedi 3 octobre

Nicole et moi avions chacune quatre enfants à promener dans Paris de neuf heures à onze heures. Mon trajet était Palais-Royal-rue Claude-Bernard. Je leur ai montré le Louvre sur toutes ses façades. Je m'enthousiasmais moi-même. Du pont des Arts, j'ai regardé le soleil percer la brume grise, comme une promesse de joie.

L'après-midi, au local, a été assez long. Je suis partie avant la fin pour entendre Jean Vigué, qui était parti quand je suis arrivée.

Dimanche 4

Merveilleux.

J'ai passé la matinée à écrire ma lettre.

L'après-midi, après une réunion obscure rue Vauquelin[1], je suis montée ici avec Nicole. Nous avons écouté le quatuor, et j'ai feuilleté mon Saint-George. J'ai raccompagné Nicole, à peine moins enthousiasmée que moi.

---

1. Foyer de jeunes filles de l'UGIF.

Lundi 5 octobre

J'ai repris mes fonctions de bibliothécaire. Je croyais ne jamais le faire. Cela m'a rendu mon équilibre.

Tout comme il y a trois mois, je me suis mise à espérer la venue de J. M. Je ne me rappelais même plus ce qui s'était passé entre nous. Lorsque je me le rappelais, j'avais comme une impression de triomphe. À partir de trois heures, j'ai commencé à avoir peur, et à être très déçue. Mais à quatre heures moins le quart, il est entré, et la joie et le calme m'ont envahie. Je regardais tous les autres étudiants pour voir s'ils savaient. Mais personne ne sait et c'est ce qui est merveilleux.

Après, je l'ai raccompagné jusqu'à la gare Saint-Lazare, par les grands boulevards. Il faisait sombre, et les rues étaient pleines de monde. Un bain de vapeur nous enveloppait. Au couchant, il y avait des lueurs jaunes et livides. Souvenir étrange : ces boulevards surpeuplés, le ciel si bas et si gris.

Il m'a donné les disques de *La Vie et l'Amour d'une femme*.

Mardi 6 octobre

Été chez Delattre à trois heures.

Il m'a tout déconseillé, et depuis ma visite, je commence à comprendre qu'il m'a déçue.

Après, chez les Léauté avec Nicole et Job. Job avait oublié sa musique. Au lieu de jouer, nous avons fait des parties de ping-pong.

Le soir, j'ai confectionné une armée de têtes de chats pour Denise. J'ai organisé à son insu une *tea-party* pour sa fête. Invité les Léauté, les Pineau, Job, les Vigué.

Mercredi 7 octobre

Matinée passée à faire des courses dans le quartier pour Denise. Mais mon cœur *sang within* [était en joie]. Jamais je n'ai été aussi joyeuse à la pensée de le revoir si vite, j'ai retrouvé des impressions d'autrefois, presque des sensations « d'avant-bal ». Mais avec en plus une joie purifiée et inexprimable.

Après avoir tout arrangé ici, je suis partie pour la Sorbonne. En montant les marches du métro, je me suis retournée et je l'ai vu. Nous sommes allés rue de l'Odéon, puis au Comité du livre, où j'ai été très *hot and bothered* [dans tous mes états].

Job était déjà là quand nous sommes rentrés.

Lorsque Denise est rentrée, tout le monde s'était caché derrière les rideaux et meubles, sauf Annie, et ils sont sortis ensemble en disant : « Bon anniversaire. »

Jeudi 8 octobre

Rue Raynouard, Simone à goûter. J'attendais le lendemain.

Vendredi 9 octobre

Nous avions rendez-vous au métro Palais-Royal. J'étais beaucoup trop en avance.

Nous sommes allés chez Dalloz acheter ses livres, puis nous avons marché jusqu'à la gare Montparnasse, et de là à la maison. J'étais fatiguée de marcher. À la maison, il a demandé d'entendre les *Lieder* de Schumann. Mais la musique jouait presque inutilement. Il n'écoutait pas.

Samedi 10

J'ai été comme perdue toute cette journée ; je ne suis pas allée rue de la Bienfaisance le matin, cela me faisait l'effet d'une profanation. Mais j'ai traîné toute la matinée. L'après-midi, Job est venu faire du trio.

Dimanche 11

Réunion à Lamblardie[1]. On va former une nouvelle meute avec Berthe, Nicole et moi. Mais à midi nous les avons quittés. Les pauvres gosses étaient désolés.

Le soleil brillait lorsque nous avons quitté l'orphelinat ; brusquement une idée m'est venue qui m'a inondée de joie, j'allais lui téléphoner et lui dire que j'étais libre cet après-midi.

Mais la réflexion a éteint ma joie. Lorsque j'approchais de la maison, il pleuvait. Je suis tombée dans une sorte de torpeur dont j'ignorais même la raison. J'ai fumé deux cigarettes, travaillé le concerto de Beethoven, puis je suis allée rue Raynouard, où j'ai gelé dans la chambre de Nicole, malgré les souvenirs qu'elle évoquait.

Jeudi 15 octobre

Je ne parviens pas à récapituler ce début de semaine. Je n'ai pas eu conscience des jours. Cela n'a été qu'une succession d'attentes. Dimanche soir, je pensais avoir encore deux longues journées à attendre. Nous devions aller à Aubergenville mercredi. Tous les deux, seuls.

---

1. Orphelinat Rothschild, rue Lamblardie, dans le douzième arrondissement.

Maman n'avait pas objecté, si bien que je ne croyais pas qu'elle eût complètement réalisé.

Mais lundi après-midi, alors que subitement ma fonction de bibliothécaire m'était apparue lourde, ennuyeuse et longue, il est venu. Il ne devait pas venir, passant son examen de droit le lendemain. J'étais inondée de joie. Pendant un long moment, nous n'avons pu nous parler. Un instant, pendant que j'étais à la bibliothèque, il est monté sans bruit. Après, il s'est assis devant la table. Puis il est venu à la fin, ranger les livres avec moi. Jamais la bibliothèque n'a fermé aussi tard. J'avais perdu la notion du temps, entre les rayons sombres de la bibliothèque.

Lorsque je suis rentrée, Louise m'a appris que M. Lévy était rentré. Pour la première fois, j'ai connu quelques instants de joie complète et pure.

Mardi, je suis allée le chercher après son examen ; pendant une heure, je me suis assise dans la cour de l'Institut pour passer le temps. Elle était solitaire et triste. Heureusement, vers cinq heures, j'ai rencontré une camarade. Cela m'a rendu du courage. Je l'ai rencontré rue de l'Odéon. Il perdait son temps depuis une heure aussi ! Nous avons marché, le soleil couchant dorait tout le vieux Paris. C'était une très belle soirée d'octobre. Nous nous sommes accoudés sur le quai près du pont des Arts. Tout frémissait, les feuilles des peupliers, et même l'air. Lorsque je suis rentrée seule, le cours la Reine était sombre, la nuit s'y était déjà logée alors que le ciel était tout rose.

La nuit de mardi à mercredi a été interminable.

La journée de mercredi a été merveilleuse. Ce soir, je ne me retrouve plus, ce matin j'étais encore quelque chose de nouveau, et j'espérais que je le resterais. Mais je suis redevenue l'ancienne Hélène. Pour moi, l'absence est une malédiction.

Jeudi

J'ai retrouvé la réalité aussi belle qu'hier, en me réveillant. Toute la matinée a été étrange et merveilleuse, je n'ai pu rester à l'UGIF. Je me suis échappée à onze heures trente, comme si j'avais le diable à mes trousses, et je suis rentrée ici pour lui écrire.

Après-midi, été à la bibliothèque voir Cazamian, proposé thèse sur Keats.

Vendredi 16 octobre

Allée avec Nicole acheter des souliers et une écharpe, ensuite visite rue Raynouard.

Samedi 17 octobre

J. M. est venu ici vers trois heures et demie. Nous avons goûté avec Papa et Maman et Job, c'était légèrement énervant. Après, il est venu dans cette chambre, je l'ai raccompagné jusqu'au métro.

Dimanche 18 octobre

Réunion rue Vauquelin avec Berthe et les autres, cela m'ennuyait profondément à la longue.

L'après-midi, nous avons fait de la musique avec Job chez les S. Il y avait aussi les jumelles.

Lundi 19 octobre

La bibliothèque était morose et froide. Impression de solitude. Il n'est pas venu, et cela m'a donné un avant-goût de ce que ce serait quand il ne serait plus là. J'ai reçu une visite brève d'André Boutelleau, et une de Nicole et Jean-Paul. Je suis rentrée ici, vidée et éreintée, j'ai failli m'endormir avant le dîner.

Mardi 20 octobre

J'avais rendez-vous à la Faculté de droit pour aller voir son résultat. Mais il s'était trompé de jour. Il en était vexé, et il y avait quelque chose dans son *mind* [humeur] qui a gâché la journée. Nous sommes allés sur les berges de la Seine près du pont des Arts, à côté de deux pêcheurs. Après, je l'ai accompagné avenue de l'Opéra chez son tailleur, et ensuite à la gare. Dans la foule à la gare, j'ai eu brusquement peur de le perdre. À ce moment, il m'a pris le bras. Je ne pouvais pas lui expliquer pourquoi j'étais si reconnaissante de ce simple geste.

Mercredi 21 octobre

Il a téléphoné son résultat pendant que j'étais rue Raynouard, j'ai rappelé après le dîner.

Jeudi 22 octobre

Goûter affolant. Il y avait en même temps, Simon, les Lévy, Mme Roger Lévy, la petite Biéder, les Reh, je ne savais plus où donner de la tête.

Vendredi 23 octobre

Wood et Day à goûter, goûter anglais, avec le dernier pot de *Dundee marmalade*. C'était bien agréable.

Samedi 24 octobre

Le matin j'ai couru de la Sorbonne à la rue de Téhéran, où j'ai attendu Nicole, puis Berthe.

Je suis allée chercher J. M. à la gare à trois heures. Quelque chose n'allait pas. Était-ce le ciel gris et bas ? Était-ce moi ? Était-ce cette espèce de cafard morne qui m'envahit et me replie sur moi-même ? Était-ce la déception de ne pouvoir le voir seule, à cause de la présence de Job ? Nous avons fait de la musique, j'ai eu l'impression de ne pas l'avoir vu, et que nous étions à mille lieues l'un de l'autre. J'ai eu une bonne crise avant le dîner.

Dimanche 25 octobre

Sortie manquée avec les gosses. Rue Vauquelin. Je ne pensais pas que je serais prise l'après-midi. Lorsque j'ai dû quitter les enfants à midi, j'étais sûre que la journée finirait mal. Il y avait Rechtmann qui traînait dans les couloirs après la scène du matin.

Je suis rentrée très découragée. Les Pomey étaient là à déjeuner. Job et Breynaert sont venus faire de la musique. Mlle Herbault est venue faire un bridge.

Lundi 26 octobre

Bibliothèque. Je savais qu'il ne viendrait pas, et pourtant j'espérais. Cet espoir venait du ciel, car en fait il est venu. Il est arrivé à quatre heures et demie et tout s'est éclairé ; comme il y avait une autre bibliothécaire, je suis partie à cinq heures. Il passait son oral le lendemain. Nous avons marché sous la pluie rue de Rennes, et je l'ai reconduit jusqu'au métro Invalides ; la nuit tombait, je pensais au lendemain, j'avais rendez-vous à la Faculté de droit.

Mardi 27 octobre

J'avais tort de trop me réjouir, car j'ai eu de la peine pour lui, il a été collé. Et pourtant il ne s'y attendait pas. Lorsque je suis allée une première fois à dix heures et demie à la Faculté, il m'a dit de revenir dans trois quarts d'heure. Je suis allée me faire immatriculer[1], je suis revenue. Nous avons attendu le résultat ; je ne pouvais pas le croire, je ne veux pas y repenser. Parce que je sens sa peine, lorsque je le revois sortant de sa salle.

Nous sommes revenus en silence, sous la pluie, les mains liées, c'est tout ce que je pouvais faire pour lui. À une heure, les rues étaient vides sous la pluie. Paris était à nous.

Et malgré notre tristesse, cette marche silencieuse sous la pluie est un souvenir merveilleux.

Toute la journée j'ai traîné, attendant le lendemain. Je ne voulais rien faire qui me séparât de lui, je suis allée chez le coiffeur, chez Bonne Maman, et à la fin de la journée avec Denise chez Josette.

Mercredi 28 octobre

Nous sommes revenus de la Sorbonne ici, dans cette chambre. Nous avons écouté les disques de Schumann, juste comme je le voulais.

---

1. Depuis décembre 1941, le préfet de police a imposé aux juifs un contrôle périodique, ils doivent aller à la préfecture faire viser leur carte d'identité, qui doit obligatoirement porter en lettres rouges la mention JUIF ou JUIVE.

Jeudi 29 octobre

Et brusquement, tout s'est déchiré. Il parle tellement de son départ [1], que je suis arrivée à le redouter. Tant que j'étais avec lui, puisqu'il y croyait, je le croyais aussi. Il m'a dit : « C'est peut-être la dernière fois que nous nous voyons. » Et bien que je fusse persuadée que dès que je serais seule, je ne comprendrais plus, j'y croyais. Il pleuvait à torrents, et nous avons passé une heure dans un couloir de la Sorbonne. Il était de mauvaise humeur et parlait à peine. Nous nous sommes quittés dans le métro, à la station Ségur. Je suis rentrée ici, où j'ai joué avec Simon à un puzzle.

Jeudi 5 novembre

Toute la fin de la semaine, j'ai attendu un coup de téléphone. À partir de samedi soir, j'ai cessé de le redouter. Mais j'étais de très mauvaise humeur.

Nous devions nous revoir mardi, si tout était normal.

Lundi, jour des morts, je suis quand même allée à la bibliothèque. Personne n'est venu. Cela était lamentable. Un froid glacial. L'obscurité qui tombait, et il n'est pas venu.

Et mardi est arrivé. Mardi matin, j'ai reçu une lettre, celle que j'attendais tous ces jours, et dont l'attente avait en grande partie provoqué ma mauvaise humeur, c'était court et si je ne l'avais pas vu l'après-midi, *there would have been room for deception* [le doute aurait pu s'installer].

Mercredi, j'ai écrit une lettre.

---

1. Jean Morawiecki est décidé à rejoindre la France libre. Il parviendra à quitter la France pour l'Espagne. De là, il passera en Afrique du Nord et s'engagera dans les Forces françaises libres. Il participera au débarquement en Provence le 15 août 1944 et à l'occupation de l'Allemagne au printemps 1945.

Jeudi

Été rue de la Banque[1].

Jeudi et vendredi, j'ai été tourmentée par l'histoire de ce coup de téléphone qu'Andrée n'avait pas compris.

Dimanche 8 novembre

Étrange journée, je n'y comprends rien.

Hier, cela a été merveilleux. Même la pensée de son départ, sûr pour jeudi, n'a pu obscurcir la journée. J'étais allée à la gare le chercher et nous sommes rentrés à pied par les Champs-Élysées. J'avais mis mon manteau de fourrure pour la première fois.

Job est venu vers cinq heures, il avait trop bu et était tout drôle. Cette nuit, j'ai rêvé de J. M. tout le temps. L'idée de son départ a fini par me réveiller complètement.

Je suis partie rue Vauquelin par un temps radieux, un soleil doré, fragile, un ciel intensément bleu et une atmosphère de cristal. Ce soleil, qui, à l'heure où j'écris, est brûlant, contribue à l'étrangeté de la journée.

L'autre chose qui la crée, ce sont les nouvelles. Tout le monde paraît en effervescence. Maman et Papa sont très excités. Je *devrais* l'être, et je n'y parviens pas. Mon manque d'enthousiasme ne provient pas d'un scepticisme exagéré, mais plutôt d'une incapacité à m'adapter à cette brusque fanfare de nouvelles. Il y a trop longtemps que je n'y suis plus habituée. Pourtant, c'est peut-être le commencement de la fin.

Lundi 9 novembre

La bibliothèque fermait lorsque Jean a surgi sur le seuil, c'était comme un rêve. J'avais tant désiré cela que je ne

---

1. Siège d'un des services du Commissariat général aux questions juives.

l'attendais plus ; comme dans un rêve nous avons marché à la nuit tombante à travers le Carrousel, l'avenue de l'Opéra jusqu'à la gare. Le Louvre était comme un grand navire d'obscurité sur le ciel plus clair. Nous allons nous voir trois jours de suite.

Mardi 10 novembre

Les parents sont allés à Auber. Denise est restée. À deux heures trente-cinq, je l'ai retrouvé à la gare. Nous sommes rentrés à pied par le cours la Reine. Il faisait très beau, mais très froid. C'était la dernière fois que nous devions nous voir tout seuls. Le lendemain, nous allions chez Molinié.

Il avait apporté le *Concerto en ré* de Beethoven, la *Symphonie concertante*. Nous avons goûté dans la chambre, sur le lit.

Mercredi 11 novembre

Finalement, il n'est pas parti. Les événements le laissaient prévoir. Il l'a annoncé en nous retrouvant à la gare du Nord, Molinié. Geneviève Loch et moi.

Journée très *cosy* [agréable] chez Molinié à Enghien, écouté du Bach.

Jeudi 12 novembre

Premier cours de Sorbonne.
Cazamian, onze heures. Salle 1, étouffant, j'étais noyée et éberluée de me retrouver, après tant d'événements *extérieurs et intérieurs*.
Delattre deux heures. Amphithéâtre comble.

Samedi 14 novembre

Nous devions aller à la Madeleine à un concert ensemble. Papa, à la dernière minute, a refusé. Je suis allée le chercher à la gare à deux heures vingt-cinq tout de même. Nous sommes revenus ici après une longue marche. Écouté le *Concerto en ré*. Job était là, goûter au petit salon, nous sommes allés après dans le bureau.

Dimanche 15 novembre

Rue Vauquelin le matin.
Job et Annie Boutteville.

Lundi 16 novembre

Bibliothèque.

Mardi 17 novembre

Trois heures, Mme Jourdan, la leçon a duré une heure et demie. Nous avons déchiffré la *Première Sonate* de Bach et une partie du *Treizième Quatuor*.

Mercredi 18 novembre

Rue de la Bienfaisance le matin.
Après-midi à Saint-Cloud. J'étais terriblement *excited* [excitée] d'y aller. Il avait téléphoné à une heure et demie que le train était plus tôt. M. Lévy est monté me le dire et j'ai ri.
Il y avait Nicole, Denise, Molinié, Savarit, Jacques Besse et Max Gaetti (deux compositeurs).

Il part lundi. Il l'a dit devant tout le monde ; en moi-même, j'ai été prise d'angoisse.

Jeudi 20 novembre

Été à la Sorbonne pour rien. Cazamian ne faisait pas son cours. Je suis allée chercher J. M. à la gare à trois heures. Nous sommes allés chez son tailleur. Nous avons repris le métro à Saint-Augustin, il était déjà quatre heures passées.
C'était l'avant-dernière fois.
Il avait apporté le *Quinzième Quatuor*.
Il a accepté de venir déjeuner samedi.

Vendredi 21 novembre

Couru rue de Buzenval. Ensuite chez Galignani acheter un livre pour J.
Été rue de la Tour. Elles travaillent le trio de Ravel.

Samedi 22 novembre

Dernier jour.
La matinée a passé comme le vent, j'étais allée rue de Téhéran voir M. Katz au sujet de Cécile Lehmann, et lui apporter un colis. Rentrée ici, j'ai commencé à écrire la lettre que je donnerais à Jean ce soir. Je ne croyais pas ce que j'écrivais, parce que je savais qu'il serait là bientôt. À midi, je n'étais pas habillée.
Et tout le reste a passé comme un rêve. Les parents avaient préparé un déjeuner et un accueil merveilleux. Après, nous sommes allés écouter des disques. Il est parti un moment rue Montessuy, il a mal lu l'heure. Je croyais qu'il était trois heures moins le quart, mais c'était quatre

heures, une heure nous a été volée. Et quand Jean-Paul et Nicole ont fait irruption dans la pièce, introduits par Louise, cela a été fini brutalement, car après j'avais invité du monde : les Pineau, Françoise, les Digeon, Jean Rogès, Job, c'était « après » la fin. J'étais *reckless* [imprudente] (en raison de l'interdiction de sortir), je suis partie pour l'accompagner au métro. Les invités étaient encore là quand je suis revenue. Cela m'a empêchée de penser.

Dimanche 23 novembre

Rue Vauquelin le matin.
Job et Breynaert.

Lundi 24 novembre

Bibliothèque.
Vu Savarit.
Françoise de Brunhoff.

Mardi 25 novembre

Pot black Tuesday [Mardi d'un noir d'encre], restée ici tout l'après-midi à me débattre dans le J. M. Murry, sombré.

Mercredi 26 novembre

Lettre de Jean. Il n'est parti que ce matin. Il aurait pu venir me voir lundi.
Quand je suis rentrée de l'UGIF, j'ai trouvé un magnifique bouquet d'œillets de lui. Ils venaient de notre boutique rue Saint-Augustin. Le soleil brillait. J'étais inondée de joie et hier me paraissait un cauchemar.

Été à la Sorbonne me faire inscrire.

Jeudi 27 novembre

Été voir passer Nicole.
Simon à déjeuner. Il est resté jusqu'à cinq heures et demie ; quand je suis rentrée de chez Mme Jourdan, il était encore là.

Vendredi 27 novembre

En rentrant de chez Nadine D.[1], j'ai trouvé une carte de Jean, écrite dans le train mercredi.

Samedi 28 novembre

Après-midi à la bibliothèque de la Sorbonne, pour copier un article pour Jacques. Revenue ici seule, j'ai un peu travaillé.

---

1. Nadine Destouches, professeur de piano et élève de Nadia Boulanger.

1943

Mercredi 25 août 1943

Il y a dix mois que j'ai cessé ce journal, ce soir je le sors de mon tiroir pour le faire emporter en lieu sûr par Maman. De nouveau, on m'a fait dire de ne pas rester chez moi à la fin de la semaine.

Un an presque a passé, Drancy, les déportations, les souffrances existent toujours. Beaucoup d'événements se sont passés : Denise s'est mariée ; Jean est parti pour l'Espagne sans que j'aie pu le revoir ; toutes mes amies du bureau sont arrêtées, et il a fallu un hasard extraordinaire pour que je ne sois pas là ce jour-là ; Nicole est fiancée avec Jean-Paul ; Odile est venue ; un an déjà ! Les raisons d'espérer sont immenses. Mais je suis devenue très grave, et je ne peux pas oublier les souffrances. Que se sera-t-il passé lorsque je reprendrai ce journal ?

* * *

10 octobre

Je recommence ce journal ce soir, après un an d'interruption. Pourquoi ?

Aujourd'hui, en rentrant de chez Georges et Robert, j'ai été brusquement la proie d'une impression : qu'il fallait que j'écrive la réalité. Rien que ce retour depuis la rue

Margueritte était un monde de faits et de pensées, d'images et de réflexions. De quoi faire un livre. Et soudain, j'ai compris combien un livre au fond était banal, je veux dire ceci : qu'y a-t-il d'autre dans un livre que la réalité ? Ce qui manque aux hommes pour pouvoir écrire, c'est l'esprit d'observation et la largeur de vues. Sans cela, tout le monde pourrait écrire des livres ; je retrouve, plutôt je recherche ce soir cette citation de Keats, au début d'*Hypérion* :

> *Since every man whose soul is not a clod*
> *Hath visions, and would speak, if he had loved*
> *And been well nurtured in his mother-tongue*[1].

Et pourtant, il y a mille raisons qui m'empêchent d'écrire et qui me tiraillent encore à cette heure, et qui m'entraveront encore demain et les autres jours.

D'abord, une espèce de paresse qui sera dure à vaincre. Écrire, et écrire comme je le veux, c'est-à-dire avec une sincérité complète, en *ne pensant jamais* que d'autres liront, afin de ne pas fausser son attitude, écrire toute la réalité et les choses tragiques que nous vivons en leur donnant toute leur gravité nue sans déformer par les mots, c'est une tâche très difficile et qui exige un effort constant.

Il y a ensuite une répugnance très grande à se concevoir comme « quelqu'un qui écrit », parce que pour moi, peut-être à tort, écrire implique un dédoublement de la personnalité, sans doute une perte de spontanéité, une abdication (mais ces choses-là sont peut-être des préjugés).

---

1. « Car tout homme dont l'âme n'est pas de glaise / A des visions et parlerait, s'il avait aimé, / Et eût été bien nourri de sa langue maternelle. » John Keats, *La Chute d'Hypérion. Un rêve*, l. 13-15, 1819.

Puis il y a aussi l'orgueil. Et cela, je n'en veux pas. L'idée qu'on puisse écrire pour les autres, pour recevoir les éloges des autres, me fait horreur.

Peut-être aussi y a-t-il le sentiment que « les autres » ne vous comprennent pas à fond, qu'ils vous souillent, qu'ils vous mutilent, et qu'on se laisse avilir comme une marchandise.

Inutilité ?

Et par moments aussi, le sens de l'inutilité de tout cela me paralyse. Quelquefois, je doute, et je me dis que ce sens de l'inutilité n'est qu'une forme d'inertie et de paresse, car en face de tous ces raisonnements se dresse une grande raison qui, si je me convaincs de sa validité, deviendra décisive : j'ai un devoir à accomplir en écrivant, car il faut que les autres sachent. À chaque heure de la journée se répète la douloureuse expérience qui consiste à s'apercevoir que *les autres* ne savent pas, qu'ils n'imaginent même pas les souffrances d'autres hommes, et le mal que certains infligent à d'autres. Et toujours j'essaie de faire ce pénible effort de *raconter*. Parce que c'est un devoir, c'est peut-être le seul que je puisse remplir. Il y a des hommes qui savent et qui se ferment les yeux, ceux-là, je n'arriverai pas à les convaincre, parce qu'ils sont durs et égoïstes, et je n'ai pas d'autorité. Mais les autres, ceux qui ne savent pas, et qui ont peut-être assez de cœur pour comprendre, ceux-là, je dois agir sur eux.

Car comment guérira-t-on l'humanité autrement qu'en lui dévoilant d'abord toute sa pourriture, comment purifiera-t-on le monde autrement qu'en lui faisant comprendre l'étendue du mal qu'il commet ? Tout est une question de compréhension. C'est cette vérité-là qui m'angoisse et me tourmente. Ce n'est pas par la guerre que l'on vengera les souffrances : le sang appelle le sang, les hommes s'ancrent dans leur méchanceté et dans leur aveuglement. Si l'on arrivait à faire *comprendre* aux hommes mauvais le mal qu'ils font, si on arrivait à leur donner la vision impartiale et complète qui devrait être la gloire de l'être humain ! Je me suis trop souvent disputée avec ceux qui m'entourent à ce sujet, avec mes parents, qui ont sans doute plus d'expérience que moi. Seule Françoise partageait mes idées. La seule pensée de Françoise gonfle mon cœur de chagrin [1]. Ce soir, en rentrant, je pensais à elle, à la manière dont nous nous entendions. Avec elle, je me sentais vivre, un monde de possibilités merveilleuses s'ouvrait à moi au moment où elle m'a été arrachée. Jusqu'à présent, il en a toujours été ainsi : ceux qui me semblaient être des mondes, le seul où j'aurais pu me développer, m'ont été enlevés avant que j'aie pu en jouir. Je me suis fait des reproches depuis ; j'ai réfléchi et j'ai pensé que peut-être c'était parce que je ne savais pas connaître ceux qui étaient auprès de moi, et que je les regrettais une fois partis. Depuis ce dernier chagrin, je me suis tournée davantage vers mes parents, et je leur parle plus, et je crois qu'un beau domaine s'ouvre là aussi. Ce soir, lorsque je suis rentrée, j'ai entendu dans l'escalier l'écho d'un piano ; j'ai cru que c'était la dame du rez-de-chaussée qui jouait. Mais plus je montais, plus le son devenait fort. Au second étage, une idée m'est venue : Maman qui jouait, peut-être avec Auntie Ger. Et alors j'ai senti un sourire sur ma figure. Et lorsque je suis arrivée sur notre palier, et que j'ai été *sûre* que c'était Maman, j'ai senti mon sourire qui devenait *béat*, malgré moi. Si Maman m'avait vue alors, elle aurait pensé que j'étais *beaming over* [radieuse], comme lorsque j'étais

---

[1]. Françoise Bernheim a été arrêtée et déportée le 30 juillet 1943.

petite et qu'avec Jacques nous avions réussi à faire un *glorious mess* [joyeux bazar]. J'étais envahie de la joie la plus complète, la plus inattendue et la plus pure en m'apercevant que Maman s'était remise au piano, pour moi, pour jouer avec moi, et pour réveiller le silence de cette maison. J'ai eu un moment de pitié, parce que j'ai pensé qu'elle avait voulu me faire une surprise, et que si je sonnais, elle saurait que je l'avais entendue. Je n'aime pas gâcher les joies des autres. Mais cette pitié-là n'est pas un bon sentiment. Je ne veux pas avoir pitié de Maman. D'ailleurs, je sais maintenant que ce n'était pas de la pitié, mais de la tendresse, et qu'une vague joyeuse et bousculante de reconnaissance pure m'a fait sonner franchement et accueillir Maman, en emportant tout ce qui n'était pas mon plaisir.

Mais tout ceci n'empêche pas que Françoise et Jean me manquent beaucoup.

Je me laisse entraîner, et ce n'est pas ce que je voulais dire.

Il faudrait donc que j'écrive pour pouvoir plus tard montrer aux hommes ce qu'a été cette époque. Je sais que beaucoup auront des leçons plus grandes à donner, et des faits plus terribles à dévoiler. Je pense à tous les déportés, à tous ceux qui gisent en prison, à tous ceux qui auront tenté la grande expérience du départ. Mais cela ne doit pas me faire commettre une lâcheté, chacun dans sa petite sphère peut faire quelque chose. Et s'il le peut, il le *doit*.

Seulement, je n'ai pas le temps d'écrire un livre. Je n'ai pas le temps, je n'ai pas le calme d'esprit nécessaire. Et je n'ai sans doute pas le recul qu'il faut. Tout ce que je peux faire, c'est de noter les faits ici, qui aideront plus tard ma mémoire si je veux raconter, ou si je veux écrire.

De plus, depuis une heure que j'écris, je m'aperçois que c'est un soulagement, et je suis décidée à mettre dans ces pages tout ce qui sera dans ma tête et dans mon cœur. Maintenant, je cesse pour aller finir la soirée avec Maman.

Dimanche 10 octobre, 21 heures

Promenade. Louv et femmes Étoile[1]. Jean O., Edmond B. Thibault.

Lundi matin
11 octobre

Ce matin, coup de sonnette strident à sept heures. Je pensais bien que c'était un pneumatique, et de Mme M. Hélène me l'a apporté et a allumé pour me le donner. Elle n'avait pu joindre Anna, mais sa lettre contenait autre chose, une nouvelle qui a lâché la bride à un flot de pensées si pressantes que je dois écrire pour me calmer : le mari et la fille de Mme Löb ont été arrêtés dans le midi. Elle était si tranquille pour eux, et elle avait eu tant de mal à se séparer de sa fille. Maintenant, c'est elle qui assiste impuissante à leur torture.

Alors, à nouveau, j'ai été plongée dans ces flots amers qui me sont devenus si familiers. Pendant presque une heure, je suis restée dans mon lit à tourner et à retourner les mêmes questions angoissantes. J'ai pensé à Jacques, à Yvonne et Daniel, à Denise et aussi à Papa, car je crains pour Papa aussi, une sueur d'angoisse me couvrait peu à peu.

Pourquoi ? Et l'inutilité de tout cela : à quoi cela sert-il d'arrêter des femmes et des enfants ? N'est-ce pas d'une monstrueuse bêtise pour un pays en guerre d'avoir à faire cela ? Mais maintenant tout le monde est trop aveuglé pour

---

1. Louveteaux et femmes portant l'étoile jaune.

apercevoir même le point si simple où se pose cette question. C'est un effroyable engrenage ; et maintenant nous ne voyons plus que les résultats : d'un côté, une méchanceté réfléchie, organisée, rationnelle (je voudrais savoir à quel point B. est fanatisé, ou s'il est froid et conscient), de l'autre, d'affreuses souffrances. Personne ne pense plus à la monstrueuse inutilité, personne ne voit plus le point de départ, le premier boulon de l'engrenage infernal.

La rage de Maman s'était tournée contre Mme Agache. Et derrière Mme Agache, contre l'inertie des catholiques. Et elle avait parfaitement raison. Les catholiques n'ont plus le libre jugement de leur conscience ; ils font ce que leurs prêtres leur disent. Et ceux-ci ne sont que des hommes faibles et souvent lâches ou bornés. Est-ce que si le monde chrétien s'était levé en masse contre les persécutions, il n'aurait pas réussi ? J'en suis sûre. Mais il aurait déjà dû s'élever contre la guerre, et il n'a pas pu le faire. Est-ce que le pape est digne d'avoir le mandat de Dieu sur la Terre, lui qui reste impuissant devant la violation la plus flagrante des lois du Christ ?

Est-ce que les catholiques méritent le nom de chrétiens, alors que s'ils appliquaient la parole du Christ, il ne devrait pas exister une chose qui s'appelle : différence de religion, et de races même ?

Et lorsqu'ils disent : la différence entre vous et nous, c'est que nous croyons à la venue du Messie, et que vous l'attendez toujours. Mais, eux, qu'ont-ils fait du Messie ? Ils sont aussi mauvais qu'avant sa venue. Ils crucifient le Christ tous les jours. Et si le Christ revenait, n'aurait-il pas les mêmes paroles à répondre ? qui sait si son sort ne serait pas le même ?

J'ai relu samedi le chapitre sur le grand inquisiteur dans *Les Frères Karamazov*. Non, on ne voudrait plus du Christ, car il rendrait la liberté de conscience aux hommes, et cela leur est trop dur. « Demain, je te brûlerai », a répondu le grand inquisiteur.

Samedi, j'ai lu aussi l'Évangile selon saint Matthieu ; je veux dire ici toute la vérité, pourquoi la cacherai-je ? Je n'ai pas trouvé autre chose dans les paroles du Christ que les règles de conscience auxquelles j'essaie d'obéir d'instinct. Il m'a semblé que le Christ était plus mien que celui de certains bons catholiques. Quelquefois, je pensais que j'étais plus près du Christ que beaucoup de chrétiens, mais là, j'en ai eu la preuve.

Et qu'y a-t-il d'étonnant à cela ? Tout le monde devrait-il être autre chose que disciple du Christ ? Le monde entier doit être chrétien, oui, si l'on veut à tout prix donner des noms. Mais pas catholique, pas ce qu'en ont fait les hommes. Il n'y a eu qu'un seul écoulement continu depuis l'origine. Mais, malheureusement, de chaque côté il y a eu étroitesse incompréhensible d'esprit qui a empêché les hommes de voir cela. D'une part ceux qui ont refusé le Christ, qui pourtant était venu pour tous, et ceux-là, ce n'était pas les « juifs » puisqu'à ce moment tous étaient juifs, mais les bêtes et les méchants (aujourd'hui, on pourrait tout aussi bien les appeler « catholiques »). Et les descendants de cela ont persévéré dans leur voie étroite, et se sont fait une gloire de leur persévérance : ils sont devenus ce qu'on appelle « les juifs ». De l'autre, il y a ceux qui se sont emparés du Christ, au début, des hommes convaincus, purifiés, et après qui se sont fait leur propriété personnelle, quoiqu'ils fussent redevenus aussi mauvais qu'avant.

Alors, tout n'était qu'unité, et écoulement continu, évolution.

J'ai été frappée, en lisant l'Évangile, par le mot « convertir ». Nous lui avons donné un sens précis qu'il n'avait pas. Dans l'Évangile, on dit : « Le méchant s'est converti », c'est-à-dire s'est changé, est devenu bon en écoutant la parole du Christ. Pour nous, maintenant, se convertir, c'est aller à un autre culte, à une autre église. Y avait-il des cultes différents au temps du Christ ? Y avait-il autre chose que le culte de Dieu ?

Comme les hommes sont devenus mesquins en croyant devenir intelligents !

Lundi soir

Je suis allée à Neuilly ce matin, et l'après-midi, j'ai rangé des livres à la bibliothèque.

Mme Crémieux est venue dîner. Quelle angoisse de penser à elle ! Quel monde de souffrances particulières à chaque individu représente l'application de ces mesures générales ! Elle est toute jeune, seule dans son appartement, sans enfants. Depuis dix-huit mois déjà.

Mardi

J'ai emmené cinq petits à Lamarck, les plus jolis et les plus gentils. Si les gens qui m'aident dans le métro savaient ce que sont ces enfants, les petits dont les souvenirs de train se rapportent toujours au voyage qui les a amenés ou ramenés du camp, qui vous montrent un gendarme dans la rue en disant : « C'est un comme ça qui m'a ramené de Poitiers. » « Laissez venir à moi les petits enfants, a dit le Christ. »

À deux heures et quart, enterrement de Robert au cimetière Montparnasse. C'est la seconde fois en peu de temps que j'assiste à un enterrement là. La robe rouge était sur le cercueil[1]. Julien Weill[2] lisait la prière devant.

---

1. Robert Dreyfus, parent d'Hélène Berr, était magistrat.
2. Julien Weill, grand rabbin de Paris.

La dernière fois que je l'ai vu, c'était au mariage de Denise. Quel tissu de joies et de malheurs la vie est devenue – je dis « est devenue », parce que je crois que l'éveil de la pensée à mon âge consiste presque entièrement en la découverte de cette indissolubilité, je pense aux « Maisons de Keats ».

Keats est le poète, l'écrivain, et l'être humain avec lequel je communique le plus immédiatement et le plus complètement. Je suis sûre que j'arriverais à le comprendre très bien.

Ce matin (mercredi), j'ai copié des phrases de Keats qui pourraient servir de sujet à des essais, à des pages où je mettrais tout de moi-même.

Hier soir, j'ai presque fini *Les Thibault*. Jacques me hante, c'est si triste, sa fin, et pourtant si inévitable. Ce livre est beau, car il a la beauté de la réalité, comme Shakespeare ; c'est à ce propos que je voudrais écrire sur la phrase de Keats : « L'excellence d'un art, c'est l'intensité. »

Jeudi 14 octobre

Emmené les petits et Anna se faire opérer des végétations à l'hôpital Rothschild. Je suis rentrée déjeuner à deux heures, ayant manqué François. Repartie à deux heures et demie, car j'avais reçu une lettre de Sparkenbroke me fixant un rendez-vous à l'Institut pour me rendre *Peacock Pie*.

Encore une fois, la Sorbonne reprend. Mais cette année, je retrouve avec plus de peine l'impression joyeuse que j'éprouvais à voir rentrer les étudiants, à cesser la période des vacances où depuis deux étés la vie semble cesser autour de moi. Maintenant, je ne fais plus partie des étudiants qui travaillent.

« Beauté irréelle de cette journée d'été à Aubergenville.
Cette journée s'est déroulée dans sa perfection, depuis le lever du soleil plein
de fraîcheur et de promesses, lumineux, jusqu'à cette soirée si douce et si calme, si tendre,
qui m'a baignée tout à l'heure lorsque j'ai fermé les volets. »
Journal, samedi 11 avril 1942, p. 25. © Mémorial de la Shoah - Coll. Job.

« Je suis allée avec J. M. cueillir des fruits dans le verger là-haut.
Lorsque j'y repense, j'ai l'impression d'un enchantement. L'herbe inondée de rosée,
le ciel bleu et le soleil qui faisait étinceler les gouttes de rosée et la joie qui m'inondait. […]
Ce matin-là j'étais complètement heureuse. »

Journal, samedi 15 août 1942, p. 128. © Mémorial de la Shoah - Coll. Job.

« Retour vers le village où nous avons retrouvé Jacques Clère, la promenade jusqu'à Nézel, sous un ciel lavé, et un horizon de plus en plus large et lumineux, le goûter sympathique avec le chocolat pas sucré et sans goût, le pain, la confiture ; la sensation que tous étaient heureux. »
Journal, mercredi 8 avril 1942, p. 20. © Mémorial de la Shoah - Coll. Job.

« Je voudrais être bercée comme un enfant.
Moi qui m'occupe des autres petits enfants. Je voudrais tant
et tant de tendresse, après. »
Journal, vendredi 12 novembre 1943, p. 222. © Mémorial de la Shoah - Coll. Job.

Mardi 7 Avril 1
4h

Je reviens .... de chez la concierge de Paul Valéry — Je me suis enfin décidée à aller chercher mon livre — Après le déjeuner, le soleil brillait ; il n'y avait pas de menace de giboulée — J'ai pris le 92 jusqu'à l'Etoile. En descendant l'avenue Victor-Hugo, mes appréhensions ont commencé — Au coin de la Rue de Villejust, j'ai eu un moment de panique. Et tout de suite la rébellion : "il faut que je prenne les responsabilités de mes actes. There's no one to blame but you —". Et toute ma confiance est revenue. Je me suis demandée comment j'avais pu avoir peur — La semaine dernière, même jusqu'à ce moment, je trouvais cela tout naturel — c'est maman qui m'a rendue intimidée, en me montrant qu'elle était très étonnée de mon audace. Autrement je trouvais cela tout simple — toujours mon état de demi-rêve. — J'ai sonné au 40 — un fox-terrier s'est précipité sur moi en aboyant. La concierge l'a appelé. Elle m'a demandé d'un air méfiant : qu'est-ce que c'est. J'ai répondu de mon air le plus naturel : "est-ce que M. Valéry n'a pas laissé un petit paquet pour moi" (Tout de même, de loin, je m'étonnais de mon aplomb, mais de très loin.) La concierge est entrée dans sa loge. "à quel nom ?" — "Mademoiselle Berr." Elle s'est dirigée vers la table — Je savais d'avance qu'il était là — Elle a fouillé, et m'a tendu mon paquet (dans le même papier blanc — J'ai dit "merci beaucoup !" — très aimablement, elle a répondu : "à votre service". Et je suis repartie, ayant juste eu le temps de voir que mon nom était inscrit d'une écriture très nette, à l'encre noire sur le paquet. Une fois de l'autre côté de la porte je l'ai défait. Sur la page de garde, il y avait écrit

1re page du *Journal*, mardi 7 avril 1942, p. 17. © Mémorial de la Shoah - Coll. Job.

42 lundi soir

Mon Dieu, je ne croyais pas que ce serait si dur.

J'ai eu beaucoup de courage toute la journée. J'ai porté la tête haute, et j'ai si bien regardé les gens en face qu'ils détournaient les yeux. Mais c'est dur.

D'ailleurs la majorité des gens ne regarde pas. Le plus pénible c'est de rencontrer d'autres gens qui l'ont. Le matin je suis partie avec Maman. Deux gosses dans la rue nous ont montrés du doigt en disant : « Hein ? T'as vu ? Juif. » Mais le reste s'est passé normalement. Place de la Madeleine nous avons rencontré M. Simon qui s'est arrêté et est descendu de bicyclette. J'ai repris toute seule le métro jusqu'à l'Étoile. À l'Étoile je suis ~~allée~~ chez à l'Artisanat chercher ma blouse, puis j'ai repris le 92. Un jeune homme et une jeune fille attendaient. J'ai vu la jeune fille me montrer à son compagnon. Puis ils ont parlé. Instinctivement j'ai relevé la tête — en plein soleil — j'ai entendu « C'est écœurant ». Dans l'autobus, il y avait une femme, une maid probablement, qui m'avait déjà souri avant de monter et qui s'est retournée plusieurs fois pour sourire. Un monsieur chez moi fixait — je ne pouvais pas deviner le sens de ce regard — mais je l'ai regardé fièrement.

Je suis repartie pour la Sorbonne. Dans le métro encore une femme du peuple m'a souri. Cela a fait jaillir les larmes à mes yeux, je ne sais pourquoi. Au Quartier Latin, il n'y avait pas grand monde. Je n'ai rien eu à faire à la Bibliothèque. Jusqu'à 4h j'ai traîné ~~et~~ j'ai rêvé dans la fraîcheur de la salle, où les stores baissés laissaient pénétrer une lumière dorée. À quatre heures Jean Morawiecki est entré. C'était un soulagement de lui parler. Il s'est assis devant le pupitre et est resté là jusqu'au bout. Il bavarder, et même sans rien dire. ~~Il est~~ Il est parti une demi-heure chercher des billets pour le concert de mercredi ; Nicole est arrivée entre temps.

Quand tout le monde a eu quitté la bibliothèque j'ai été m'asseoir et je lui ai montré l'étoile. Mais je ne pouvais pas le regarder en face. J'ai ôté et j'ai mis le bouquet tricolore qui se trouvait à ma boutonnière. Lorsque j'ai levé les yeux, j'ai vu qu'il avait été frappé en plein cœur — je suis sûre qu'il ne doutait de rien. Je craignais que toute notre amitié ne fut soudain brisée, amoindrie par cela. Mais après, nous avons marché vers Babylone. Il a été très gentil. Je me demande ce qu'il ferait.

Sans prénom
Enfin

262 guy. Aixau.

7h 1/4 — Je viens de recevoir la visite d'un ancien prisonnier du camp du petit Paul qui m'avait écrit pour me demander ce qu'il pouvait faire pour lui.

Il avait les yeux creusés et la maigreur des prisonniers libérés. Sa visite m'a fait plaisir, car c'est un homme qui a souffert, qui a vu, et qui comprend. Il ne savait pas que les Allemands s'attaquaient aux femmes et aux enfants. Mais il n'y a pas eu de résistance pour lui pour accepter le fait.

Il m'a raconté que près de Hambourg, dans une ferme, il avait vu arriver une vingtaine de femmes juives déportées de Vienne, de tous les milieux, certaines très bien. Je lui ai demandé comment elles étaient traitées. "Aucune brutalité", nourri. Réveillés à coups de cravache à 5h, envoyés aux champs toute la journée, ne rentrant que le soir, couchant dans deux chambres minuscules, sur des lits de planches superposés. Le fermier les brutalisait, la femme avait un peu pitié, et les nourrissait à peu près.

Qui avait donné le droit à ce fermier de traiter comme des bêtes des êtres humains qui lui étaient sûrement supérieurs dans leur valeur spirituelle ?

Il m'a dit aussi, à propos des fosses de Katyn, qu'il avait assisté à des scènes exactement semblables. En 41, il arrivait à son stalag des milliers de prisonniers russes dans un dénuement effrayant, mourant de faim. Le typhus s'est établi là-dedans ; des dizaines mouraient chaque jour. Chaque matin les Allemands allaient achever à coups de revolver ceux qui ne pouvaient plus se lever. Alors les malades, pour ne pas subir ce sort, se faisaient soutenir sous les bras par leurs camarades valides pour être dans les rangs. Les Allemands donnaient des coups de crosse sur les mains de ceux qui les soutenaient. Les malades tombaient, ils les embarquaient sur des charrettes, en les dépouillant de leurs bottes et de leurs vêtements, les menaient en une fosse où ils les déchargeaient sur des fourches à fumier, et les jetaient dans la fosse pêle-mêle avec les cadavres. Un peu de chaux vive là-dessus. Et c'était fini.

J'ai par là le récit du garçon de salle des Enfants-Malades. Horror ! Horror ! Horror !

Dernière page du *Journal*, mercredi 15 février 1944, p. 280. © Mémorial de la Shoah - Coll. Job.

Lettre d'Hélène Berr à sa sœur Denise le jour de son arrestation,
le 8 mars 1944 (voir transcription p. 299). © Mémorial de la Shoah - Coll. Job.

Cinq mois plus tôt, Hélène Berr écrit :
« Penser que si je suis arrêtée ce soir (ce que j'envisage depuis longtemps),
je serai dans huit jours en Haute-Silésie, peut-être morte,
que toute ma vie s'éteindra brusquement, avec tout l'infini que je sens en moi. »
Journal, lundi 1er novembre 1943, p. 209.

J'ai parlé avec une nouvelle agrégée en attendant Spark qui était avec Cazamian. Je me suis un instant replongé dans ce royaume magique. Mais je ne suis plus mon « moi » complet dans ce royaume. Il me semble que je trahis l'autre, le nouveau.

Jeudi 14. Suite

Les Léauté sont venus goûter.

Vendredi

Leçon d'allemand.
Hospice. Leçon d'anglais à Simon.

Samedi

Hôpital Saint-Louis le matin. Effectué et assisté au traitement de la gale. Une petite de 3 ans. Elle pleurait parce qu'elle voulait que je la porte. Mais j'étais récompensée par le sourire angélique qu'elle m'envoyait chaque fois que je lui parlais dans le métro.
Les Blond à goûter, loin de moi ; on éprouve avec elle la sensation d'être dans un milieu petit-bourgeois à la Balzac, ou à la Flaubert. C'est assez pittoresque au premier abord, mais trop plat par la suite.

Dimanche 17 octobre

Georges à déjeuner.
Rue Raynouard. Été faire de la musique chez Denise. Breynaert me raccompagne jusqu'au métro. Qu'il est loin de nous, celui-là ! Il revient de vacances, du lac d'Annecy. Je n'envie plus personne, et je suis trop fière pour même

vouloir leur faire sentir leur insensibilité (ce qui serait une tâche très lourde, d'ailleurs), car je ne veux pas de leur pitié. Mais il est douloureux de voir comme ils sont loin de nous. Sur le pont Mirabeau, il m'a dit : « Alors, cela ne vous manque pas de ne pouvoir sortir le soir ? » Mon Dieu ! il croit que nous n'en sommes qu'à ce stade-là ! Il y a bien longtemps que je l'ai laissé derrière moi. Je n'ai même jamais pensé à m'y arrêter, peut-être parce que je n'ai jamais été mondaine, mais surtout parce que je savais qu'il y avait des choses plus affreuses.

Je m'indigne de son incompréhension. Mais quelquefois j'essaie de me mettre dans la peau de quelqu'un du dehors. Quelle doit être sa vue de la question ? Pour un Breynaert, c'est simplement une privation de jouissances mondaines. Et voilà deux ans qu'il nous voit toutes les semaines ! Je crois tenir là la preuve qu'il est imperméable, impénétrable, égoïste.

Mardi matin, 19 octobre

Je me suis réveillée angoissée par ce problème de l'incompréhension des autres. J'en suis arrivée à me demander si ce que je voulais n'était pas impossible. Hier, à la Sorbonne, j'ai parlé avec une de mes camarades très gentille, Mme Gibelin. Il y avait tout de même entre nous le fossé de l'ignorance. Pourtant, je crois que si elle savait, elle serait aussi angoissée que moi. C'est pour cela que j'ai eu mille fois tort de ne pas faire l'effort si dur de tout raconter, de la secouer, de lui faire comprendre.

Mais il y a en moi tant d'obstacles à cet effort : d'abord la répulsion à exciter la pitié des autres (et pourtant j'essaie toujours de leur arracher leur *compréhension*, et de les rendre un peu honteux d'eux-mêmes). Seulement, là, on se heurte à un grave problème : la nature humaine est ainsi faite que votre interlocuteur ne comprendra que si vous lui donnez des preuves immédiates, des preuves dont *vous* êtes le centre ; il ne s'émouvra pas de vos récits concernant les autres, mais de *votre* sort à vous. Ce n'est qu'en lui disant les malheurs qui vous frappent vous, que vous lui arracherez un peu de compréhension. Mais alors ? je m'aperçois avec dégoût que je fais fausse route : que c'est moi qui suis devenue le centre d'intérêt, alors que la seule chose qui compte, c'est la torture des autres, c'est la question de principe, ce sont les milliers de cas individuels qui constituent cette question ; je m'aperçois avec horreur que l'autre donne sa pitié (qui est beaucoup plus facile à obtenir que sa compréhension, car celle-ci implique une adhésion de tout son être, une révision totale de lui-même).

Comment sortir de ce dilemme ?

Il y a très peu d'âmes assez généreuses et nobles pour envisager la question en soi, pour ne pas faire de celui qui raconte un cas individuel, mais pour voir à travers lui toute la souffrance des autres.

Ces âmes-là doivent avoir une grande intelligence, et aussi une grande sensibilité, ce n'est pas tout de pouvoir voir, il faut pouvoir sentir, il faut pouvoir sentir l'angoisse de la mère à qui on a pris ses enfants, la torture de la femme séparée de son mari ; la somme immense de courage qu'il doit falloir chaque jour à chaque déporté, les souffrances et les misères physiques qui doivent l'assaillir.

Je finis par me demander si tout simplement je ne devrai pas me résoudre à partager le monde en deux parties : celle des gens qui ne peuvent pas comprendre (même s'ils savent, même si je leur raconte ; pourtant encore souvent je crois que la faute est en moi, parce que je ne sais pas comment les persuader), et ceux qui peuvent comprendre. Me résoudre à porter désormais mon affection et mes préférences sur cette dernière partie. En somme, renoncer à une partie de l'humanité, renoncer à croire que tout homme est perfectible.

Et dans cette catégorie préférée, il y aura une grande quantité de gens simples, et de gens du peuple, et très peu de ceux que nous appelions « nos amis ».

La grande découverte que j'aurais faite cette année aura été l'isolement. Le grand problème : combler le fossé qui maintenant me sépare de toute personne que je vois.

* * *

Plus on a d'attachements, de personnes qui dépendent de vous parce qu'on les aime, ou simplement parce qu'on les connaît, plus la souffrance est multipliée. Souffrir pour soi n'est rien, jamais je n'émettrai une plainte à mon sujet, car toute souffrance personnelle, pour le moment, c'est une victoire à remporter sur moi. Mais quelle angoisse pour les autres, pour les proches, et pour les autres.

Je comprends le tourment de Maman, sa souffrance est décuplée, elle est multipliée par le nombre de vies qui dépendent d'elle.

« Une santé et une allégresse sans mélange ne peuvent être que le fait de l'égoïste. L'homme qui songe beaucoup à ses semblables ne peut jamais être joyeux. »
Keats. Lettre à Bailey.

Lundi 25 octobre 1943

Lu hier soir, dans l'*Épilogue* des *Thibault* :

« [...] il se lança dans un brillant compte rendu des diverses phases de la guerre depuis l'invasion de la

Belgique. Ainsi décantés, réduits à des schèmes bien nets, les événements s'enchaînaient avec une logique impressionnante. On eût dit le récit d'une partie d'échecs. Cette guerre, – qu'Antoine, lui, jour après jour, avait faite, – elle lui apparaissait soudain avec le recul du temps et sous un aspect historique. Dans la bouche diserte du diplomate, la Marne, la Somme, Verdun – ces noms qui, jusqu'alors, évoquaient pour Antoine des souvenirs concrets, personnels et tragiques – devenaient, dépouillés soudain de leur réalité, les jalons précis d'un exposé technique, les têtes de chapitre d'un manuel pour les générations futures. »

C'est une question qui m'a toujours angoissée, cette différence entre l'actuel et le passé, le passage du présent au passé, la mort de tant de choses vivantes. En ce moment, nous vivons l'histoire. Ceux qui la réduiront en paroles comme Rumelles pourront bien faire les fiers. Sauront-ils ce qu'une ligne de leur exposé recouvre de souffrances individuelles ? Ce qu'il y a eu, en dessous, de vie palpitante, de larmes, de sang, d'anxiété ?

De penser à l'avenir donne le vertige. Depuis que je suis toute petite, j'ai été tourmentée par le problème de l'anéantissement du monde extérieur avec la perte du moi. Je m'exprime mal. Ce serait plus clair si je disais (et c'est la seule forme sous laquelle je peux encore retrouver mon impression si vive à ce moment-là) : « Et si je mourais, est-ce que tout cela existerait ? » Cette question conduit vite à une affreuse sensation d'isolement. Quand j'étais petite, je la ressentais très fort. Maintenant que je suis plus habituée à vivre avec les autres, son intensité s'est perdue.

Je pense à l'histoire, à l'avenir. À *quand nous serons tous morts*. C'est si court la vie, et si précieux. Et maintenant, autour de moi, je la vois gaspillée à tort, criminellement ou inutilement, sur quoi se baser ? Tout perd son sens, lorsqu'on est à chaque instant confronté par la mort. Ce soir, j'y pensais, en passant devant l'hôtel de l'avenue de La Bourdonnais occupé. Je me disais : « Il suffirait qu'un homme jette une bombe là, pour que vingt personnes soient fusillées, vingt innocents à qui on enlèverait brusquement la vie, peut-être nous, une rafle dans le quartier, comme cela s'est fait à Neuilly... » Et cet homme n'y aurait pas pensé, parce qu'il ne pouvait pas y penser, parce que son esprit était obnubilé par la passion du moment, parce qu'on ne peut pas penser à tout.

J'ai peur de ne plus être là lorsque Jean reviendra. Ce n'est que depuis peu de temps. Il m'arrive encore d'imaginer son retour et de penser à l'avenir. Mais lorsque je suis en plein dans la réalité, lorsque je la perçois clairement, alors l'angoisse s'empare de moi.

Mais ce n'est pas de la *peur*, car je n'ai pas peur de ce qui pourrait m'arriver ; je crois que je l'accepterais, car j'ai accepté beaucoup de choses dures, et je n'ai pas un caractère qui se révolte devant l'épreuve. Mais je crains que mon beau rêve ne puisse se compléter, se réaliser. Je ne crains pas pour moi, mais pour cette belle chose qui aurait pu être.

Et quand j'y réfléchis, je vois bien que ce n'est pas une peur vague et irraisonnée, que ce n'est pas une « sophistication », une crainte qui ferait bien dans un roman. Il y a tant de dangers qui me guettent, l'étrange est que j'y ai échappé jusqu'à présent. Je pense à Françoise, et j'ai toujours ce sentiment si vif qu'au moment de la rafle : pourquoi pas moi ?

C'est curieux : cette confirmation de ma crainte, qui lui donne une base, une raison, une force, au lieu d'augmenter mon angoisse, la stabilise, lui ôte son caractère mystérieux et horrible et lui donne une certitude amère et triste.

Mercredi 27 octobre

Lundi matin, vingt-cinq familles ont été arrêtées boulevard Beaumarchais, sans le moindre « motif ». Les scellés ont été mis tout de suite. Si cela arrive ici, j'aurais voulu sauver mon violon, le sous-main rouge où j'ai mis les lettres de Jean et ces feuilles, et les quelques livres dont je n'ai pu me séparer.

Quelquefois, je me dis que c'est stupide de les garder ici, mais aussitôt je proteste, et je dis : « Au moins, ceux-là. » Mais ceux-là me sont tous précieux pour une raison ou une autre. Il y a *Les Frères Karamazov*. La pensée des quelques lignes qui sont sur les pages de garde est un trésor infiniment précieux. Je sais qu'elles sont là, comme une preuve vivante, et que je pourrai les regarder. Quelquefois, je me souviens brusquement de leur présence là, dans la bibliothèque, et c'est un petit foyer chaud et lumineux dans le froid qui m'entoure.

Il y a aussi quelques livres auxquels je tiens pour leur valeur indispensable. Je les regarde dans la porte du milieu, *Résurrection*, le *Prométhée* de Shelley, *Jude l'Obscur*, et en dessous : *The Freelands* de Galsworthy, *Island Magic* avec ses vies d'enfants si bien décrites, *The Wind in the Willows*, les deux Morgan, *A Farewell to Arms*, *Gone to Earth*, la traduction des trois pièces de Shakespeare par Pourtalès, les écrits en prose de Hofmannstahl, les *Tales from Tchekhov*, *L'Adolescent* de Dostoïevski, les Rilke, mes Shakespeare, et sur la cheminée *Alice in Wonderland*, et les sonnets de Shakespeare que Denise et François m'ont donnés pour leurs fiançailles.

J'ai écrit : les deux Morgan. Mais avec un choc, je me suis souvenue que *Sparkenbroke*, que j'avais prêté à Mme Schwartz, était resté dans son bureau, dans le tiroir en bas. Ce n'est pas la perte du livre qui m'a donné ce choc au cœur, c'est à nouveau le souvenir de Mme Schwartz. Le souvenir de ce bureau et de mes amies ne me quitte jamais. Mais il arrive qu'un petit détail me fasse sursauter et réaliser encore plus intensément, ou plutôt d'une autre façon, comme si je voyais soudain par une autre ouverture l'aspect de cette situation. Ainsi, l'autre jour, pensant en même temps à sa mère et au petit André Kahn que je tenais par la main – un de mes petits de Neuilly, que j'adore, il a des yeux noirs et des cheveux dorés, et des joues roses –, j'ai réalisé soudain que les petits enfants de Mme Schwartz étaient dans le même cas exactement, que maintenant ils avaient leur père et leur mère déportés, égalisation ; j'ai eu du mal à les mettre dans la même pensée.

Et c'est probablement ainsi que se *fera* le *passé* : le malheur de mes petits était un *fait*, une chose acceptée comme réelle, « réalisée », celui de Pierre et Danielle ne l'était pas encore. Plus tard, je ne verrai sans doute pas de différence, les deux choses auront pris l'allure d'un fait réalisé.

Souvent, dans la rue, la pensée de Françoise me happe, quoique je ne cesse de penser à elle, et qu'une grande partie de la tristesse qui est devenue mon état d'âme soit due à son absence. Elle qui n'était pas prête pour cela, qui ne le voulait pas, qui avait tant d'attaches ici, qui paraissait tant aimer la vie ; je pense à elle indépendamment de moi, de mon chagrin, et je me dis qu'elle doit être malheureuse, qu'elle doit souffrir beaucoup de cet arrachement. Je ne sais pourquoi je suis persuadée qu'elle s'attendait moins à cela que moi, et qu'elle sera plus révoltée que moi.

Serai-je un jour révoltée contre mon sort ? Ce n'est pas le fatalisme qui me fait [le] supporter, mais plutôt une impression vague que chaque épreuve nouvelle a un sens, qu'elle m'est destinée, et que je serai plus purifiée, plus digne vis-à-vis de ma conscience et probablement de Dieu qu'avant. C'est une impression que j'ai toujours eue : je me suis toujours détournée avec une espèce de confusion du personnage que j'étais *avant*, un an ou six mois *avant*.

C'est étrange, la pensée de Françoise se divise en deux éléments qui tour à tour sont prédominants : la pensée de sa souffrance physique et morale, et *mon* chagrin à moi, la sensation que j'ai perdu quelque chose de très précieux, car réellement j'ai donné toute mon affection à Françoise, et je savais qu'elle m'aimait bien. Et cet échange mutuel était une chose très douce et aussi pleine de lumière et de vie.

Maintenant, je suis dans le désert.

Personne ne saura jamais ce que cet été et cet automne auront été pour moi. Personne ne le saura, parce que j'ai continué à vivre et à agir, mais il n'y a pas une de mes pensées profondes, une de mes pensées où je me sentais réellement moi, qui n'ait été une source de souffrance. Je n'ai pas encore souffert dans mon corps, et Dieu seul sait si cette épreuve m'attend. Mais dans mon âme, dans mes affections, et du point de vue général, j'ai vécu et je vis dans une peine perpétuelle.

Personne ne le saura, pas même ceux qui m'entourent, car je n'en parle pas, ni à Denise, ni à Nicole, ni à Maman même.

Il y a trop de choses dont on ne *peut* pas parler, ma souffrance dont Jean est le centre, rien ne pourra m'en faire parler, sans doute parce que je garde cela pour moi et que personne n'a le droit de s'en mêler, sans doute aussi par une sorte de timidité qui m'empêche souvent de m'en parler à moi-même. Je vais essayer d'expliquer mon sentiment : quelquefois, je me refuse à me mettre à cette nouvelle place à ce nouveau degré de ma vie, par manque de confiance en moi-même, par répugnance instinctive à *show off* [chercher à me faire remarquer], à me faire *plus* que je ne suis.

Et pourtant, ceci n'est qu'une partie de la vérité. La vérité est que je souffre depuis un an de l'absence de Jean, avec une constance et une intensité qui ne me laissent pas douter qu'au fond le changement que Jean a apporté en moi soit réel, et que je ne suis pas en train de poser, ou de sophistiquer mes sentiments.

J'ai bien peu de points d'appui solides. Extérieurement, je n'en ai aucun. Lorsque je pense à la réalisation pratique, je m'en détourne instinctivement. Avant, je le faisais parce que toute chose pratique me paraissait devoir abîmer mon rêve. Maintenant, je le fais parce que je le *sais*, parce que j'ai le souvenir précis et brûlant de l'avant-dernier entretien avec sa mère, où, à part la discussion religieuse à laquelle je m'attendais, et qui ne me fait pas peur, elle m'a fait un mal que je n'oublierai jamais en m'apprenant que j'étais allée l'avant-veille à Saint-Cloud en toute confiance, alors que son mari ne savait rien, et me considérait comme un « flirt » de Jean. Comme ce mot est douloureux ! Il a blessé en moi non pas mon orgueil, mais tout ce que je connaissais de moi-même et ce que je savais être peut-être la chose la plus digne en moi, ma pureté toujours maintenue grâce à un effort constant de sévérité vis-à-vis de moi-même. Peut-être, je le crois même sûrement, ne l'a-t-elle pas fait consciemment, surtout que jusque-là, elle m'avait parlé de façon à me faire croire qu'elle ne me considérait pas comme un simple…, je ne récrirai pas le mot. Je pense que cela lui a échappé, parce qu'à ce moment-là, elle a brusquement « réalisé », réalisé aussi les luttes qu'elle aurait à soutenir contre son mari. Mais alors, malgré toute mon impartialité, je suis obligée de reconnaître qu'elle manque de délicatesse, de ce sens qui vous fait deviner le retentissement de ce que l'on va dire dans l'âme des autres, du sens de « se mettre à la place des autres ». Elle est trop impulsive et peut-être volontaire, pour cela. D'ailleurs, j'en ai d'autres preuves : cette insistance qu'elle met à vouloir m'arracher, en l'absence de Jean, le consentement à ce que les enfants soient catholiques (et que je trouve déloyale, indépendamment de toutes mes convictions religieuses) prouve-t-elle autre chose que le peu de souci qu'elle a de l'individualité d'autrui ? Je ne la crois certainement pas méchante, je crois même qu'elle m'aime dans une certaine mesure, mais je pense qu'elle manque d'un sens. Jamais je ne pourrai faire de prosélytisme, car je respecte trop la conscience d'autrui.

Donc, extérieurement, je n'ai guère d'appui. Du côté de Maman, ici, je ne sais pas. Jamais on n'en parle. Jamais Maman ou Papa ne parlent de Jean, ni de mon avenir. Sans doute parce que je n'en parle pas, sans doute parce qu'ils ne savent pas ce que je pense, sans doute est-ce mieux ainsi.

Intérieurement (dans le temple intérieur que ces quelques mois où il était là ont bâti), beaucoup de choses me manquent, je ne le connais que très peu. Et en plus, il y aura tout le nouveau que sa vie depuis aura apporté, et qui sera sûrement considérable et décisif. Mais il y a un domaine magique où lorsque je pénètre, je retrouve du soleil, et de la chaleur, c'est la pensée de notre ressemblance profonde, de notre communicabilité. Et dans ce domaine, je retrouve tous les souvenirs de ces trois mois de l'année dernière.

De l'autre partie de ma souffrance, le départ de Françoise, je ne peux pas parler non plus, car elle est d'une essence trop rare pour que je puisse la définir.

Et il reste encore une immense partie : la souffrance des autres gens, de ceux qui m'entourent, de ceux que je ne connais pas, la souffrance du monde en général. Celle-là, je ne peux pas en parler non plus, parce qu'on *ne me croirait pas*. On ne croirait pas qu'elle m'a hantée, et me hante à chaque heure, que je fais passer la souffrance des autres avant la mienne. Et pourtant qu'est-ce d'autre que cela qui creuse un fossé entre mes meilleurs amis et moi ? Qu'est-ce d'autre qui me cause ce terrible malaise, cette terrible division lorsque je parle avec un autre quel qu'il soit ? Ce malaise, cette impossibilité de communiquer entièrement, même avec mes camarades, même avec mes amis, n'est-il pas la rançon de ma conscience du malheur de ceux qui souffrent ?

Et Dieu sait si cette rançon me coûte, car du plus profond de moi-même, j'ai toujours aspiré à me donner entièrement aux autres gens – à mes camarades, à mes amis ! Et maintenant, je dois reconnaître que c'est impossible, parce que la vie a mis une barrière entre nous.

Il y a une dernière partie de ma souffrance, mais qui n'en est pas une, car là j'accepte le sacrifice en étant sûre que je dois le faire, quoique j'aie parfaitement conscience, si je veux y réfléchir, de ce que représente pour moi ce que je perds, c'est de renoncer à développer toute une partie de moi, de renoncer à travailler, à faire de la musique plus à fond. *But that is nothing* [mais cela n'est rien]. Ce n'est pas difficile pour moi de le supporter.

* * *

Est-ce que beaucoup de gens auront eu conscience à 22 ans qu'ils pouvaient brusquement perdre toutes les possibilités qu'ils sentaient en eux – et je n'éprouve aucune timidité à dire que j'en sens en moi d'immenses, puisque je les considère comme un don qui m'est fait, et pas comme une propriété –, que tout pourrait leur être ôté, et ne pas se révolter ?

* * *

Étrange contradiction.
Lorsque je raisonne dans le plan des autres gens, de ceux qui « peuvent » attendre la fin, des gens « normaux », je pense que la guerre cessera bientôt, et qu'il y a peut-être encore six mois à passer. Six mois, qu'est-ce, en regard de ce que nous avons passé ?

Mais, dans mon monde intérieur, tout me semble sombre, et je ne vois devant moi qu'angoisse ; j'ai constamment à l'esprit la pensée qu'une épreuve m'attend. Il me semble qu'un immense passage noir me sépare du moment où je serai à la lumière à nouveau, où Jean sera revenu. Car le retour de Jean, ce sera, en plus de ma résurrection à moi, le symbole de la renaissance du bonheur, ou d'un bonheur pour tous. De mon côté, il y a la déportation, de celui de Jean, il y a les dangers qui le guettent lui.

Et lorsque je me prends soudain à voir comme les gens normaux (ce qui m'arrive rarement maintenant), j'ai l'impression de relever la tête et de découvrir la lumière, je n'ose y croire, et je pense : « Cette joie, est-ce possible ? »

* * *

Peut-être est-ce depuis le départ définitif de Jean que je me sens tellement désemparée. Il me semble maintenant que tout peut m'arriver.

* * *

Hier, je suis allée chez les Léauté, j'ai endossé mon vieux moi, et j'étais en désordre intérieur, quel malaise !

Je sais pourquoi j'écris ce journal, je sais que je veux qu'on le donne à Jean si je ne suis pas là lorsqu'il reviendra. Je ne veux pas disparaître sans qu'il sache tout ce que j'ai pensé pendant son absence, ou du moins une partie. Car je « pense » sans arrêt. C'est même une des découvertes que j'ai faites, que cette *conscience* perpétuelle où je suis.

Lorsque j'écris « disparaître », je ne pense pas à ma mort, car je veux vivre ; autant qu'il le sera en mon pouvoir. Même déportée, je penserai sans cesse à revenir. Si Dieu ne m'ôte pas la vie, et si, ce qui serait si méchant, et la preuve d'une volonté non plus divine, mais de mal humain, les hommes ne me la prennent pas.

Si cela arrive, si ces lignes sont lues, on verra bien que je m'attendais à mon sort ; pas que je l'aurais accepté d'avance, car je ne sais pas à quel point peut aller ma résistance physique et morale sous le poids de la réalité, mais que je m'y attendais.

Et peut-être celui qui lira ces lignes aura-t-il un choc à ce moment précis, comme je l'ai toujours eu en lisant chez un auteur mort depuis longtemps une allusion à sa mort. Je me souviens toujours, après avoir lu les pages que Montaigne écrivait sur la mort, d'avoir pensé avec une étrange « actualité » : « Et il est mort aussi, cela est arrivé, il a pensé à l'avance à ce que ce serait après », et j'ai eu comme l'impression qu'il avait joué un tour au Temps.

Comme dans ces vers saisissants de Keats :

This living hand, now warm and capable
Of earnest grasping, would, if it were cold,

*And in the icy silence of the tomb,
So haunt thy days and chill the dreaming nights
That thou wouldst wish thine own heart dry of blood
So in my veins red life might stream again,
And thou be conscience – calm'd – see, here it is –
I hold it towards you*[1].

Mais je me laisse entraîner, car je ne suis pas morbide comme ces lignes. Et je ne veux faire de peine à personne.

* * *

Je donnerai ces pages à Andrée[2]. Et lorsque je les lui remettrai, je serai obligée d'envisager comme réel et pouvant venir le fait que Jean les lira. Et je ne peux pas m'empêcher alors de sentir que je m'adresse à lui, et de cesser d'écrire à la troisième personne, d'écrire comme lorsque je vous écrivais des lettres, Jean. Et alors le vouvoiement et les autres formes analogues me semblent un mensonge, immédiatement j'ai l'impression de jouer la comédie, et d'être ce que je ne suis pas, quoique s'il était là, cela me semblerait tout naturel de le vouvoyer. Mais,

---

1. « Ma main que voici vivante, chaude, et capable / D'étreindre passionnément, viendrait, si elle était raidie / Et emprisonnée au silence glacial du tombeau, / A ce point hanter tes jours et transir les rêves de tes nuits, / Que tu voudrais pouvoir exprimer de ton propre cœur jusqu'à la dernière goutte de sang, / Pour que dans mes veines le flot rouge fasse de nouveau couler la vie / Et que ta conscience s'apaise. Regarde, la voici ; / Je la tends vers toi. » John Keats, *Ma main que voici vivante*, 1819, traduction Albert Laffay, Aubier, 1968.
2. Andrée Bardiau, cuisinière de la famille Berr.

maintenant, au fond de mon cœur, je pense, ou plutôt je *sens*, avant même d'avoir formulé des mots, je sens mon Jean, et je lui dis tu, et ce serait me mentir à moi-même que de faire autrement.

Maintenant que je l'ai écrit, cela me semble également loin de la vérité. En réalité, lorsque je pense à Jean, je suis dans le domaine qui précède la pensée, et les mots, je ne sais pas comment je l'appelle, ou je le pense.

Si j'écrivais : « Jean chéri », j'aurais l'impression de jouer à l'héroïne de roman, je penserais au « Jim chéri » de Miss Thriplow dans *Marina di Vezza*, et je me moquerais de moi. Pouvoir rire ! Jean aime tant cela, rire. Avant, je riais. Maintenant, le sens de l'humour me semble un sacrilège.

* * *

Je note ici des passages des *Thibault (Épilogue)* qui m'ont saisie, comme la main de Keats.

P. 221. Il parle de la guerre et des événements qui se déroulent dans le Nord : « Serai-je encore là pour le voir ? La terrible lenteur, aux yeux de l'individu, des événements par lesquels se fait l'histoire, c'est une chose qui m'a fait frémir bien des fois depuis quatre ans. »

P. 239. 1918 : « L'avenir du monde, qui va se jouer à la fin de cette guerre. Tout serait compromis, et pour combien de temps, si la paix qui vient n'était pas refonte, reconstruction, unification de l'Europe exsangue. Oui : si la force armée continuait à être le principal instrument de la politique entre les États ; si chaque nation, derrière ses frontières, continuait à être seule arbitre de sa conduite, et livrée à ses appétits d'extension ; si la fédération des États d'Europe ne permettait pas une paix *économique*, comme la veut Wilson [...] ; si l'ère de l'anarchie internationale n'était pas définitivement bouclée [...] ;

alors, tout serait à recommencer, et tout le sang versé aurait coulé en vain.

« Mais tous les espoirs sont permis !!! »

Si ces lignes ont été écrites à l'époque (et même si elles ne l'ont pas été, mais si elles reflètent fidèlement la pensée de l'époque), alors j'ai eu raison en disant à Jean Pineau samedi, lorsqu'il me donnait l'*Épilogue* : « C'est désespérant. » Doublement désespérant, pour nous, et dans cette dernière phrase, d'un désespoir qui n'est senti que par ceux qui se mettent à la place du personnage qui écrit, qui se donnent à lui (est-ce de la naïveté de ma part ?).

(« J'écris ça, comme si je devais "en être"... »)

Je sais que ce n'est qu'une œuvre d'imagination, que l'auteur ne se voyait pas mourir comme Antoine, mais je l'accepte comme une vision de l'état d'âme d'un autre personnage. Je crois que Roger Martin du Gard a donné là quelque chose de vrai, que son talent lui a donné une conscience plus aiguë qu'à nous et qu'il n'a pas inventé. Je crois à la révélation psychologique dans le « roman ».

P. 270. À Jean-Paul : « Mais, surtout, je voudrais que tu te défendes toi-même contre toi. Sois obsédé par la crainte de te tromper sur toi, et d'être dupe d'apparences. Exerce ta sincérité à tes dépens […] Comprends, essaie de comprendre, ceci : pour les garçons de ton milieu, – je veux dire : instruits, nourris de lectures, ayant vécu dans l'intimité de gens intelligents et libres dans leurs propos, – la notion de certaines choses, de certains sentiments, devance l'expérience. Ils connaissent en esprit, par l'imagination, une foule de sensations dont ils n'ont encore aucune pratique personnelle, directe. Ils ne s'en avisent pas : ils confondent *savoir* et *éprouver* (cf. Keats, « *sensation with and without knowledge* » [sensation qui vient ou non de la connaissance]). Ils croient *éprouver* des sentiments, des besoins, qu'ils *savent* seulement qu'on éprouve... »

P. 281 : « Ne pas trop redouter les contradictions. Elles sont inconfortables, mais salubres. C'est toujours aux instants où mon esprit s'est vu prisonnier de contradictions inextricables, que je me suis en même temps senti le plus proche de cette Vérité avec majuscule, qui se dérobe toujours.

« Si je devais "revivre", je voudrais que ce soit sous le signe du doute. »

Impartialité shakespearienne.

P. 293 : « Sauvegarder son être. Ne pas craindre de se tromper. Ne pas craindre de se renier sans cesse. Voir ses fautes, pour aller plus avant dans l'éclaircissement de soi-même et la découverte de son devoir propre. »

Je viens d'en avoir une preuve flagrante. Hélène me dérange à l'instant pour venir voir une Mme Sarbor (?) qui attend Papa, depuis un long moment. Je peste intérieurement, mon ressentiment contre Hélène se cristallise au souvenir de la mamizelle Agatha d'Axel Munthe ; je sais que j'ai tort, et pourtant je ne peux pas nier l'existence de mon agacement. C'était Mme Sartory, cette brave Alsacienne qui adore Papa. Tout de suite, mon agacement est tombé (je m'en doutais à l'avance), et j'ai été honteuse de ma « partialité ». J'ai parlé avec elle. Sa sœur, qui est en Alsace depuis 40 avec ses cinq enfants, et dont le mari est en Savoie, n'a eu le droit de venir à Paris que pour huit jours, et ses enfants sont gardés en otage pendant ce temps.

Il faudrait pouvoir voir toujours les choses du point de vue d'un juge supérieur à tout, et qui voit les deux côtés de la question.

P. 293 : « Journaux. Les Anglais n'avancent guère. Nous, non plus, malgré de petites progressions ici ou là.

(J'écris "petites progressions", comme le communiqué. Mais, moi, je vois ce que ça représente pour ceux qui "progressent" : cratères des éclatements, rampements dans les boyaux, postes de secours envahis...) »

P. 245 : « Je n'ai jamais eu le temps ni le goût (romantique) de tenir un journal. Je le regrette. Si je pouvais aujourd'hui avoir là, entre mes mains, noir sur blanc, tout mon passé depuis ma quinzième année, il me semblerait davantage avoir existé ; ma vie aurait un volume, du poids, un contour, une consistance historique ; elle ne serait pas cette chose fluide, informe comme un rêve oublié dont on ne peut rien ressaisir. »

Et au-dessus : « L'impression d'être tombé dans une trappe ouverte... Je méritais mieux. Je méritais (orgueil ?) ce "bel avenir" que me promettaient mes maîtres, mes camarades. Et tout à coup au tournant de cette tranchée, la bouffée de gaz... »

Et ce passage-ci, pour sa beauté :

« Si chaud, que j'étais allé, vers une heure, pour lever les jalousies. De mon lit, je plongeais dans ce beau ciel d'été. Nocturne, profond [...] le ciel [...]
« Me suis dit tout à coup (et je suis sûr que c'est vrai) qu'un astronome, habitué à vivre en pensée dans les espaces interplanétaires, doit avoir beaucoup moins de mal qu'un autre à mourir.
« Rêvé, longtemps, sur tout ça. Les regards perdus dans le ciel. Ce ciel sans limites, qui recule toujours dès que nous perfectionnons un peu nos télescopes. Rêverie apaisante entre toutes. Ces espaces sans fin, où tournent lentement des multitudes d'astres semblables à notre soleil, et où ce soleil – qui nous paraît immense, qui est, je crois, un million de fois plus

grand que la terre – n'est rien, rien qu'une unité parmi des myriades d'autres...

« La Voie Lactée, une poussière d'astres, de soleils, autour desquels gravitent des milliards de planètes, séparées les unes des autres par des centaines de millions de kilomètres ! Et toutes les nébuleuses, d'où sortiront d'autres essaims de soleils futurs ! Et les calculs des astronomes établissent que ce fourmillement des mondes n'est rien encore, n'occupe qu'une place infime dans l'immensité de l'Espace, dans cet éther que l'on devine tout sillonné, tout frissonnant, de radiations et d'inter-influences gravitiques, dont nous ignorons tout.

« Rien que d'écrire ça, mon imagination chancelle. Vertige bienfaisant. Cette nuit, pour la première fois, pour la dernière peut-être, j'ai pu penser à ma mort avec une espèce de calme, d'indifférence transcendante. Délivré de l'angoisse, devenu presque étranger à mon organisme périssable [...]

Me suis juré de regarder le ciel, toutes les nuits, pour retrouver cette sérénité. »

* * *

Infinie petitesse de l'homme dans les découvertes de la science moderne, et pourtant la prière existe.

* * *

C'est magnifique, cet *Épilogue* des *Thibault,* où le roman ne tient presque plus de place, mais où l'âme d'un homme (qu'il soit Antoine ou n'importe qui, du moment que c'est une âme) devient si exclusivement le centre d'intérêt, que tout homme qui le lit se sent atteint, en lui-même, parce que *cela pourrait être lui*.

Dans le train, allant chercher Charles l'autre jour, j'ai découvert encore deux des raisons de mon attachement à ce livre. D'abord, cette fin désolante de toute une époque, cette peinture des trous que la guerre a creusés dans cette famille et ce groupe humain, c'est tellement sans doute ce qui nous attend aussi *après*.

Et ensuite, la découverte poignante qu'Antoine *aurait* compris Jacques seulement après sa disparition. Ce regret si intense que j'éprouve souvent que juste au moment où notre intimité aurait produit quelque chose de merveilleux, Yvonne, Jacques, Françoise, Jean m'ont été enlevés.

* * *

Il y a deux parties dans ce journal, je m'en aperçois en relisant le début : il y a la partie que j'écris par devoir, pour conserver des souvenirs de ce qui devra être raconté, et il y a celle qui est écrite pour Jean, pour moi et pour lui.

Cela m'est un bonheur de penser que si je suis prise, Andrée aura gardé ces pages, quelque chose de moi, ce qui m'est le plus précieux, car maintenant je ne tiens plus à rien d'autre qui soit matériel ; ce qu'il faut sauvegarder, c'est son âme et sa mémoire.

Penser que Jean les lira peut-être. Mais je ne veux pas qu'elles soient comme la main de Keats. Je reviendrai, Jean, tu sais, je reviendrai.

À la pensée que l'enveloppe où je mets ces pages ne sera ouverte que par Jean, si elle est ouverte, et aux moments si brefs où j'arrive à réaliser ce que j'écris là, une vague m'envahit, je voudrais pouvoir écrire tout ce qui s'est accumulé en moi pour lui depuis des mois.

Mais je ne réalise presque pas, j'essaierai de saisir le moment précis où cela arrivera.

Jeudi soir, 28 octobre

Je viens de passer un après-midi merveilleux, car j'ai eu ici des amies que j'aime : Mme Lavenu, M.-S. Mauduit, Jeanine Guillaume, Catherine est venue aussi, pour entendre parler anglais.

Aujourd'hui, j'ai pu *catch a glimpse* [entrevoir] de cette atmosphère où je sens que je donnerais libre cours à toutes les possibilités qui sont en moi. M.-S. Mauduit – comme elle me fait penser à Katherine Mansfield ! – m'a apporté une reproduction d'une gravure de Rockwell Kent pour *Beowulf*. Mon instinct ne m'avait pas trompé lorsque j'avais été saisie par les illustrations de *Moby-Dick* de l'American Library. Maintenant, je sais mieux qui est Rockwell Kent, car elle m'a prêté un récit de voyage au Groenland écrit et illustré par lui.

Mme Lavenu, une grande amie, celle-là, une qui comprend ; mon amitié pour elle est scellée depuis le jour où elle est venue ici, quand j'étais si bouleversée le lendemain de la rafle.

François est venu aussi. Avec Jeanine Guillaume, bavardé avec enthousiasme. Elle a emporté une partie de mon diplôme, *La Chasse au Snark*, et *The Wind in the Willows* – j'adore échanger ainsi.

Et maintenant je pense à Jean. Comme il me manque, comme je m'épanouirais avec lui.

* * *

Étrange journée qui est un symbole de ma vie actuellement. Ce matin, à neuf heures, j'étais aux Enfants-

Malades pour prendre des nouvelles d'un de mes petits, j'ai traversé la salle avec ses petits lits blancs, et tous ces petits enfants dressés sur leurs oreillers. C'est lui, Doudou (Édouard Wajnryb) qui m'a reconnue ; moi, je l'ai reconnu au sourire radieux qu'il m'a fait, car il était beaucoup plus beau qu'avant, avec ses cheveux roux bouclés.

Après, je suis allée à Saint-Denis voir Keber. En portant les colis, parlé avec une femme du peuple, cela m'a fait si mal, car elle ne *savait* pas. Elle trouvait qu'il y avait beaucoup de juifs à Paris, évidemment, avec cette étiquette [l'étoile jaune], on les remarque, et elle m'a dit : « Mais on n'ennuie pas les Français, et puis on ne prend que ceux qui ont fait quelque chose. »

Le type de la rencontre qui fait tant souffrir. Et pourtant, je ne lui en veux pas, elle ne savait pas.

Après le déjeuner, été rue de la Bienfaisance parler à Mme Stern ; comme c'est triste, dans notre bureau, les avocats du service juridique se sont installés. Personne ne me connaît plus. Et cela m'est égal. Ils ne connaissent pas ce que j'ai connu, et j'ai remporté intact le souvenir de mes amies. Revu seulement Mme Dreyfus, toujours pareille, seule épave du naufrage. Elle m'a appris l'arrestation de Léa et de toute sa famille, qui avait échappé à tant d'alertes, et à la rafle du 30 juillet[1]. Cela m'a fait un choc.

Parlé de Mme Samuel. Elle a fini par être déportée. Elle était restée comme demi-juive, et femme enceinte. Mais on l'a tirée de l'infirmerie, et déportée en wagon sanitaire ; ceci me semble une comédie, car les convois de wagons à

---

1. En 1943, la persécution frappe désormais sans distinction les juifs français et étrangers. Le 30 juillet 1943, le SS Alois Brunner fait arrêter l'ensemble des employés du service d'assistance de l'UGIF, rue de la Bienfaisance.

bestiaux peuvent-ils comporter un wagon sanitaire ? Mais quelle preuve plus flagrante de la monstrueuse inanité de la politique nazie que de déporter des gens dans des wagons sanitaires ?

Mais à quoi cela sert-il ? Je me prends la tête à deux mains. Réponse : c'est un effroyable engrenage qu'ils font marcher sans réfléchir.

Chaque fois, il happe et avale des gens plus connus. Il y a un départ toutes les semaines, en ce moment.

Mme Samuel, avec qui j'avais discuté de l'après-guerre, la seule que j'aie rencontrée, et qui ait dit qu'il fallait avant tout *faire comprendre* aux Allemands, pour leur ouvrir l'esprit. Elle laisse ce bébé de un an qui est né alors que le père était à Drancy, qu'elle a à peine connu car elle a été six mois à l'hôpital, et son jeune mari, libéré grâce à elle.

J'ai pensé dans le métro aujourd'hui : beaucoup de gens se rendront-ils compte de ce que cela aura été que d'avoir 20 ans dans cette effroyable tourmente, l'âge où l'on est prêt à accueillir la beauté de la vie, où l'on est tout prêt à donner sa confiance aux hommes ? Se rendront-ils compte du *mérite* (je le dis sans honte, parce que j'ai conscience exactement de ce que je suis), du mérite qu'il y aura eu à conserver un jugement impartial et une douceur de cœur à travers ce cauchemar ? Je crois que nous sommes un peu plus près de la vertu que beaucoup d'autres.

* * *

Samedi 30 octobre

J'ai marché aujourd'hui, marché toute la journée. Je suis revenue à pied de ma leçon d'allemand par la rue

Saint-Lazare, la rue La Boétie, Miromesnil, l'avenue Marigny et les berges de la Seine.

J'ai marché tout au bord de l'eau, qui a eu son effet magique sur moi, me calmant, me berçant, sans me faire oublier, mais en rafraîchissant ma tête souvent surchargée. Il n'y avait personne. Deux péniches ont passé lentement, sans un bruit, seul le léger clapotis des longues ondes transversales mises en mouvement par le sillage du bateau, et qui venaient mourir sur la berge.

Je pensais à Jean. Je pensais que cette nuit j'avais rêvé de lui. Rarement cela m'arrive ; et ces rêves me sont très précieux, car ils sont comme des visitations. Il me semble que lorsque je le reverrai, et que je jetterai un regard sur toute cette longue absence, je me rappellerai vaguement, comme s'il s'agissait d'un monde par-delà le monde de tous les jours, l'avoir revu.

Mais si ces rêves étaient de vraies apparitions, ils me causeraient une déception terrible au réveil. Il subsiste dans mon rêve une vague notion de la réalité, car *il y a toujours quelque chose qui* m'empêche de le voir complètement ; il faut donc qu'au fond de ma conscience je garde le souvenir de la réalité. Cette nuit, je ne sais comment, j'étais sortie (pour une chose urgente), et Jean était seul à la maison. Je rentrais vite, avec impatience, mais je savais que quelque chose m'empêcherait parce qu'au fond je savais *que ce n'était pas vrai*. Et alors le rêve a pris la forme que cette conscience lui imposait : l'ascenseur dans lequel je montais est allé jusqu'au sixième et redescendu sans que je puisse l'arrêter. Après, lorsque je suis arrivée, mes invités montaient en même temps, je savais que dès lors, je ne le verrais plus. Je suis entrée dans cette chambre : il était debout devant la fenêtre. Il s'est retourné, et alors, pendant un très court instant, je l'ai eu ; je me rappelle encore la sensation éprouvée lorsqu'il m'a tenue dans ses bras, ses épaules larges m'encadraient, et j'avais chaud. Et puis il y a un trou, après, j'étais assise sur mon lit, et autour de la table à jeu dressée au milieu de la chambre (comme pour la leçon de Simon hier), étaient assis mes invités (pourquoi avais-je des invités ? comme le jour où il est venu ici pour la dernière fois, et qui m'a donné l'impression que j'essayais désespérément de retenir les minutes). Nicole était là. Je l'ai prise par le bras pour la faire sortir, et lui faire comprendre que je voulais être seule avec Jean. Mais Jean n'était plus là, le rêve était fini.

Sans doute ai-je rêvé de lui parce que sa mère a téléphoné hier ; je ne savais pas quoi dire au bout du fil, et sa voix était hésitante aussi. Elle n'avait pas de nouvelles ; elle a commencé en me disant qu'elle ne m'oubliait pas. J'ai eu tort de désespérer des photos, car elle s'en est occupée.

En arrivant au pont de l'Alma, je regardais toujours l'eau. Et soudain, spontanément, j'ai pensé à ce que pourrait être la vie à deux, que je pourrais le rendre heureux, je n'avais pas orienté mes pensées dans cette direction, c'était quelque chose de nouveau. Mais le gouffre noir à franchir avant ? C'est pour cela que je ne peux jamais me laisser aller dans cette direction, car cela me paraît *a fallacy* [idée fausse].

À déjeuner, il y avait Mlle Detraux, Denise et François. Après, je me suis échappée à nouveau, pour aller chez Galignani acheter un livre pour le mariage d'Annie Digeon. Je voulais encore marcher ; et à nouveau la Seine m'a attirée. Je ne suis pas descendue sur la berge, mais j'ai suivi le cours la Reine, en longeant le parapet, et en marchant dans les feuilles mortes odorantes. Le soleil avait percé et le ciel était bleu. Il y avait une débauche d'ors, les dernières feuilles des marronniers étaient de cuivre, l'herbe des pelouses d'un vert d'émeraude, le ciel pur, lumineux, léger, le parfum tenace des feuilles froissées, et partout dans l'air la saveur un peu âcre et si automnale des feux de feuilles mortes. La Seine pailletée de lumière, c'était d'une beauté irréelle, fragile, splendide.

Place de la Concorde, j'ai croisé tant d'Allemands ! avec des femmes, et malgré toute ma volonté d'impartialité, malgré mon idéal (qui est réel et profond), j'ai été soulevée par une vague non pas de haine, car j'ignore la haine, mais de révolte, d'écœurement, de mépris. Ces hommes-là, sans le comprendre même, ont ôté la joie de vivre à l'Europe entière. Ils allaient si mal avec cette beauté lumineuse et fragile de Paris, ces hommes capables de faire les horreurs que nous connaissons trop bien, ces hommes issus d'une race qui a produit des êtres tels que les chefs nazis qui ont pu se laisser abrutir, déspiritualiser, abêtir pour ne plus être que des automates sans cerveau, avec tout au plus des réactions d'enfants de 5 ans, c'est cela qui fera que toujours quelque chose se dressera en moi lorsqu'on me parlera d'un Allemand. Tout en moi s'oppose au caractère germanique, se hérisse à son contact, peut-être suis-je essentiellement latine de tempérament ? L'exaltation de la violence, l'orgueil, la sentimentalité, l'exaltation des émotions de tout ordre, le goût de la mélancolie vague et gratuite, autant d'éléments du caractère germanique devant lesquels mon tempérament se rebelle. Je n'y peux rien.

Et dans mon dégoût à ce moment-là n'entrait aucune considération de mon cas spécial, je ne pensais pas aux persécutions.

Mais lorsque je suis entrée sous les arcades, et que j'ai senti quelles attaches profondes, quelles affinités essentielles, quelle compréhension et quel amour réciproque m'unissaient aux pierres, au ciel, à l'histoire de Paris, j'ai eu un sursaut de colère en pensant que ces hommes-là, ces *étrangers* qui ne comprendraient jamais Paris ni la France, prétendaient que je n'étais pas française, et considéraient que Paris leur était dû, que cette rue de Rivoli leur appartenait.

J'ai acheté chez Galignani une belle édition du *Sentimental Journey*, et *Lord Jim* (pour moi). J'y resterais des heures, si je pouvais.

En ressortant, j'ai traversé le pont de la Concorde et je suis montée chez Françoise voir Cécile. Cécile m'a dit que quand elle voyait les péniches sur la Seine, par une belle matinée ensoleillée, elle pensait tant à Françoise ! Et cette pensée-là m'a hantée, au cours de toutes ces promenades. À chaque plaisir que j'éprouve – et ce n'est plus un plaisir, mais seulement *la conscience que je suis témoin d'une belle chose* (car elle ne s'accompagne d'aucune jouissance) –, je pense à Françoise qui aimait tant la vie, qui aimait tant Paris. Ma pensée ne la quitte pas un seul instant.

* * *

Peut-être étais-je faite pour l'inquiétude ? Un contentement calme, une jouissance parfaite m'ont toujours dégoûtée, quand j'étais petite, j'étais toujours *discontented* [mécontente]. Mais après ce bain de souffrance, je ne serai plus à l'aise je ne me sentirai plus mon *better self* [le meilleur de moi-même] dans une joie égoïste.

Pourtant, je ne me complais pas là-dedans. Ce n'est pas un penchant morbide en moi, ce n'est pas comme la chanson dans Keats

Come then, Sorrow!
Sweetest Sorrow[1] *!*

car personne ne peut nier que cela aura été une réelle souffrance.

Ce que je veux dire, c'est qu'il me semble qu'il y a plus de sincérité dans la douleur que dans la joie.

* * *

C'est pour cela sans doute que je n'aime pas Gide, au contraire de Nicole. Après *La Porte étroite*, je lis *L'Immoraliste*. Autant *Les Thibault* m'enthousiasment, autant la philosophie de jouissance de la vie dans Gide me déplaît.

* * *

Comme tous les souvenirs de l'année dernière me hantent, la petite porte des Tuileries, les feuilles sur l'eau! Je vis dans ces souvenirs, et chaque coin de Paris en réveille un nouveau.

* * *

Jean-Paul est là. Il était là hier lorsque j'étais rue Raynouard. J'étais excitée pour Nicole.

Sans doute est-ce son retour qui m'a fait rêver de la visite de Jean.

* * *

---

1. « Viens donc, chagrin! / Mon doux chagrin! » John Keats, *Endymion*, IV, l. 279-80, 1817.

Thibault – Épilogue. XVI

P. 305 : « Pas de sécurité en Europe, tant que ne sera pas déraciné l'impérialisme germain. Tant que le bloc austro-allemand n'aura pas fait son évolution démocratique. Tant que ne sera pas détruit ce foyer d'idées fausses (fausses, parce qu'opposées aux intérêts généraux de l'humanité) : la mystique impériale, l'exaltation cynique de la force, la croyance à la supériorité de l'Allemand sur tous les autres peuples et au droit qu'il a de les dominer. »

P. 310, à propos d'un discours de Victor Hugo contre les despotismes : « Est-ce une raison parce qu'on prônait déjà la suppression des despotismes et la limitation des armements il y a cinquante ans, pour désespérer de voir l'humanité sortir enfin de l'absurde ? »

Oui, est-ce une raison ? En 1943, il faut beaucoup de courage et de foi pour se poser la question comme Antoine en 1918.

P. 313. À Jean-Paul : « Il est tentant de se débarrasser du fardeau exigeant de sa personnalité ! Il est tentant de se laisser englober dans un vaste mouvement d'enthousiasme collectif ! Il est tentant de croire, parce que c'est commode, et parce que c'est suprêmement confortable ! […] Plus les pistes lui paraissent brouillées, plus l'homme est enclin, pour sortir à tout prix de la confusion, à accepter une doctrine toute faite qui le rassure, qui le guide. Toute réponse à peu près plausible aux questions qu'il se pose et qu'il n'arrive pas à résoudre seul s'offre à lui comme un refuge ; surtout si elle lui paraît accréditée par l'adhésion du grand nombre ! […] Résiste, refuse les mots d'ordre ! *Ne te laisse pas affilier* ! Plutôt les angoisses de l'incertitude, que le paresseux bien-être moral offert à tout "adhérent" par les doctrinaires ! »

P. 347. À l'aumônier : « Qu'est-ce que l'Église attend pour désavouer la guerre ? Vos évêques de France et ceux d'Allemagne bénissent les drapeaux et chantent des *Te Deum* pour remercier Dieu des massacres [...] »

Dimanche 31 octobre
7 h 30

Nous venons de déchiffrer un quatuor, le *Septième* de Beethoven. Annick était venue. Nous avions beau le bâcler, la mélodie intérieure, l'andante, me soulevaient profondément, complètement. Maintenant, il me semble que mon âme est devenue immense, je suis pleine d'échos, et aussi d'une étrange envie de pleurer. Il y avait trop longtemps que je n'en avais entendu. J'appelle Jean de tout mon cœur. C'est avec lui que j'ai appris à connaître les quatuors, entendre avec lui.

Lundi 1er novembre

J'ai fini hier soir *L'Immoraliste*, je crois que je ne comprends pas Gide : je n'arrive pas à saisir le sens de ses livres parce qu'il est à peine esquissé, le problème n'est pas clairement posé. Pourquoi Michel fait-il mourir sa femme ? En échange de quel gain ? Qu'y a-t-il de positif dans sa doctrine ? Elle n'est même pas définie.

D'autre part, la philosophie de Gide va à l'encontre de la mienne ; il y a quelque chose de *vieux*, de pas spontané, de trop réfléchi, d'égoïste dans son désir de jouir de tout.

Ce parti pris d'avance est trop raisonné, il est centré autour du moi, il manque d'humilité, et de générosité. Non, je ne l'aime pas.

Enfin le style me paraît, à tort ou à raison, recherché, prétentieux et vieilli. Il y a des tournures de phrases qui me font sursauter à chaque instant par leur manque de naturel.

Ma pensée tourne sans cesse autour de deux pôles : la souffrance du monde, qui se trouve condensée d'une manière concrète et vivante dans le fait de la déportation et des arrestations, et l'absence de Jean. Les deux souffrances maintenant se sont fondues en une seule et resteront associées.

C'est comme un lit sur lequel je me retournerais sans cesse pour retrouver les mêmes tourments.

* * *

J'ai reçu ce matin une lettre de Mme Crémieux, qui laisse échapper cette phrase : je suis à bout de courage. Mon Dieu, que pourrais-je faire pour elle ? Maintenant, je sens à peu près les ravages que dix-huit mois d'angoisse et de silence ont pu faire en elle.

Françoise disait d'elle un jour qu'on avait envie de l'embrasser. Elle me disait : « Vous savez, Hélène, elle est si malheureuse, elle souffre tellement. » La voix de Françoise où, derrière le sourire toujours gai, j'ai appris à distinguer la sincérité et l'émotion retentit encore à mes oreilles. Nous discutions des ressources que certaines de ces femmes trouvaient en elles dans cette indicible épreuve. Elle parlait de Mme Crémieux comme d'une enfant à qui on aurait tout ôté – c'est vrai, j'ai aussi cette impression-là, depuis. Et maintenant, Françoise aussi. La voix si gaie, avec ses notes hautes, et son rire joyeux, elle s'est tue aussi, elle ne résonne plus que dans ma mémoire. Elle a fait surgir aussi le souvenir de Mme Schwartz, que nous comparions à Mme Crémieux. Que de vide autour de moi ! Pendant un long temps après la rafle du 30 juillet, j'ai eu la sensation angoissante d'être restée la seule après un naufrage, une phrase dansait, frappait dans ma tête. Elle était venue s'imposer à moi sans que je la cherche, elle me hantait, c'est la phrase de Job sur laquelle se termine *Moby-Dick* :

And I alone am escaped to tell thee[1].

Personne ne saura jamais l'expérience dévastatrice par laquelle j'ai passé cet été.

De ce départ du 27 mars 42 (celui du mari de Mme Schwartz), on n'a jamais rien su. On a parlé des avant-lignes sur le front russe, où l'on aurait employé les déportés à faire sauter des mines ?

On a parlé aussi des gaz asphyxiants par lesquels on aurait passé les convois à la frontière polonaise. Il doit y avoir une origine vraie à ces bruits.

Et penser que chaque personne nouvelle qui est arrêtée, hier, aujourd'hui, à cette heure même, est sans doute destinée à subir ce sort terrible. Penser que ce n'est pas *fini*, que cela continue tout le temps avec une régularité diabolique. Penser que si je suis arrêtée ce soir (ce que j'envisage depuis longtemps), je serai dans huit jours en Haute-Silésie, peut-être morte, que toute ma vie s'éteindra brusquement, avec tout l'infini que je sens en moi.

Et que pour chaque individu qui a déjà passé par cette épreuve, et qui est un monde aussi, c'est cela qui l'attend.

Comprenez-vous pourquoi le journal d'Antoine Thibault m'a tellement bouleversée ?

---

1. La citation exacte est : « *And I only am escaped alone to tell thee* », « Et moi seul en ai réchappé pour te le rapporter ». Herman Melville, *Moby Dick*, *Épilogue*, 1851 / Livre de Job, 1,19.

Je n'ai pas peur de la mort, en ce moment, parce que je pense que quand je serai devant, *je ne penserai plus*. Je saurai enlever de mon esprit l'idée de ce que je perds, comme je sais si bien oublier ce que je *veux*.

Et puis tant d'autres font le sacrifice de leur vie tous les jours. Les hommes ont tout à coup rapproché de nous la Mort, augmenté son rayon d'action, décuplé sa force.

Je ne veux pas penser à la Mort comme une personnification comme la Mort des Dürer et des hommes médiévaux, comme celle aussi d'Axel Munthe. Il faut y penser non pas comme une entité distincte, mais comme une manifestation du pouvoir divin.

Seulement, lorsque je vois tellement de morts qui sont infligées par les hommes, c'est difficile. Tout se passe comme s'il y avait deux Morts ! celle que Dieu impose, la mort « naturelle », et celle que les hommes ont créée.

La première devrait seule exister. L'homme n'a pas le droit d'ôter la vie à l'homme.

La Mort pleut sur le monde. De ceux qui sont tués à la guerre, on dit qu'ils sont des héros. Ils sont morts pourquoi ? Ceux qui étaient de l'autre côté se sont figurés qu'ils mouraient pour la même chose. Alors que chaque vie a tant de prix en elle-même.

The pity of it, Iago ! O Iago, the pity of it, Iago[1] *!*

Ce que j'écris scandaliserait beaucoup de gens. Et pourtant, s'ils réfléchissaient, s'ils cherchaient au fond de leur cœur, que trouveraient-ils d'autre ? Je ne crois pas être lâche, donc je me permets d'écrire ces choses. Ceux qui,

---

1. « [...] quel malheur, Iago ! / Ô Iago, quel malheur, Iago ! » Shakespeare, *Othello*, IV, 1, 191-2, 1604.

au nom de la « bravoure », du « courage », du « patriotisme », pousseraient les hauts cris en m'entendant, ne sont au fond que sous l'empire de passions erronées. Ils se trompent, ils sont aveugles.

D'ailleurs, ceux qui ont combattu au front après deux ans, pendant l'autre guerre, n'ont-ils pas connu ce qu'ils croyaient être une « désillusion », et qui au fond n'était que la disparition de ces passions erronées ? Quand ils avouent qu'ils n'avaient même plus de haine pour le boche, qu'ils ne savaient plus ce qu'il en était. Dans la *Vie des martyrs* de Duhamel, dans l'*Épilogue* des *Thibault*, dans *La Pêche miraculeuse* de Pourtalès.

Seulement, ils se considéraient alors comme dépassés par une fatalité trop lourde pour se révolter contre elle. Alors qu'à l'origine cette « fatalité » avait été mise en branle par des hommes, qu'elle était une œuvre humaine.

J'ai parlé de la *Vie des martyrs*, ce cadeau de fête de Mme Schwartz. Ma fête, elle était déjà incomplète sans Jean, mais j'avais eu de la douceur tout de même, mes amies, et ses lettres aussi. Maintenant, j'ai l'impression d'être dépouillée de tout, nue, *naked to the awaited stroke* [sans défense devant les coups à venir].

Oui, la *Vie des martyrs* est un livre qui m'a désespérée, car il atteint à cette impartialité que j'estime plus que tout, mais de cette hauteur-là, on ne voit que désolation. Où est la solution ? Peut-être ceux qui sont partiaux sont-ils plus heureux, parce qu'ils trouvent une solution, si erronée soit-elle, ils ont un but : un objet de haine, *c'est beaucoup moins angoissant que de ne pas avoir de haine.*

Je pense maintenant que le plus grand degré de perfection auquel l'humanité soit en mesure d'aspirer, c'est cette impartialité. Après... je ne sais pas encore ; je ne vois pas la solution : je ne peux pas en parler, c'est comme de la vie future. J'ai simplement un pressentiment que c'est dans cette voie-là, une fois ce stade atteint, que se trouve *la* solution.

C'est pour cela que malgré tout, malgré l'absence de jugement prononcé, la *Vie des martyrs* reste une magnifique leçon. Duhamel ne se prononce pas : il donne les faits, impartialement, les résultats de cette chose furieuse, folle, aveugle qu'est la guerre, et en tout cas il dévoile dans toute sa nudité l'erreur horrible qui est à la base de cette chose.

Je me souviens d'avoir été étonnée, presque irritée par cette absence de passion. « Où voulait-il en venir ? » symbolise à peu près mon état d'esprit. Après, à la longue, j'ai compris quelle immense leçon était implicitement contenue dans ces pages, et elle s'est dégagée pour moi.

« Rien ne devient réel avant qu'on en ait eu l'expérience – même un proverbe n'est pas un proverbe avant que votre vie n'en ait donné un exemple. »
Keats.

J'écris cette phrase qui n'a aucun rapport avec ce qui précède, parce qu'elle m'a frappée ce matin, elle résume le principal problème qui se pose à moi : celui de la compréhension humaine et de la sympathie. Il me semble que *tout* découle de cela.

Car ce matin j'ai étudié Keats, et je me suis laissé enthousiasmer comme autrefois.

Quel monde notre pensée peut parcourir en quelques heures !

* * *

Passé deux heures avec Nicole.
Françoise Woog, toujours les mêmes gens. Pérez, Éliane Roux.

Mardi 2 novembre

J'ai emmené Maman à Neuilly ce matin.

Ils voulaient tous repartir avec moi. Dans son enthousiasme, Dédé Kahn m'a dit – je vois encore sa figure suppliante, ses yeux noirs, si noirs avec ses cheveux dorés, tout prêts à étinceler de rire : « J'voudrais que tu dormes près de moi ! » C'était l'expression suprême de son amour.

Mercredi 3 novembre

Encore une matinée si riche, j'en suis stupéfaite. J'étais libre ce matin. J'ai enfin réussi à m'habituer à une vie irrégulière : je consens à saisir les heures de liberté comme elles viennent, et à ne plus rien faire selon le plan établi. Il aura fallu ce terrible bouleversement, cette résistance des événements de ma vie qui m'empêchent depuis un an de mener une vie normale, pour me faire parvenir à ce résultat, pour me faire *céder* – je dis céder, car nul n'était plus ennemi des changements que moi. C'était au point que je redoutais les réjouissances, les expériences nouvelles, si prometteuses fussent-elles (comme un voyage, ou un événement imprévu), à cause du désordre qu'elles mettraient dans mon existence, parce que aussi elles *m'intimidaient*.

Donc, ce matin, j'ai travaillé dans mon ancienne chambre. Pris des notes sur les *Odes* de Keats.

Après deux heures, je me suis aperçue de la vérité de cette phrase de Wolff : l'essence suprême de l'art de Keats, c'est sa puissance de suggestion. L'*Ode à l'automne*, par exemple, s'est prolongée en moi, *lingered deliciously* [a persisté délicieusement] en moi, bien après que je l'aie relue.

Je veux que l'on donne aussi à Jean mon cahier de notes, surtout le grand cartonné marron, car il contient autant de moi que ces pages. Je n'ai pas encore eu le temps d'écrire ce que je pensais de Keats, mais le choix même des critiques représente exactement ce que j'aime ou n'aime pas dans son œuvre.

* * *

Jeudi 4 novembre

Ce matin, première réunion des étudiants au cours de Cazamian, j'y étais.

Mon sentiment avant : troisième année où je « rentre », sans pouvoir me mêler aux agrégatifs, en « amateur ». La rentrée va-t-elle encore avoir ce charme du nouveau cette année ?

Vais-je pouvoir me réhabituer à cet élément normal de ma vie après un tel bouleversement, après mon été solitaire ?

Vais-je être assaillie par le souvenir de l'année dernière, où j'étais allée au premier cours, et où j'avais souffert que Jean ne soit pas venu (il était encore à Paris) ?

Maintenant, mon impression : je suis débordante de projets, soulevée par une envie enthousiaste de travailler, de faire les dissertations, les exposés. Je n'ai pas du tout été dépaysée, bien moins que l'année dernière. Peut-être la Sorbonne fait-elle trop partie de ma vie maintenant ?

Et, ô ironie ! j'ai si peu de temps. Comment concilier Neuilly, et tout le reste qui occupait tout mon temps ? Comment vais-je faire ?

Pour le moment, je passe par-dessus les obstacles. J'ai pris un exposé pour le troisième trimestre sur Shelley. Mais là, j'ai conscience de bavarder, je souris de moi-même, mais cela m'amuse, c'est un jalon dans l'avenir si sombre.

* * *

Revu Savarit. Souvenir de l'an dernier à la même époque. Mais je ne l'aime décidément pas.

Vendredi 5 novembre

Cours de Mme Huchon.
Premier cours chez Nadine. Déjà un an passé. Rien ne peut mieux servir à évaluer le temps que le retour régulier de ces choses.
Un an, et rien n'a changé.

Samedi

Mme De la V. à dîner. Nadine Henriot, musique chez les Job.
La radio anglaise a redonné, paraît-il, des détails affreux sur la vie dans les camps de Pologne.

Dimanche 7 novembre

Charles et Simon.
Dimanche soir, Charles m'a dit, quand nous étions seuls dans le petit salon, en me racontant des détails sur leur arrestation lorsqu'on l'avait séparé de ses parents : « Je ne savais plus pleurer tellement j'avais de chagrin. »
Il disait cela maintenant sans émotion, d'un ton *matter of fact* [neutre]. Mais il ne l'a pas inventé, c'est le souvenir de quelque chose qui *a été*.

Lundi 8 novembre

Bibliothèque, visite d'un Allemand qui voulait des livres anglo-saxons. S'il avait su à qui il s'adressait ! Étrange aussi que la seule langue qui ait pu nous unir ait été l'anglais, la situation avait du piquant.

Marie-Louise Reuge revient de la Creuse, où paraît-il les Allemands sont arrivés *avec des mitrailleuses* pour traquer les réfugiés juifs. Tous les départements y passeront l'un après l'autre.

Anna, que j'ai conduite à Rothschild, m'a parlé d'une de ses cousines, polonaise d'origine, qui a perdu ses quatre fils à cette guerre. Son mari était mort des suites des gaz de l'autre guerre. Sa vie est ruinée, et tout a été donné pour la France : maintenant, elle vit cachée, traquée, comme une folle.

En rentrant, j'ai trouvé une nouvelle carte de ce malheureux prisonnier de guerre qui m'a demandé si mes démarches au sujet de son petit garçon de 12 ans, dont il ne sait plus rien depuis plus d'un an, ont abouti. Y a-t-il beaucoup de situations aussi atroces que celles de ces prisonniers qui reviendront pour ne plus retrouver ni femmes, ni enfants ?

Mardi 9

Ce matin, j'ai emmené aux Enfants-Malades une petite de 2 ans et demi, elle a l'air d'une petite Arabe. Elle pleurait tout le temps à l'hôpital en appelant « Maman » instinctivement, automatiquement. Maman, le cri qui vient aux lèvres spontanément, lorsqu'on souffre ou qu'on a du chagrin. Lorsque j'ai distingué ces deux syllabes au fond de ses sanglots, j'ai tressailli.

Sa mère et son père sont déportés, elle était en nourrice, on est venu l'arrêter ! Elle a passé un mois au camp de Poitiers.

Les gendarmes qui ont obéi à des ordres leur enjoignant d'aller arrêter un bébé de 2 ans, en nourrice, pour l'interner. Mais c'est la preuve la plus navrante de l'état d'abrutissement, de la perte totale de conscience morale où nous sommes tombés. C'est cela qui est désespérant.

N'est-ce pas désespérant de s'apercevoir que moi, avec ma réaction de révolte, je suis une exception, alors que ce devrait être ceux qui *peuvent* faire ces choses qui soient des personnes anormales ?

C'est toujours la même histoire de l'inspecteur de police qui a répondu à Mme Cohen, lorsque, dans la nuit du 10 février, il est venu arrêter treize enfants à l'orphelinat, dont l'aîné avait 13 ans et la plus jeune 5 (des enfants dont les parents étaient déportés ou disparus, mais il « en » fallait pour compléter le convoi de mille du lendemain) : « Que voulez-vous, madame, je fais mon devoir ! »

Qu'on soit arrivé à concevoir le devoir comme une chose indépendante de la conscience, indépendante de la justice, de la bonté, de la charité, c'est là la preuve de l'inanité de notre prétendue civilisation.

Les Allemands, eux, c'est depuis une génération qu'on travaille à les ré-abrutir (c'est un retour périodique). Toute intelligence est morte en eux. Mais on pouvait espérer que chez nous, ce serait différent.

* * *

La chose terrible, c'est que dans tout cela, on voit très peu de gens *sur le fait*. Car le système est si bien organisé que les hommes responsables paraissent peu. C'est très dommage, car autrement, la révolte serait bien plus générale.

Ou est-ce parce que je vois les choses de l'extérieur ? Il est certain qu'il a fallu un minimum d'hommes pour organiser et exécuter ces persécutions.

* * *

Pensé l'autre jour dans la rue : « Non, les Allemands ne sont pas un peuple d'artistes, s'ils peuvent bannir des Menuhin, des Bruno Walter, refuser d'entendre un violoniste parce qu'il est d'une autre religion, ou même comme ils le soutiennent d'une autre race. Refuser de lire du Heine... impossible de concilier les deux choses. »

Mercredi 10 novembre

Je suis horriblement inquiète pour les autres. Je rentrais de mon rendez-vous avec Mme Morawiecki, éreintée de ma journée, mais serrant contre mon cœur le savon que Jean m'a envoyé par son intermédiaire ; il est à la lavande, le parfum qui lui restait sur les mains lorsqu'il m'avait quittée, et à l'intérieur il y avait un papier : un souvenir d'un autre savon, (celui que je lui avais envoyé l'an dernier). Rien ne pouvait me persuader plus directement qu'il avait pensé à moi malgré le silence qui nous sépare. Et j'ai aussi la dernière photo qui ait été prise de lui.

Papa m'a lu la lettre sibylline d'Yvonne[1]. Ils parlent de déménagements. J'ai compris tout de suite. La conversa-

---

1. Depuis novembre 1942, il n'y a plus de zone libre. Les Allemands occupent toute la France. La persécution s'intensifie au sud où se trouvent Jacques Berr et Yvonne Schwartz, frère et sœur d'Hélène Berr.

tion avec Marie-Louise Reuge m'a rendue trop clairvoyante pour que je ne saisisse pas immédiatement. Les méthodes doivent se poursuivre département par département. J'ai peur, cette sécurité-là va aussi être brisée.

Nous, ici, qui sommes si habitués, nous voudrions protéger les autres, ils doivent être si désemparés brusquement. Que faire si toutes les sécurités s'écroulent les unes après les autres ?

Le petit havre de consolation où le paquet et la photo de Jean auraient pu m'abriter un moment, si court fût-il, ne sera pas. Je suis trop inquiète pour les autres. Je ne me plains pas ; je ne regrette pas. L'épreuve est sans doute meilleure puisque plus sévère.

Quelle journée ! Je suis allée au mariage d'Annie Digeon, à Saint-Germain-des-Prés, et ensuite à la réception. Les Pineau étaient là (et beaucoup de camarades). Comme toujours après avoir vu les Pineau, j'avais de la peine. Et les mariages sont toujours déprimants et fatigants.

Vendredi 12 novembre

Après le déjeuner, Mme Agache est arrivée comme une folle parce qu'elle venait d'apprendre que la jeune Mme Bokanowski, mise à l'hôpital Rothschild avec ses deux bébés pendant que le mari était déporté à Drancy, avait été ramenée à Drancy. Elle a demandé à Maman : « Comment, on déporte des enfants ? » Elle était affolée.

Dire la douleur que j'ai ressentie en voyant qu'elle avait seulement *compris* maintenant, parce que c'était quelqu'un qu'elle connaissait, c'est impossible. Maman lui a répondu, sans doute envahie par le même flot passionné que moi : « Depuis un an que nous vous le disons, vous ne vouliez pas le croire. »

Ne pas savoir, ne pas comprendre, même lorsqu'on sait, parce qu'une porte reste fermée en vous, la porte qui, en s'ouvrant, laisse enfin *réaliser* la partie de ce qu'on savait simplement. C'est l'immense drame de cette époque. Personne ne sait rien des gens qui souffrent.

Et je pensais : peuvent-ils parler de charité chrétienne, ces gens-là, qui ignorent exactement ce qu'est la fraternité et la sympathie humaine. Ont-ils le droit de prétendre qu'ils sont les légataires du Christ, ce Christ qui était le plus grand socialiste du monde et dont la doctrine reposait sur l'égalité et la fraternité humaine ? Ils ne savent même pas ce que c'est que la fraternité. La pitié, oui, ils la donnent, en pharisiens, car la pitié implique presque toujours une idée de supériorité et de condescendance. Ce n'est pas la pitié qu'ils doivent donner, c'est la *compréhension*, la compréhension qui leur fera sentir toute la profondeur, l'irréductibilité de la souffrance des autres, la monstrueuse injustice de ces traitements et les révoltera.

Mentalement, je lui disais, à Mme Agache : « Maintenant, comprenez-vous pourquoi nous sommes si angoissés, pourquoi nous avons du chagrin ? Nous souffrons de la souffrance des autres, nous souffrons pour l'humanité, alors que vous, vous donniez simplement votre pitié lorsque vous en entendiez parler. »

Mais a-t-elle jamais vu l'intérieur de mon cœur ? Elle me voit toujours normale, toujours occupée à mille choses. C'est ma faute, aussi. Mon extérieur trompe les gens. Je devrais consentir à me montrer telle que je suis à l'intérieur, faire le sacrifice de cette pudeur ou de cette fierté qui veut m'obliger à être encore comme les autres gens, et aussi à refuser leur pitié, montrer mon angoisse pour servir la cause qui est mon but : dévoiler la souffrance humaine sous toutes ses formes.

Souvent, j'ai l'impression de jouer la comédie, que mon devoir serait de ne pas avoir l'air normal, de dévoiler, de creuser le fossé réel qui nous sépare des autres gens, au lieu d'essayer de l'ignorer, ou même, ce qui m'arrive souvent, de m'en détourner par égard pour eux, pour ne pas leur faire sentir mon reproche.

Et si les gens savaient quels ravages il y a dans mon cœur !

* * *

À l'hôpital, ils ont repris hier quarante-quatre malades, dont un tuberculeux au dernier degré, deux femmes qui avaient encore des drains dans le ventre, une paralysée de la langue, une jeune femme sur le point d'avoir un enfant, et Mme Bokanowski.

Et pourquoi ? Pourquoi ces déportations ? Cela ne rime à rien. Faire travailler ceux-là ? Ils mourront en route.

Dieu, Dieu, quelle monstruosité ! Comme tout est sombre ce soir, je ne vois pas d'issue. Je suis ouverte à tous les récits d'horreurs, je recueille toutes les tristesses, mais je ne vois plus de solution, c'est trop.

* * *

Maintenant, je ne retrouve plus cette impression, parce que je l'ai refoulée, comme n'ayant pas droit à l'existence. Mais avant le dîner je me suis dit, est-ce que c'est mal de souhaiter enfin être dans un havre de tendresse et d'amour ? Être dorlotée, être choyée, faire fondre toute cette armature que la solitude face à la tempête a créée. Non, il n'y a rien à faire fondre, mais il y aura des profondeurs immenses à réveiller. Pourrais-je un jour ne pas être seule, *captain of my soul* [mon propre maître], et avoir droit à cette tendresse maternelle que je demanderais à Jean, si paradoxal que cela puisse paraître ? Je voudrais être bercée comme un enfant. Moi qui m'occupe des autres petits enfants. Je voudrais tant et tant de tendresse, après. Car maintenant, je n'ai pas le droit sans doute.

Je ne peux pas demander cela à Maman car son âme est autant un lit de charbons ardents que la mienne. En elle, je retrouve mes tourments et mes angoisses, si bien qu'elle est plus mon égale que ma mère, la souffrance égalise. Quand elle me prend sur ses genoux et m'embrasse tout doucement, cela ne fait que me faire pleurer. Mais cela ne m'apaise pas, car je sens qu'elle ne peut plus me consoler.

Il y a huit jours, j'étais pleine d'enthousiasme pour travailler. Mais ce n'était qu'un état passager. Je savais bien que c'était une illusion. Elle a été dissipée par un petit fait, sans grande importance en soi, mais qui a cristallisé beaucoup d'autres éléments. Étant rentrée hier à sept heures et quart de Saint-Denis, j'ai manqué le début du cours de Delattre. Et il a attribué l'exposé que j'avais demandé à une autre. Lorsque, après le cours, je suis allée m'excuser, et demander s'il ne pouvait me le rendre (ce qu'il aurait pu faire, même s'il n'avait pas eu la gentillesse de me l'attribuer en mon absence, comme M. Cazamian l'avait fait le matin), il a refusé en me disant : « Quand on n'est pas là, les autres prennent votre place. » La déception, l'indignation, aussi la peine que cela me fait toujours d'être traitée un peu durement, m'ont fait monter les larmes aux yeux ; pendant une heure après, j'étais encore indignée. Je pensais au mal que je me donnais pour essayer de m'agripper encore un peu à cette vie de Sorbonne qui m'était si essentielle, que lui pouvait pourtant savoir que pour moi, cette vie intellectuelle comptait, et que j'étais plus faite pour elle que beaucoup d'autres ; je pensais au sacrifice volontaire que j'en avais fait. Et que cela aurait pu être une petite compensation.

Et puis, sans beaucoup de peine d'ailleurs, parce que je peux fort bien renoncer à une chose, l'oublier même, et me *faire ce que je veux* (je n'ai jamais pu expliquer cette phrase à Mme Schwartz – et pourtant elle exprime l'essentiel de mon caractère), j'ai renoncé à essayer de travailler mon agrégation.

Samedi 13 novembre

Hier soir, j'ai lu *Winnie-the-Pooh*, que Jeanine Guillaume m'avait apporté. J'ai souri jusqu'au fond de mon cœur, et même ri à haute voix. C'est tellement l'atmosphère des petits enfants anglais que j'aime tant, cela me rappelle tellement Miss Child. Et aussi la finesse de certaines trouvailles, le ton souriant et sérieux, qui rit des enfants et est en même temps en admiration devant eux, qui comprend que les enfants nous sont infiniment supérieurs. J'étais dans le ravissement.

Le matin, après ma leçon d'allemand, j'ai grimpé rue Rodier et à Lamarck, sous une pluie battante qui ruisselait le long des escaliers du Sacré-Cœur.

Denise et François, Mlle Detraux sont venus déjeuner. Il fallait absolument que je raconte à quelqu'un *Winnie-the-Pooh*. Quand j'ai commencé, j'ai bien vu que cela n'intéressait personne. Et j'ai continué, tout en ayant conscience de forcer l'attention des autres, en ayant conscience que je les ennuyais. J'ai vaincu la répugnance que faisait naître en moi la sensation d'être ennuyeuse. Mais je ne comprenais pas que les autres ignorent *Winnie-the-Pooh*. C'est toujours l'éternel problème : partager avec quelqu'un mon enthousiasme, il n'y a de joie pour moi que celle que je puisse communiquer à un autre. Maintenant, je suis privée de tous ceux avec qui je pouvais le faire, avant tout de Jean.

Tout de même Mlle Detraux a écouté, et a admiré les adorables dessins de Winnie ; et, à genoux près de son fauteuil, je lui expliquais l'histoire. J'expliquais mal, je rendais mal le charme du texte, car il est intraduisible en français, et Mlle Detraux est bien plus loin que Maman ou Denise de cette atmosphère. Mais je parlais toujours, mes joues étaient en feu. Les autres parlaient autour de nous, cela m'isolait, nous isolait. J'oubliais tout, sauf mon effort pour faire sentir le charme du livre.

Après, Maman qui avait un peu sommeil m'a demandé en souriant : « Et qu'est-ce qui lui arrive à Winnie ? » Mais je savais que si elle me le demandait, c'était plus parce que mon enthousiasme l'avait frappée, que parce que *Winnie-the-Pooh* l'avait intéressée. C'était moi, et pas le livre qui était la cause de son intérêt. Il y avait aussi sûrement un désir de me faire plaisir. Et il y avait de l'amusement. Mais il n'y avait pas la compréhension que j'aurais voulue, pour ce livre.

Je suis allée chez Galignani. Je n'ai pas trouvé *Winnie-the-Pooh*, mais j'ai trouvé *Through the Looking-Glass*, la suite d'*Alice*, et un livre de poèmes pour enfants du même auteur que Winnie, et aussi merveilleusement illustré.

Après, je suis allée goûter chez Mme Crémieux. Elle rentrait en même temps que moi.

Jamais on n'arrivera à comprendre la désolation d'une vie comme celle de Mme Crémieux. Je sais bien que je ne peux en avoir que des pressentiments. Personne ne peut savoir. À un moment, elle m'a dit : « Vous ne pouvez pas savoir, Hélène. Il y a des moments où je crois que je rêve. J'ouvre la porte et je me dis : "Mon mari va être là", je me dis que c'est impossible qu'il ne soit pas là. » Mon Dieu, le chagrin que cela m'a fait !

Plusieurs fois, le téléphone a sonné, une fois pour prévenir qu'il y avait une déportation pour lundi. À ces moments-là, nous ne pouvions pas reparler, quelque chose m'empêchait de reprendre la conversation. Et pourtant, c'était un devoir, ce n'était pas la peine de la faire penser à ces choses-là.

Elle a cherché dans son cahier, ce cahier qui était dans le tiroir de Mme Schwartz. Tout cela est donc une tranche de vie morte, finie. Le bureau, Mme Schwartz, ses yeux gris toujours brillants de tendresse quand elle me regardait avec un sourire indécis. Françoise qui riait, qui entrait et sortait avec un papier à la main. Mme Robert Lévy, toujours grande et jolie et nette avec sa bonne humeur et son optimisme, Mme Cahen qui « whinait » [se plaignait] toujours au milieu de ses démêlés avec les coursiers, Jacques Goetschel qui entrait vérifier le fichier, Mme Horwilleur, déjà si énervée et accablée par les tristesses, tout cela se réveille en moi, mais comme une chose qui n'a plus de voix, un *dumb show* [film muet], angoissant parce que les voix ne résonnent plus, il n'y a que les images.

Pourtant, cette catastrophe-là n'était pas un châtiment, car nous ne faisions là qu'essayer de soulager les malheurs des autres. Nous savions ce qui se passait ; chaque mesure nouvelle, chaque déportation nous arrachait un morceau de souffrance de plus. On nous traitait de collaborateurs[1], parce que ceux qui venaient là venaient de voir arrêter un membre de leur famille, et qu'il était naturel qu'ils eussent cette réaction en nous voyant là. Office d'exploitation de la misère des autres. Oui, je comprends que les autres aient pensé cela. Du dehors, cela avait un peu cet aspect. Aller travailler là tous les matins, comme à un bureau,

---

1. L'UGIF joue le rôle d'intermédiaire légal entre l'occupant allemand, le gouvernement de Vichy et la population juive. D'où les très nombreuses critiques à son encontre.

mais où les visiteurs étaient des personnes qui venaient savoir si un tel était arrêté ou déporté, où les fiches et les lettres que l'on classait étaient le nom de femmes, d'enfants, de vieillards, d'hommes dont le sort était si angoissant. Bureau ! cela avait quelque chose de sinistre.

Je me souviens même une ou deux fois, par la force de la routine qui me faisait prendre ce chemin tous les matins à la même heure, d'avoir un moment considéré cette vie comme une « vie de bureau », comme une chose régulière, et ordinaire, m'être réjouie de retrouver mes amies. Mais si cette impression était coupable (et qui ne l'aurait pas eue, puisque extérieurement, cette vie avait tout de la vie de bureau), je jure que dès que j'avais mis le pied sur la première marche, elle s'évanouissait, que j'avais pleinement conscience que la matière à laquelle j'allais toucher était de la souffrance humaine, que je savais bien que ce n'était pas une vie de bureau ordinaire, que les autres avaient tort de nous en vouloir. Je comprends très bien que l'aspect extérieur de toute cette administration ait excité le dégoût. Car la première fois que j'étais allée rue de Téhéran, au moment de l'arrestation de Papa, je me souviens de l'impression horrible que j'avais eue. Voir des hommes réunis dans un bureau, quand la matière sur laquelle ils travaillaient était la souffrance infligée volontairement, rationnellement, par les Allemands à d'autres hommes.

Pourquoi y suis-je entrée ? Pour pouvoir faire quelque chose, pour être tout près du malheur. Et au service des Internés, nous faisions ce que nous pouvions. Ceux qui nous connaissaient bien, comprenaient, et nous jugeaient avec justice.

Quant à ceux du dehors qui pensaient [que] nous nous étions mis là pour être protégés par cette fameuse carte de légitimation, si j'avais jamais pu considérer la chose sous cet angle, j'aurais refusé d'y entrer. Lorsque nous sommes entrés en juillet 42, juste après la rafle du 16, tous nos amis quittaient Paris affolés, M. Katz avait dit à Maman que si nous tenions à rester, et Dieu sait si tous nous poussaient à partir, il fallait que nous ayons une occupation, on parlait alors de ramasser les jeunes en chômage sans distinction spéciale. Lorsqu'il nous avait donné nos cartes, c'était une chose en plus, à côté, il nous avait dit : « Si quelqu'un de la Gestapo vous arrête dans la rue, vous leur montrerez cela. » Mais à ce moment la carte n'avait pas pris la valeur qu'elle a eue après (et perdue maintenant). Nous n'y pensions guère. Nous ne pensions qu'au sacrifice que cela serait pour nous d'entrer dans une association pareille. Depuis j'ai changé, j'ai nettoyé beaucoup de choses en moi, au prix de pertes terribles. Ceux qui pensaient que nous étions là pour nous protéger, la rafle du 30 juillet leur a donné un démenti flagrant.

D'ailleurs, personne mieux que nous ne connaissait l'instabilité et l'insécurité de notre position. Je me rappelle ce que disait Mme Schwartz.

Pourquoi ai-je remué tous ces souvenirs ? Maintenant que j'y repense, à nouveau le passé prend son aspect de *dumb show* [film muet]. Tout cela est mort.

Mais je comprends pourquoi j'étais désorientée, *out of joint* [déroutée], en y pensant, pourquoi tout cela me paraissait mort. J'oublie que je mène une vie posthume, que j'aurais dû mourir avec eux. Si j'étais partie avec eux, la nouvelle vie m'aurait paru une continuation de l'autre, je n'aurais pas eu cette impression.

Je suis partie de chez Mme Crémieux à sept heures par une pluie diluvienne ; nous avons d'abord attendu le 92 puis fini par prendre le métro. En descendant au Trocadéro, dans le noir, j'ai couru, mettant mes pieds au hasard dans des flaques, battue par la pluie et le froid.

Rue Fourcroy, lorsqu'elle avait pris mon bras et était sous mon parapluie, un vieux grand parapluie à Bonne Maman, Mme Crémieux m'a dit : « Hélène, qu'est-ce *qu'ils* font par ce temps ? » Que pouvais-je répondre.

C'est terrible de ne pouvoir consoler.

Dimanche
14 novembre

Je suis partie de très bonne heure voir Mlle Ch. pour Charles. Encore des inquiétudes de ce côté-là, et Maman me laisse l'entière responsabilité. C'est une marque d'estime sans doute, mais cela me fait sentir seule. Avant de partir, je suis allée dire bonjour à Charles ; il s'est jeté à mon cou ; et après, en me parlant, a laissé ses bras sur mes épaules. J'étais stupéfaite de ces marques d'affection, je ne pouvais croire que c'était pour moi.

De là, je suis allée à Neuilly chercher la petite Odette pour la ramener à la maison. Une petite fille de 3 ans, avec des yeux de bleuet, des cheveux dorés comme un bébé anglais. Elle n'a pas parlé. Elle n'aimait qu'une chose visiblement, être dans les bras.

Je l'ai ramenée à quatre heures puis suis repartie chez Denise, où je suis arrivée éreintée. Heureusement, elle a joué du piano. Mais cela m'a fait brusquement revivre le passé encore si récent où elle travaillait son piano et que je l'entendais dans l'escalier en montant, et plus encore la tendresse dont elle m'entourait. Et j'ai compris une des raisons de ma solitude, c'est son absence. Je n'avais jamais encore « réalisé » son mariage.

J'avais été mise en retard le matin par un coup de téléphone à Denise Mantoux, de passage à Paris, je la verrai la prochaine fois. Mais elle m'a dit que son frère Gérard était là, et serait ravi de nous revoir. Les Mantoux, c'est un passé déjà si lointain qui remonte à la surface, je ne sais pas si cela me fera plaisir.

Hier soir, après le dîner, je lisais *The Good Natured Man*, de Goldsmith, lorsque l'on a sonné. C'était un jeune homme que nous envoyait Mlle Detraux, pour nous demander notre avis au sujet de deux enfants qu'il avait recueillis après l'arrestation du père (un médecin) de la mère et des deux plus jeunes, âgés de 12 mois et 2 ans. Arrêté dans la rue, le père, parce que l'on avait voulu vérifier ses papiers, il avait eu un mouvement pour fuir, on est venu ensuite chercher la famille, qui était en train de faire ses malles – trop tard, hélas ! Il paraît que l'Allemand qui est venu arrêter la femme lui disait : « Pourquoi ne pas dire où sont les deux autres enfants ? Une famille, c'est fait pour être ensemble… » Oui, lorsqu'on sépare les maris et les femmes dès Metz !

Car maintenant, ce sont les familles qu'on déporte ; où pensent-ils en venir ? Créer un État juif esclave en Pologne ? Pensent-ils une seconde que ces malheureuses familles fixées ici, certaines depuis cinq siècles, ont une autre idée obsédante que celle de revenir ?

Après, je n'ai pu continuer ma lecture. J'ai dû aller me coucher. Le problème du mal m'apparaissait à nouveau si immense et si désespéré !

Mardi 16 novembre

Boulevard de la Gare, où on a ouvert une succursale de Lévitan (centre où des internés de Drancy, « favorisés » parce qu'ils sont « conjoints d'aryens[1] », trient et mettent

---

1. Les juifs mariés à des non-juifs sont considérés par l'occupant comme des « conjoints d'aryen ». Ils ne sont, en théorie, pas déportables.

en caisse les objets volés par les Allemands dans les appartements juifs et destinés à l'Allemagne), se trouvent actuellement deux cents personnes, hommes et femmes mélangés dans la même salle avec un lavabo. Tout se passe en commun, on dépouille avec raffinement les hommes et les femmes de leur pudeur.

Là se trouvent M. Kohn, Édouard Bloch, grand mutilé, comment fait-il ? Mme Verne, la femme du banquier. Et d'ailleurs qu'est-ce que cela peut faire, la classe ? Tous souffrent, seulement des gens intensément délicats et fins comme le premier doivent souffrir plus.

Été à Neuilly pour rien.

Été à Saint-Denis à onze heures trente.

Pleuré après le dîner.

Mercredi 17 novembre

Je reviens de l'hôpital des Enfants-Malades où une surveillante m'avait convoquée à cause d'un enfant. Une femme de cœur et d'intelligence voulait sauver Doudou ; je lui ai expliqué qu'il n'y avait rien à faire, qu'il était bloqué [1] ; ai saisi ses hésitations vis-à-vis de l'UGIF, et cela m'a fait de la peine. Je la comprends si bien ; et c'est si difficile d'expliquer aux autres ce que c'est. Officiellement, par son caractère non clandestin, c'est une monstruosité. Mais d'abord, qui se serait occupé des internés et des familles sans cela ? Et qui peut dire le bien que beaucoup de ses membres ont fait ?

---

1. Les enfants bloqués sont des enfants dont les parents ont été déportés et que les Allemands ont remis aux orphelinats de l'UGIF avec interdiction de les faire sortir. La plupart de ces enfants bloqués seront ultérieurement déportés.

Elle m'a raconté qu'elle avait un garçon de salle qui revenait de Pologne, et qui avait assisté de ses propres yeux au spectacle suivant : les ouvriers français là-bas n'ont pas le droit de circuler en dehors d'une enceinte déterminée. Celui-là était sorti un soir, dans le noir, et avait dépassé la limite prescrite, il se trouvait au bord d'une espèce de lac, soudain il entendit du bruit. Il se cacha, et assista à une chose qui n'a pas de nom : il vit des Allemands s'avancer, poussant devant eux des femmes, des hommes, des enfants. Il y avait là une espèce de tremplin sur lequel on les faisait monter. Et de là floc ! dans le lac, c'est comme cela qu'elle a dit ; je sentais la moelle de mes os se glacer. C'était des juifs polonais.

Je ne sais donc pas tout, mais chaque récit nouveau tombe dans une atmosphère de conscience à vif.

Elle a ajouté qu'il est fort probable qu'en reculant sur le front russe, les Allemands reviendront sur ces lieux, découvriront les cadavres, et proclameront que ce sont les bolcheviks pour faire peur à nos bons bourgeois. Qui sait si Katyn n'était pas leur œuvre aussi ?

Cet ouvrier était dans un camp avec des Russes. C'est dans ce camp qu'il y a eu une terrible épidémie de typhus pour laquelle Lemière est parti en Allemagne (sans rien faire, a-t-elle dit). Il est mort quatorze mille Russes dans ce camp. Le soir, les Allemands faisaient atteler quatre Russes à des charrettes sur lesquelles on empilait les cadavres nus, on jetait dessus pêle-mêle des hommes qui n'étaient pas encore morts avec les autres.

Quant aux femmes russes, lorsque les Français avaient tenté de leur donner à manger, on les avait enfermées dans un cachot. L'après-midi, on les avait sorties et fait défiler nues devant les ouvriers français, qui avaient tellement crié après les Allemands, que ceux-ci avaient empilé à nouveau ces femmes dans leur cachot.

Et on voudrait, sachant cela, que je sois normale, que je travaille régulièrement ? Oui, ce matin j'avais décidé de travailler ma thèse, je savais obscurément que c'était chose impossible, qu'un nouveau choc viendrait m'arrêter. Il y a eu d'abord la nouvelle ce matin qu'Yvonne et les autres étaient dispersés aux quatre coins à cause d'une menace. Il y a eu ensuite cela, comment peut-on maintenir un équilibre qui est avant tout *singleness of mind* [retrait du monde], lorsque dès qu'on se détourne du mal qui fait rage sur le monde, celui-ci nous rappelle à lui ?

Les seuls heureux doivent être les ignorants.

Mercredi 24 novembre

Il y a en ce moment une vague de pessimisme. Est-ce à cause de l'hiver, le troisième de ces longs hivers sans espoir ? Est-ce vraiment parce que l'on est à bout ? Qui peut le dire ? La résistance humaine a des ressources incroyables. Jamais on n'aurait pu croire que nous supporterions ce que nous supportons. Comment Mme Weill, par exemple, la mère de Mme Schwartz, que j'ai vue hier matin, ne devient-elle pas folle ? Comment la vieille Mme Schwartz, avec deux fils déportés, une belle-fille déportée, un gendre prisonnier, une fille internée, et un mari gâteux, ne devient-elle pas folle ?

Il paraît qu'en Allemagne, le parti est encore si fort que la guerre peut durer longtemps. Dans les villes bombardées, on oblige les hommes à rester ; les femmes sont envoyées dans d'autres usines ; et les enfants, dès 6 ans, sont confiés aux écoles nazies. Les enfants ! Pourquoi essayer de croire que les Allemands envisagent la situation comme nous, qu'ils voient les deux aspects de la question, qu'ils voient l'inutilité de la guerre. Il ne faut pas essayer de comparer l'état d'esprit d'un Allemand de maintenant avec le nôtre. Ils sont intoxiqués ; et ils ne pensent plus ; ils n'ont plus d'esprit critique : « Le Führer pense pour nous. » Je craindrais de me trouver devant un Allemand, car je suis sûre qu'il y aurait incapacité totale de nous comprendre. Leur bravoure n'est plus guère qu'un instinct animal, l'instinct de la bête. Ceux qui ne se battent pas parce que c'est l'ordre et qu'ils sont un troupeau, ceux-là agissent sans doute avec l'exaltation des fanatiques.

Je ne peux rien admirer en eux, car ils ne possèdent plus rien de ce qui faisait la noblesse d'un être humain. C'est pour cela que la guerre peut durer, c'est pour cela que l'avenir est si sombre.

Ce matin, je lisais Shelley, et sa *Défense de la poésie* ; hier soir, un dialogue de Platon traduit par lui. Quel désespoir de penser que tout cela, tous ces magnifiques résultats de polissure, d'humanisation, toute cette intelligence et cette largeur de vues sont morts aujourd'hui. Vivre une époque pareille, et être attiré vers toutes ces œuvres, quelle dérision, c'est presque incompatible. Que dirait Platon ? Que dirait Shelley ? On me traiterait de rêveuse et d'inutile. Mais n'est-ce pas les autres, n'est-ce pas la rage de mal qui sévit actuellement qui est la chose fausse et inutile ? Si j'étais née à une autre époque, tout cela aurait pu s'épanouir.

Il y a aujourd'hui un an que Jean est parti. Un an que je suis rentrée pour trouver le bouquet d'œillets panachés. Depuis samedi, anniversaire de la dernière fois où il est venu, et où j'ai revécu depuis le matin tous les détails de cette dernière journée, j'ai comme doublé un cap, j'ai vaincu l'obsession des souvenirs que chaque anniversaire faisait surgir.

Vendredi 26 novembre

Nuit mauvaise ; j'ai cru que j'allais avoir une otite, tellement j'ai eu mal à l'oreille, comme il y a deux ans, au moment de ce sinistre 12 décembre. J'ai dû avoir de la fièvre. Toute la journée j'étais *funny* [je ne me sentais pas dans mon assiette]. Je suis tout de même allée chez Nadine. Adagio du *Cinquième Trio* de Beethoven. Quelle beauté !

Dimanche midi
28 novembre

Bonne Maman est morte subitement avant-hier soir, lorsque Maman venait de la quitter.
Je suis si fatiguée que je ne peux pas penser. D'ailleurs, je ne réalise pas encore. Je réaliserai lorsque tout sera fini. Ce qui se passe actuellement, ces veillées dans la chambre, le spectacle de son corps allongé sur le lit, tout cela est une épreuve qui fait partie du reste, qui n'a d'ailleurs rien d'horrible, rien qui ait pénétré dans mon expérience en provoquant une révolte, un raidissement ou un sentiment de peur (car c'était la première fois que je voyais un corps). Tout est infiniment simple, son visage a très peu changé ; elle paraît dormir ; elle a pris le ton du vieil ivoire. Lorsque je suis entrée pour la première fois hier matin, c'est cette immobilité de marbre qui m'a le plus impressionnée. Depuis trois jours, elle dort, elle dort sans arrêt, rien ne peut plus la déranger.
Mais je sais très bien que ce n'est pas *cela* qui fera mon chagrin de la mort de Bonne Maman. Je ne parviens pas à rattacher *cela* au souvenir vivant que j'ai gardé d'elle. Et c'est de ce souvenir-là, des mille évocations qui viendront, que sortira la réalisation de sa disparition.

Je sens simplement, pour le moment, que nous avons perdu la dernière amarre qui nous fixait notre place dans le temps, entre le passé et l'avenir.

Je préfère être éveillée. Cette nuit, j'ai fait de tels cauchemars que je me suis forcée à rester réveillée.

Devant ce corps d'ivoire qui paraît dormir, je suis remplie de tendresse. C'est une bénédiction qu'elle ait si peu changé.

Nicole a dit hier matin : « C'est comme une flamme qui s'éteint, elle était au bout de la vie. » C'est vrai, on ne peut pas avoir de révolte. C'est même plus doux et plus paisible que la réalité qui nous entoure.

Tante Marianne a l'air crucifiée. Elle est la seule qui reste de cette génération, maintenant, et c'est là le grand drame. Oncle Émile, Bonne Maman, Tante Laure, tous disparus. Elle était assise auprès du lit pendant des heures, sans rien dire, la tête inclinée de côté dans ses fourrures, la figure aussi pâle et tirée que celle de Bonne Maman. Aucun de nous n'approchera de son chagrin.

C'est dans le lit où est morte Bonne Maman que je suis née, et Maman aussi. Maman me l'a dit cet après-midi. Cela m'a réconfortée, que la vie et la mort soient ainsi mêlées.

J'ai retrouvé ce soir la lettre de Jean du 27 juin, où il me parlait de Bonne Maman, au moment où elle était si mal. Maintenant, six mois après, comme tout a changé : un vide s'est fait autour de moi.

J'aurais tant voulu que Bonne Maman le connaisse ; il me semble qu'il m'aura manqué une bénédiction. Si elle l'avait connu, le fait qu'elle lui ait souri, qu'elle lui ait parlé, l'aurait intégré d'un seul coup dans ma vie intérieure et ma vie passée. Je souffre tant de ne pouvoir le faire, avec cette absence si longue survenue après une connaissance si imparfaite.

Lundi soir, 29 novembre

Je reviens de chez Tante Marianne. Comme c'est triste. Il y avait là Denise qui parle en regardant en l'air, si grande, et marchant avec peine, posant sans cesse les mêmes questions. Et soudain, quel spectacle pour Tante Marianne si bouleversée par la mort de Bonne Maman, se mettant à chanter à tue-tête et à danser lourdement, à chanter des refrains de caf'conc' qu'elle a en disques. Et c'est le seul moment où elle parle correctement et avec suite.

Tante Marianne était si contente de ma visite.

Je ne réalise pas ; je ne parviens toujours pas à mettre bout à bout les deux choses, la Bonne Maman qui était avant, et celle de ces derniers jours. C'est la première qui va vivre maintenant, et dont le souvenir, lorsque peu à peu j'en prendrai conscience, me causera de la peine. De l'autre, je n'ai éprouvé aucune crainte, mais il me semblait qu'elle m'était étrangère. Je ne suis pas entrée dans la chambre pendant la mise en bière, pas parce que j'avais peur (j'aurais pu surmonter cette crainte, et d'ailleurs, elle n'était pas changée), mais *parce que ce n'était pas Bonne Maman* pour moi. Je suis restée une partie de l'après-midi à côté du cercueil ; ce matin, j'ai acheté des œillets, hier des violettes pour mettre dans la bière ; et rien de cela ne m'a émue. J'ai arrangé les fleurs sur le cercueil.

Ce soir, en rentrant, j'ai trouvé parmi les lettres de condoléances deux lettres exquises de Nadine Henriot et de Mme Crémieux. Cela me fait pleurer de recevoir l'affection des autres. Et soudain je me suis aperçue que c'était toutes deux des amies que j'avais connues par Françoise. À la pensée de Françoise, mon cœur s'est serré.

Demain, il faudra que je descende à la station de métro Père-Lachaise. C'est dans cette station, il y a à peu près un an, vers cinq heures, que j'ai parlé pour la première fois longuement avec Mme Schwartz, les rames de métro passaient sans cesse ; et sur le banc du quai, nous parlions. Je lui ai raconté pour Jean, car je ne pouvais pas le cacher à ceux à qui j'avais donné mon cœur. Maintenant, je n'ai plus ni cet effort ni cet aveu à faire, car tous ceux que j'aimais ont disparu. Je l'entends encore, avec ses yeux brillants de tendresse (ils étaient si brillants d'amour, ses yeux, toujours) : « Comme c'est gentil, une petite fille comme vous ! »

* * *

Mme Duchemin a écrit une chose très juste à Maman en lui parlant de la paix à l'abri de laquelle était Bonne Maman. Ils ne pourront plus l'avoir. Je pense à l'hospice qui était notre terreur pour elle, cette maison de misère où il y a déjà tant de gens qui souffrent. Et puis, au fond, cette paix n'est-elle pas plus belle, infiniment supérieure à notre vie d'angoisse et de tourments perpétuels ? Craindre sans cesse pour les siens, ne pas pouvoir faire le moindre projet d'avenir, même le plus proche. Ce n'est pas de la rhétorique, mais je sens profondément la beauté de cette strophe d'*Adonais*, et j'ai eu la tentation de l'apprendre par cœur :

> He has outsoared the shadow of our night ;
> Envy and calumny and hate and pain,
> And that unrest which men miscall delight,
> Can touch him not and torture not again ;
> From the contagion of the world's slow stain

*He is secure, and now can never mourn
A heart grown cold, a head grown grey in vain*[1].

Il y a eu vraiment un moment aujourd'hui où j'ai fait miens ces vers.

* * *

Commencement de la conscience de la disparition.

Les visites à Bonne Maman, en plus de leur caractère traditionnel, en plus de la célébration d'une sorte de religion très douce du passé qu'elles représentaient, étaient devenues un havre dans cette vie d'angoisse ; car avec elle, je ne parlais pas de la réalité, c'était encore un îlot verdoyant du bon vieux temps, un îlot de paix.

Et dans l'impression de lui donner de la douceur et de la tendresse, je puisais moi-même une grande douceur. Que vais-je devenir sans elle maintenant ?

* * *

Pauvre Mme Basch hier ! qui a dit que Bonne Maman était la seule heureuse ; elle était brisée, d'angoisse pour son mari, de souci pour ses parents qui ont 85 ans, de l'effort

---

1. « Il a pris son essor par-delà l'ombre de notre nuit ; / L'envie, la calomnie, la haine, la douleur, / Et cette agitation que les hommes mal nomment plaisir, / Ne reviendront désormais ni le toucher ni le tourmenter ; / De la lente contagion de la souillure du monde / Il est à présent hors d'atteinte, et ne pourra jamais plus pleurer / Un cœur devenu froid, une tête devenue grise en vain. » P. B. Shelley, *Adonaïs, une élégie sur la mort de John Keats, auteur d'Endymion, Hypérion, etc.*, l. 352-358, 1821.

qu'il faut faire pour leur jouer la comédie. Elle a un courage merveilleux, car elle est pleinement consciente, et elle garde un aspect calme et normal. Seulement hier, elle était tout à fait démontée, et sanglotait dans l'escalier.

On a mis dans la bière (je ne dis pas : de Bonne Maman, car ces deux choses ne vont pas ensemble) le bouquet de violettes que j'avais acheté dimanche, une branche de citronnelle d'Aubergenville qui était dans mon armoire à linge, le seul souvenir de Bayonne qui reste ici, et les œillets que j'avais achetés de la part d'Yvonne et Jacques.

Mardi 30 novembre

J'ai écrit à Yvonne ce matin, à Jacques hier soir. C'est étrange comme la mort de Bonne Maman a fait resurgir du passé les petits-enfants que nous avons été, comme elle a resserré encore les liens qui nous unissaient.

Est-ce cela la réalisation du vœu qu'elle exprimait dans sa dernière lettre, que tous ses petits-enfants restent unis ? Cette idée me semble merveilleuse.

La seule expérience de l'immortalité de l'âme que nous puissions avoir avec sûreté, c'est cette immortalité qui consiste en la persistance du souvenir des morts parmi les vivants.

De l'autre, personne ne peut rien affirmer, parce que personne ne sait rien. Chez beaucoup, la croyance en la vie future n'est qu'un subterfuge pour déguiser la crainte de la mort, et malheureusement le catholicisme a joué sur ces sentiments et les a développés. Il y a peut-être des gens qui *savent*, par une illumination. Mais la majorité des gens qui croient au paradis et à l'enfer le font parce qu'on le leur a dit depuis qu'ils étaient petits, comme les Allemands d'aujourd'hui croient que les juifs sont des bandits. En réalité, c'est un mystère insondable, et sur ce point, je m'en remets entre les mains de Dieu. Le seul être humain qui ait eu raison est Hamlet dans son monologue *To be or not to be*.

Le souvenir de Bonne Maman est souriant, d'abord parce qu'elle est morte seulement parce qu'elle avait fini sa vie, et dans l'inéluctable, il y a une grande beauté. Nous autres, hommes, nous devons considérer le phénomène de la vie et de la mort comme inéluctable. Lorsqu'on comprend, on accepte. Ce que l'on n'accepte pas, c'est la folie criminelle des gens qui répandent la mort artificiellement, qui s'entretuent, alors que la mort appartient à Dieu.

L'autre raison, c'est que son souvenir n'est que douceur souriante, on ne peut la voir autrement. Elle n'a laissé que des souvenirs de bonheur qui font que le cœur se remplit de tendresse lorsqu'on y pense.

30 novembre 43

Si la mort pouvait être comme dans *Prométhée délivré* et c'est ce qu'elle devrait être si les hommes n'étaient pas mauvais :

> *And death shall be the last embrace of her*
> *Who takes the life she gave, even as a mother,*
> *Folding her child, says, « Leave me not again*[1]. »

Saisissant, c'est ce que je cherchais à exprimer tout à l'heure. Je viens de le trouver comme une lumière dans

---

1. « Et la mort sera l'étreinte ultime de celle / Qui reprend la vie qu'elle a donnée, comme mère, / Serre contre elle son enfant, et dit "Ne me quitte plus." » P. B. Shelley, *Prométhée délivré*, III, III, 105-107, 1820.

la nuit, en lisant le *Prométhée* de Shelley. Il s'agit de la résurrection du monde après la délivrance de Prométhée. C'est la Terre qui parle.

Flattering the thing they feared, which fear was hate[1], –

Pourquoi Dieu a-t-il implanté en l'homme le pouvoir de faire le mal, et le pouvoir d'espérer toujours un affranchissement de l'humanité ?

The loftiest star of unascended heaven,
Pinnacled dim in the intense inane[2],

comme Keats : *Bright Star !*

Hung in love splendour among the night,
As the billows leap in the morning beams[3].

Allégresse.

---

1. « Flattant la chose qu'ils craignaient, d'une crainte qui n'était que haine – » P. B. Shelley, *Prométhée délivré*, III, IV, 188, 1820.
2. « L'étoile la plus élevée du ciel inviolé, / Lueur au faîte du vide infini. » P. B. Shelley, *Prométhée délivré*, III, IV, 188, 1820.
3. « Brillante étoile / Étincelant dans la splendeur de l'amour au faîte de la nuit ». La citation exacte est : « *Bright Star !* [would I were as steadfast as thou art –] / Not in lone splendour hung aloft the night* », « Brillante étoile ! [comme j'envie ta constance –] / Non pour étinceler solitaire au faîte de la nuit ». Pour la dernière ligne : « Comme les flots bondissant dans les rayons du matin ! » P. B. Shelley, *Prométhée délivré*, IV, 68, 1820.

Once the hungry Hours were hounds
Which chased the day like a bleeding deer,
And it limped and stumbled with many wounds
Through the nightly dells of the desert year[1].

C'est maintenant.
Pour moi. Et combien plus pour des déportés, les prisonniers.

Rien n'est exagéré lorsque Shelley dit que la poésie est la suprême des choses. De tout ce qui existe, elle est le plus près de la vérité, et de l'âme. (Mal exprimé, mais senti.)

Le rêve magnifique de l'acte IV ne prend-il pas sa valeur de ce qu'il n'existe pas, de ce qu'il n'est qu'espoir, et en lutte avec la réalité ? C'est la question angoissante que l'on peut toujours se demander avec les utopies.

Lundi soir, 6 décembre

Je pourrais danser, courir, sauter. Je ne sais comment contenir ma joie : on a des nouvelles de Françoise et des autres. Ouf ! ça y est, je l'ai dit. J'ai trouvé en rentrant un pneu de la mère de Mme Schwartz me disant qu'elle venait de recevoir une carte de sa fille du 25 octobre de Birkenau. Françoise embrasse son père. Mme Robert Lévy et Lisette Bloch sont avec elles. Le silence est enfin brisé.

Je m'arrête pour réfléchir comment je pourrais prévenir Cécile, Nadine, Monique de Vigan. Toutes ses amies,

---

1. « Jadis les Heures affamées étaient une meute / Qui pourchassait le jour comme un daim ensanglanté / Et il boitait et trébuchait sous ses multiples blessures / Par les vallons nocturnes de l'année déserte. » P. B. Shelley, *Prométhée délivré*, IV, 73-76, 1820.

sans téléphone, *damn it* [la barbe] ! Ne pas pouvoir sortir, il est sept heures et demie. J'irai rue de Lille demain matin à la première heure. De chez les Ébrard, j'ai appelé les Canlorbe. C'est le mari de Nicole qui a répondu. Heureusement, il pourra faire la commission.

Dieu soit loué ! J'ai beaucoup prié.

Savoir où elles sont ! Avoir un mot d'elles depuis cet horrible départ. C'est une amarre pour la pensée errante aveugle.

Mardi soir, 7 décembre

Jacques vient d'écrire deux lettres exaltées de tendresse à Maman. Son professeur, M. Collomp, a été abattu sauvagement à coups de revolver à Clermont-Ferrand, lors de cette attaque contre l'université de Strasbourg dont nous avons pu reconstituer peu à peu le récit. Nous savions que la Faculté avait été cernée, un professeur de grec abattu, tous les professeurs et étudiants Alsaciens-Lorrains alignés dans la cour, bras en l'air pendant plus de dix heures et finalement déportés. Toute l'affaire ayant été menée par un étudiant français, fils d'officier français, qui indiquait aux Allemands l'identité réelle de chaque Alsacien-Lorrain. Le professeur assassiné, c'était donc M. Collomp[1].

Je comprends que Jacques soit bouleversé. En un coup, en un choc, il a eu la révélation de ce qui me tourmente

---

1. L'université de Strasbourg s'est repliée en septembre 1939 à Clermont-Ferrand, où les cours ont repris à la rentrée de 1940, en raison de l'annexion de l'Alsace-Lorraine par le Reich. Elle devient un centre actif de résistance. La Gestapo y organise une grande rafle le 25 novembre 1943. Le papyrologue Paul Collomp est abattu, 1 200 personnes sont arrêtées, dont 110 restent emprisonnées.

depuis des mois. Il parle de la souffrance humaine. Il veut faire une thèse sur la souffrance chez les Grecs. Je bouillonne à la pensée qu'il subit exactement la même évolution que moi, que maintenant il comprendrait tout le sens des lettres que je lui écrivais, pourquoi *Hypérion* m'enthousiasmait. Je voudrais le lui écrire. Je voudrais qu'il comprenne ce qui s'est passé en moi-même, combien nous nous ressemblons. Et aussi je voudrais l'aider, puisque je sais ce que c'est.

* * *

Je quitte Mme Lehmann, très découragée par un vilain tour que lui a fait son associée, en vendant le fonds de leur affaire à son insu. Du coup, tout le poids de son angoisse que seul sans doute son travail l'aidait à supporter, retombe sur elle. Elle m'a quittée en me disant : « Nous nous reposerons quand nous serons morts. »

Cette parole, je l'ai lue il y a quelque temps dans un roman russe – je crois *Le Duel* de Kouprine – une citation de Tchekhov : « Nous nous reposerons, oncle Vania, nous nous reposerons. »

Elle m'a dit : « Bien sûr, ces gens me disent : vos enfants sont jeunes, ils supporteront, ils résisteront. Mais je leur réponds : ils ne résisteront pas à une balle de revolver. »

Que fera-t-on de ces camps le jour où cela ira mal ? À Kiev, ils ont massacré vingt mille juifs. À Fhéodisia en Crimée, douze mille en une nuit.

* * *

J'ai couru toute la journée. Pris cinq fois le métro ce matin, pour procurer à M. B. la joie de joindre un mot à la réponse de Mme W. Lorsque j'ai lu la carte de

Mme Schwartz et vu la signature, le Thérèse caractéristique, j'ai eu une grande joie, j'ai joint en bas de la lettre une phrase bafouillée en allemand. Quelle émotion de tenir cette lettre qui arrivera peut-être à elle dans deux mois.

* * *

Évasion de Jean C. S. Récit extraordinaire. Au cachot, roué de coups ; balles de revolver visées par le soupirail, serment de ces quatorze hommes.

* * *

Mercredi 8 décembre

Mme Morawiecki est venue goûter. Elle a apporté les poupées en chiffon qu'elle avait faites.
Elle écoute et s'intéresse à tout ce qu'on dit.
Mais elle est toujours aussi indéfinissable : je ne sais si je l'aime ou non. Je crois qu'il y a un manque de douceur, de tendresse même en elle qui fait que je ne peux jamais me rapprocher d'elle au-delà d'un certain point. Et pourtant, elle a eu une idée touchante avec ces poupées. Elle s'intéresse à nous. Mais est-ce qu'elle m'aime ? Est-ce qu'elle m'a acceptée comme je veux qu'elle le fasse ? ou est-elle toujours sur les mêmes positions ?

Lundi soir, 13 décembre

Je ne sais pourquoi j'ai des pressentiments. Depuis quinze jours environ, on fait courir de plusieurs côtés le bruit que nous devons tous être arrêtés avant le 1er janvier. Aujourd'hui, à l'Institut, Lucie Morizet m'a attendue exprès (j'étais descendue avec Denise acheter des livres pour Jacques), pour me dire qu'un de ses amis lui avait dit de prévenir tous ses amis de notre espèce qu'avant le 31 décembre ils seraient pris. Elle voulait absolument que je fasse quelque chose. Faire quoi ? Il y a un monde à soulever.

Ce n'est pas la première fois que de pareils bruits courent. Ce n'est pas la première fois que l'on vient nous donner des avis de ce genre. Alors, pourquoi suis-je si inquiète ?

Objectivement, il y a de quoi. Parce que j'ai l'impression que nous sommes la dernière fournée, et que nous ne passerons pas entre les mailles du filet. Il ne reste plus beaucoup de juifs à Paris ; et comme ce sont les Allemands qui font les arrestations maintenant, il y a peu de chances d'y échapper, parce que nous ne serons pas prévenus.

Subjectivement, avant-hier soir j'ai rêvé, toujours avec la même précision, que nous étions enfin arrivés au moment d'envisager nos lieux de refuge respectifs, qu'il fallait nous cacher et nous disperser tous. Je me suis réveillée pleine d'angoisse. Cela ressemblait tellement à la réalité.

Pourquoi suis-je inquiète ? Je n'ai pas peur. Et depuis le début je m'y attends. Mais je m'y attends depuis si longtemps que je finis par me demander si ce n'est pas stupide d'attendre en sachant à quoi on est exposé. Si ce n'est pas du laisser-aller. Je ne crois pas, puisque je reste ici en étant parfaitement consciente de ce qui peut arriver, et qu'il s'agit d'un choix volontaire.

Mais pourquoi ce choix ? Non pas parce que c'est la chose brave, parce que c'est le devoir ; cette position-là d'abord serait trop proche de l'orgueil, et ensuite, en réalité, je ne sens pas qu'il y ait là un devoir. Si j'étais médecin et qu'il s'agissait d'abandonner mes malades, ce serait différent.

Et pourtant, si soudain j'abandonnais ma vie « officielle », j'aurais l'impression d'une défection. Pas vis-à-vis des autres, vis-à-vis de moi-même. J'aurais trop pris le goût de la souffrance, de la lutte, du malheur, pour pouvoir me réhabituer à une autre vie. Parce que l'épreuve mène à une plus grande purification.

Matériellement, il y a d'immenses obstacles, se cacher, mais alors se cacher tous, les parents, Denise, les S. Cela, avec de la volonté, on y arriverait. Mais je sais bien que personne de la famille ici ne prendra une telle résolution avant d'avoir été mis en face du danger, et peut-être trop tard.

J'ai dit que je n'avais pas peur. Pourtant, je me demande si ce n'est pas par ignorance, ignorance des souffrances qu'il y aura à endurer, ignorance de mon pouvoir de résistance. Si, une fois que je serai là-bas, je ne me dirai pas que nous étions fous et aveugles de rester.

Je sais très bien que si nous sommes pris, je serai déportée séparément de mes parents, que cette séparation sera une angoisse atroce pour chacun de nous, en plus du fait même de la déportation.

Je me dirai alors : comment, sachant cela, n'as-tu rien fait pour l'éviter ?

Si quelqu'un lit ces lignes, et que *cela* soit arrivé, il sera frappé comme par la main de Keats, et après il dira : oui, comment, comment ?

Mais mon angoisse ne me concerne pas. Je pourrais supporter ma part toute seule. C'est l'inquiétude que me causent les autres : Denise et François. Denise, dans son état [1], on la séparera de François. Il y aura cette souffrance

---

1. Denise, sœur d'Hélène Berr, est enceinte.

morale, et la souffrance physique de la faim et des durs traitements, l'absence des soins médicaux.

Il y aura la pauvre Auntie Ger, si frêle et déjà si déprimée (chez elle, depuis le début, il y a du reste une sorte de fatalisme qui me révolte souvent), Oncle Jules, qui ne supportera pas cela Nicole, Nicole surtout et Jean-Paul. Elle ne sait pas ce que cela sera, lorsqu'elle en parle froidement. Tout cela gâché, j'ai l'impression que je vois plus clair qu'eux tous.

Et peut-être tout cela n'est-il une fois de plus qu'un bruit alarmant. Tout abandonner, prendre une décision aussi grave, alors que peut-être rien n'arrivera ?

Et pourtant, même si c'est un bruit comme les autres, cela n'empêchera pas que des milliers de personnes aient été et soient arrêtées tous les jours, qu'aujourd'hui le chiffre des déportés atteigne presque cent mille, que, avec ou sans « alerte », la réalité est là, et que ce n'est qu'au hasard que nous devions de n'avoir pas encore subi ce sort ; et que ces alertes n'auront fait que déchirer le voile qui nous enveloppait tout le temps, nous rendre conscients de ce dont nous *aurions dû être conscients* tout le temps, puisque cela existait, et cela nous menaçait.

* * *

Hier, après le déjeuner, j'ai cédé à une crise de larmes. Elle a été provoquée par un incident sans gravité, une de ces éternelles discussions sur les Anglais, où je me suis aperçue une fois de plus que l'on ne devait pas discuter avec Maman, parce que aussitôt une proposition émise, au lieu de l'accepter pour la discuter, elle partait sur la contre-proposition agressivement. Par exemple, dès qu'on dit que la politique extérieure des Anglais est égoïste et souvent peu chevaleresque (ce qu'on ne peut nier), elle lance : « Nous n'avons le droit de rien dire, nous les avons trahis », ou « Trouvez-vous que les Allemands vaillent mieux ? » (Deux choses sur lesquelles nous nous entendons.) Ne peut-on sauvegarder la liberté de jugement malgré tout ? Surtout si on reconnaît ses propres torts. J'étais tellement énervée, de ne pouvoir obtenir l'impartialité de Maman, de me sentir en révolte contre elle, de sentir qu'elle était fâchée contre moi à ce moment-là, de ne savoir si je devais sacrifier la recherche de la vérité à l'acceptation du caractère de Maman tel qu'il est – un de ces cas où ma conviction qu'il faut accepter les autres en les comprenant complètement, en voyant leur point de vue, et sa légitimité du point de vue de l'autre, entre en conflit avec autre chose. Mon énervement s'est grossi de toute la misère latente, et j'ai pleuré, ou essayé de pleurer pendant une demi-heure.

**

22 décembre

Il y a au moins huit jours que je n'ai rien noté sur ce journal. La dernière fois, c'était sous le coup des objurgations de Lucie Morizet qui m'annonçait notre arrestation prochaine. Toute la semaine cela a continué, de tous les côtés, jusqu'à M. Rouchy samedi. Mais samedi, une autre affaire est venue nous inquiéter bien plus, sans doute à tort. Maintenant, je suis incapable de me souvenir de l'atmosphère horrible de cette journée, de cet après-midi, qui me semblait être une des réalisations de mon angoisse constante : Denise a reçu la visite le matin d'un Allemand en uniforme qui a demandé à voir l'appartement. Depuis, on nous a rassurés, en disant que c'était constant. Sur le moment, j'ai vu, et nous avons tous vu, Denise et François obligés de se cacher, l'appartement déménagé, la vie dehors, la vie jusqu'à la fin de la guerre pour deux personnes de plus, et cette fois de notre propre famille. Denise, dans l'état où elle est ! Pendant le déjeuner, sous le choc de cette visite, elle faisait des efforts visibles pour ne pas éclater en sanglots. Tout l'après-midi, je suis restée ici en faction, tandis que Maman, Denise, Andrée et son mari étaient à l'appartement, François et Papa chez Robert L. Il a fallu supporter la visite des Robert Wahl.

J'ai continué machinalement à habiller des poupées. Le lendemain, j'étais aussi vaseuse qu'un lendemain de bal !

* * *

Hier soir, Maman m'a dit que les André Baur avaient été déportés, avec leurs quatre petits enfants. Cela me hante. Ce n'est qu'une histoire de plus de ce genre. Mais on était si sûr qu'ils ne partiraient pas. Et juste au moment de Noël, quand je prépare des arbres de Noël, cette fête des enfants. C'est cela qui m'a tellement fait de chagrin.

Lundi 27 décembre

Hier, c'était l'arbre de Noël ici. Je dis bien, mais il y a eu à peine de discontinuité entre ces deux jours, car je n'ai dormi que trois heures à cause de mon nez bouché.

Je suis allée chercher Pierre et Danielle. Lorsque j'ai revu Danielle, et que chacune de ses expressions, et ses yeux, m'ont soudain rappelé sa mère avec une intensité saisissante, j'ai été envahie par une peine encore inconnue, c'était autre chose que celle que j'ai éprouvée jusqu'ici.

L'image de Mme Schwartz s'était estompée, et mon souvenir n'était plus qu'un état d'âme, la tristesse. Avec Danielle, l'image a resurgi.

    Aujourd'hui, à deux heures, je me préparais à m'en aller pour ma leçon d'allemand, Odile est arrivée. Je ne peux pas dire que j'en ai été étonnée. J'ai tout de suite réalisé et accepté sans transition. D'ailleurs, il me semble que c'est hier qu'elle m'a quittée. Fait de la solitude ? J'ai l'impression que nous avons repris la conversation où elle était restée.

Vendredi 31 décembre

    Je voulais consacrer cette matinée au travail, je sais fort bien que le travail ne peut plus être pour moi qu'un moment volontaire d'oubli, et rien de plus. Je sais très bien que je n'ai pas résolu le conflit entre lui et la réalité, entre l'accomplissement de mon moi, et l'appel tyrannique de la réalité, que ce conflit reprendra dès midi, dès que j'aurai fermé mon livre. Hier soir, je voulais le faire, mais j'étais trop fatiguée. En quelques heures libres si précieuses pour moi, arrachées en quelque sorte, je n'en ai rien fait, parce que Denise était là quand je suis rentrée, parce que j'étais trop fatiguée (je n'ai pas pris un jour de vacances) j'ai eu encore une crise de larmes comme l'autre jour, lorsque Maman est rentrée ; il n'y a rien à faire, c'est comme une digue qui se rompt.

    Ce matin, donc, je voulais travailler, quelquefois encore, je pense à une matinée de travail comme à une merveilleuse perspective, je pense à la poésie, à toutes les joies que je pourrais y éprouver, à ce que je pourrais créer. Mais comment n'ai-je pas encore compris que cela ne devait plus être, ne pouvait plus être ? Comment ne parviens-je pas à y renoncer, à accepter de reconnaître que c'est impossible. Ainsi, ce matin, je devais m'y mettre, et encore, seulement jusqu'à onze heures car je dois aller à l'hôpital voir Michèle Varadi. (Encore une nouvelle mesure allemande : les juifs n'ont plus le droit maintenant de se faire soigner dans les hôpitaux.) Mais Maman vient de lire le journal, brusquement le peu d'espoir, la petite provision de bonheur artificiel que j'avais réunie à grand-peine s'est écroulée, parce que la réalité a vaincu. Deux choses : Darnand[1] vient d'être nommé commissaire au Maintien de l'ordre. Je ne sais pas qui c'est, sinon un de ces gangsters protégés par les nazis qui surgissent partout. Mais ce que cela veut dire = une guerre civile certaine, des arrestations et des morts encore. Des morts partout. Et des morts, qu'est-ce que c'est ? C'est mettre fin à des vies pleines de promesses, de sève à des vies intérieures aussi bourdonnantes et intenses que la mienne par exemple. Et cela froidement. C'est tuer une âme en même temps qu'un corps, alors que les assassins ne voient qu'un corps. Et plus on ira, plus il y aura de morts. Une fois que l'on commence à verser le sang, il n'y a plus de limites.

Comme la morale et le respect de l'humanité disparaissent vite lorsqu'une certaine limite est dépassée ! En un bond, on revient au stade animal. Il y a longtemps que les nazis ont rejoint ce stade. Ils jouent avec le revolver, avec la mort comme avec un mouchoir de poche. Ce sont eux qui sont à la tête de cet effroyable engrenage qui tourne maintenant avec une vitesse accélérée.

---

1. Joseph Darnand, ultra de la collaboration, a créé en janvier 1943 la Milice française pour lutter contre les maquis et la Résistance. En décembre 1943, il entre dans le gouvernement de Vichy comme secrétaire général au Maintien de l'ordre. La Milice intensifie dès lors son action contre les résistants et les juifs.

Je crois que je deviendrai folle. Par moments, je perds mon équilibre.

L'autre chose, c'est le discours du *Gauleiter* Sauckel[1] d'un bout à l'autre dirigé contre « les juifs ». Une telle lassitude s'empare de moi lorsque j'y pense : ne les ont-ils pas assez torturés, massacrés, persécutés depuis quatre ans ? Il n'y en a presque plus (et combien d'indicibles souffrances cela représente-t-il pour des êtres humains qui avaient sûrement plus droit à la vie que des monstres comme Sauckel), et ont-ils gagné la guerre pour cela ? Sont-ils plus avancés pour cela ?

Je me demande quel effet pareil discours peut produire sur des gens de l'extérieur ? Sans doute, une *partie* de celui qui est produit sur moi : l'impression de stupidité et d'inutilité. Mais pas l'autre partie : la conscience douloureuse de toutes les souffrances qui sont derrière.

* * *

Lu l'autre soir une nouvelle de Kouprine, *Gambrinus*. Histoire d'un musicien juif en Russie, écrite avec douceur et impartialité, dans le genre Duhamel (de la *Vie des martyrs*), ou Roger Martin du Gard. Les persécutions sont seulement esquissées. Mais pour *moi*, elles ont été d'une saisissante réalité. La froideur raisonnée, la cruauté déchirante de ces méthodes y est très bien indiquée. Mais c'est affreux. De penser que cela a toujours été ; et toujours sans la moindre excuse.

* * *

---

1. Fritz Sauckel, dirigeant nazi, chargé par Hitler de réquisitionner dans toute l'Europe la main-d'œuvre disponible.

Quand j'écris « juif », je ne traduis pas ma pensée, car pour moi une pareille distinction n'existe pas : je ne me sens pas différente des autres hommes, jamais je n'arriverai à me considérer comme faisant partie d'un groupe humain séparé, peut-être est-ce pour cela que je souffre tellement, parce que je ne comprends plus. Je souffre de voir la méchanceté humaine. Je souffre de voir le mal s'abattre sur l'humanité ; mais comme je ne sens pas que je fais partie d'aucun groupe racial religieux, humain (car cela implique toujours de l'orgueil), je n'ai pour me soutenir que mes débats et mes réactions, ma conscience personnelle. Je me souviens de ce mot de Lefschetz lorsque nous étions rue Claude-Bernard, et que ses discours en faveur du sionisme m'avaient révoltée : « Vous ne savez plus pour *quoi* vous êtes persécutés. » C'est vrai.

Mais l'idéal sioniste me paraît trop étroit, tout groupement exclusif, que ce soit le sionisme, l'effroyable exaltation du germanisme auquel nous assistons, ou même le chauvinisme contiennent un orgueil démesuré. Je n'y peux rien, mais jamais je ne me sentirai à l'aise dans des groupes pareils.

***

1944

Dimanche soir, 10 janvier 1944

Irai-je jusqu'au bout ? La question devient angoissante. Irons-nous jusqu'au bout ?

Il y a maintenant deux grandes voies qui mènent également au danger et peut-être au néant : la déportation qui nous menace toujours, les événements qui vont se passer d'ici la fin de la guerre. Ceux qui la termineront, et dont l'effroyable danger m'apparaît plus clairement depuis que Gérard nous en a parlé.

Je crains maintenant pour Jean, car sa vie sera exposée. Si nous nous retrouvons après tout cela, si j'échappe au danger qui nous menace depuis deux ans, et si lui, il sort de cet ouragan de feu sain et sauf, nous aurons payé cher notre bonheur. Quelle valeur extraordinaire il aura acquis.

Mais comme son retour sera différent de ce que j'avais imaginé. Il n'y aura pas de coup de sonnette à la porte. Je n'aurai pas à me demander dans quelle pièce je l'accueillerai. Serai-je ici ? Même au cas où rien ne me sera arrivé, dans ce grand bouleversement qui secouera la France entière, où serons-nous ?

D'ici trois mois peut-être ? C'est très long, trois mois, pour les gens qui ont vécu en s'attendant chaque jour au débarquement sans autre base que leur espoir, et les faux bruits. Mais dès qu'on l'envisage comme une chose certaine, qu'on en prévoit soudain l'accomplissement, cela devient très court.

Long, oui, terriblement pour ceux qui souffrent, pour ceux qui, comme l'a raconté Mme Poncey, sont dans un camp de concentration près de Vienne et sont si affaiblis qu'ils chancellent sous le choc des morceaux de pain que leur lancent les prisonniers français leurs voisins. Pour les déportés, pour ceux qui meurent de faim, pour ceux qui sont torturés dans les prisons.

Aujourd'hui, chez Breynaert, François a raconté l'histoire suivante qui lui vient d'un de ses camarades, ingénieur de la SNCF à Châlons. Un train de déportés (réfractaires[1]) s'arrête à Châlons. Les prisonniers d'un wagon déboulonnent le fond, et se couchent sous les rails, espérant se sauver ainsi. Le train repart. Mais les Allemands ont prévu le coup : tous les wagons sont fermés et plombés, sauf le dernier qui est ouvert, et rempli de soldats armés. Lorsque le train repart, ils voient les déportés sur la voie, et tirent de toutes leurs armes (ce sont des balles explosives qui déchiquettent les corps). Deux ou trois se relèvent et essaient de fuir, ils les abattent. Ils tirent jusqu'à ce que tous soient atteints. Puis ils descendent du train, tapent à coups de crosse parmi les blessés pour les forcer à se lever, retirent, et finalement entassent pêle-mêle cadavres, mourants et blessés dans le fourgon ; le train repart. Et douze morts dont on ne saura rien.

C'est atroce. La mort pleut libéralement de tous les côtés, distribuée aveuglément par cette race exaspérée,

---

1. Réfractaires au STO, le Service du travail obligatoire en Allemagne, imposé par l'occupant et Vichy à tous les jeunes Français de 20 à 22 ans à partir de février 1943.

parce que tous n'ont pas accepté leur conception de race dominante.

* * *

Je ne pouvais plus jouer de musique parce que brusquement je pressentais d'une manière aiguë le malheur qui pourrait nous arriver. Par exemple, Denise dans un wagon de déportation, cette idée était insoutenable. J'étais presque en colère contre elle parce que je me disais : elle ne se rend pas compte, elle est inconsciente du danger, c'est un crime. Elle devrait se cacher tout de suite. Si nous attendons l'alerte, il sera peut-être trop tard. Comment restons-nous là, avec un risque pareil ?

Vendredi, chez Mme Milhaud, nous avons discuté la question. Elle disait : plus tard, si le malheur arrive, nous ne comprendrons pas comment nous avons pu rester, si nous avions la possibilité de nous dérober, nous nous trouverons fous. Il y a sans doute une part d'inconscience. Mais moi, j'ai conscience, et c'est pour cela que je suis si tourmentée.

* * *

Mardi soir, 11 janvier 1944

Cet après-midi, j'ai éprouvé une fois de plus, mais dans tous ses détails, le processus qui consiste à se replonger dans l'atroce réalité.

Hier, j'avais cru m'être raccrochée à une planche de salut : André Boutelleau est venu à la bibliothèque bavarder pendant deux heures et me proposer la traduction de la *Defence of Poetry*, dont je lui avais vaguement parlé. Cela me donnait brusquement un but plus proche, et plus tangible que ma thèse. C'était réellement une planche de salut, car depuis quelque temps, je me noie, au sens propre du mot. Cette conversation m'avait rendu un peu confiance, j'étais un peu redevenue ce que j'étais il y a trois ans, au moment où je sentais avec enthousiasme l'éveil de ma sensibilité littéraire, où tout me paraissait neuf et merveilleux, cette époque qui s'est terminée avec le départ de Jean, le moment où j'ai passé mon certificat de littérature anglaise, et celui où j'ai travaillé et passé mon diplôme.

Maintenant, je vois bien qu'il y avait quelque chose d'un peu forcé dans mon plaisir d'hier, car il ne peut plus être ce qu'il a été. Avant, c'était un écoulement spontané, une ébullition perpétuelle. Maintenant, je sens que j'entre en opposition avec la réalité ; je lutte pour le sauvegarder, parce que c'est une chose sans doute indispensable pour que je ne devienne pas tout à fait déséquilibrée. La forme tangible sous laquelle se manifeste cet état d'esprit, c'est par exemple la certitude que j'ai qu'il y a pour moi deux mondes, et que je ne peux pas intégrer l'un à l'autre, qu'André Boutelleau ne peut pas et ne veut pas entrer dans le monde de misère et de souffrances que j'ai découvert, et que je serais forcée de ne donner qu'une partie de moi dans tout cela. Or ce qui est l'essence de mon être, c'est l'unité d'esprit, *single-mindedness*.

Donc j'avais repris un peu d'équilibre, mais, à la manière d'un malade qui veut guérir. Mais la preuve que cet équilibre était artificiel, imposé, fragile, c'est le fait qu'il a suffi d'un choc pour le renverser. En arrivant à Neuilly, Jeanine m'a dit que Mme Schouker venait de recevoir un coup de téléphone lui annonçant que son fils (11 ans), qu'elle croyait en sécurité à Bordeaux, avait été arrêté.

Cela a suffi pour me replonger dans la réalité. J'ai été poursuivie par une sensation de malaise moral.

J'ai passé la fin de la soirée chez la mère de Mme Schwartz. Entre autres choses, j'ai appris les suivantes :

– L'arrestation d'une jeune femme que j'avais vue chez elle : Mme Carcassonne, avec son mari et son fils de 11 ans. Enfant fragile (je pense même anormal). On a sonné à une heure et demie de la nuit, lui a essayé de se sauver par l'escalier de service, on l'a battu. En bas, elle s'est jetée à genoux pour supplier *qu'on n'emmène* pas son enfant (il faut avoir un sens assez clair de ce qui vous attend pour arriver à supplier qu'on vous laisse *abandonner* un enfant). Refus. En bas, on les a fait attendre une heure dans une voiture, tandis qu'ils remontaient mettre l'appartement à sac et tout voler. De quoi alimenter le boulevard de la Gare. Ils ont été déportés tous trois.

– La sœur d'une autre dame vue chez elle (également arrêtée par la suite), arrêtée avec un bébé de 8 mois et un de 4 ans. Mme Schwartz me dit : « Que faire d'un bébé de 8 mois, ici elle le promenait, elle le couchait… » Des paroles semblables vous font réaliser avec une précision de cauchemar.

– Boulevard de la Gare, *il y a des rayons de tout*, ameublement, couture, mercerie, orfèvrerie. Rien que des choses volées dans les appartements de gens pris et déportés, et que l'on fait mettre en caisse là par les internés eux-mêmes. Les caisses sont expédiées aussitôt en Allemagne.

Jeudi 13 janvier

Je rentre ce soir, écrasée par la pleine conscience de la réalité. Il y a des moments où je prends pleinement conscience, et alors il me semble que je me débats dans un océan sous un ciel noir, sans une lueur. J'ai eu cette impression-là bien souvent (je me souviens, au moment des rafles d'enfants en février dernier). Mais maintenant elle se reproduit tout le temps, je pense que c'est là l'état normal, réel, c'est-à-dire la réalité telle qu'elle est, et l'état dans lequel je devrais être tout le temps, si j'avais tout le temps conscience.

Et qu'est-ce qui a déterminé cette nouvelle crise ? Une simple collection de faits que mon esprit a recueillis, de faits entre des milliers. Ce matin, par exemple, je suis partie pour la Sorbonne ; je voulais parler à Josette à propos de ma traduction. (Hier soir, dire que j'étais transportée d'enthousiasme en lisant Shelley, ce moi-là existe aussi, il est aussi vrai et profond que l'autre, mais a-t-il le droit à l'existence ?) Le concierge de l'Institut est venu à moi, et m'a demandé si « on n'avait pas d'ennuis », toujours la même chose, « on » lui avait dit de prévenir les étudiants de ma catégorie de faire attention. Que répondre ? Je le sais fort bien, tout cela ; je crois l'arrestation parfaitement possible ; je comprends très bien même qu'il me le dise. Mais c'est si lassant, maintenant, après deux ans.

Ensuite la conversation a tourné sur l'actualité générale. Il m'a raconté qu'un étudiant d'italien était venu l'autre jour lui dire : « Monsieur, j'ai vu quelque chose d'horrible ! » « Mais cela ne m'étonne pas, tout est horrible aujourd'hui », a répondu A. « J'ai vu un camion allemand plein de cadavres même pas recouverts. »

Sans doute des fusillés, dont personne ne saura rien.

Après, j'ai assisté pendant une heure au cours de Cazamian sur Walter Scott. Un peu de répit. De là, je suis allée aux Enfants-Malades visiter mes trois protégés. Mme P. m'a entretenue de ses projets de vengeance sanguinaire sur les lâches et les dégoûtants personnages qui dénoncent, et pillent les appartements des gens arrêtés (elle connaît une concierge de ce genre).

Après le déjeuner, je suis allée à Neuilly chercher deux enfants pour les emmener à Julien-Lacroix.

Le petit Schouker a été arrêté à Bordeaux lors d'une rafle générale : on a arrêté tous les juifs de Bordeaux, à une heure et demie du matin. On attend l'arrivée à Drancy pour essayer de le faire libérer. Onze ans, tout seul, arrêté à une heure et demie du matin ! Il était dangereux pour la sécurité du Reich, celui-là !

Il y a quinze jours, on était venu arrêter le grand rabbin de Bordeaux. Comme il n'était pas là, en représailles on a arrêté tous les vieillards et malades de l'hospice. La direction de l'UGIF, Mlle Ferreyra (je voyais toujours son nom quand j'étais au Service des internés), s'est suicidée.

Il est arrivé à Neuilly un garçon de 4 ans dont on ne sait rien sauf son nom, qu'on a glissé dans les bras d'un couple turc « libéré » pour l'hospice hier. Il est très mignon, sautille partout, mais ne peut rien dire de Drancy.

Rencontré Mme Bayer, qui m'a dit qu'on était venu arrêter près de chez elle des familles algériennes, et que les gendarmes français *étaient allés chercher les enfants à l'école*, gardant les mères et les parents tandis qu'ils allaient chercher les enfants dans les écoles.

Je pense à la famille du Dr Seidengart : grands-parents, belle-fille et petite fille de 4 ans, habitant à côté, père, prisonnier de guerre. Un jour, on vient arrêter la famille. La jeune femme a disparu, on ne sait pas ce qu'elle est devenue, le grand-père a été déporté. Puis la grand-mère et la petite-fille. Quand le père reviendra, n'y aura-t-il pas de quoi devenir fou ?

Deloncle[1] est mort, on dit assassiné par la Gestapo, qui en ce moment règle leur compte à tous ceux qui au début se sont trop trouvés mêlés à leurs histoires.

* * *

17.1.44

À Neuilly, nous avons un petit garçon arrivé nul ne sait comment, mis dans les bras de Turcs libérés de Drancy – il est adorable ; il embrasse sans cesse. Il a 4 ans et paraît très débrouillard. Il est très bien élevé ; l'autre jour, il est venu trouver l'une des berceuses : « Mademoiselle, si cela ne vous ennuie pas, est-ce que vous voulez faire ma chambre ? » Il paraît qu'il pleure le soir en se couchant en appelant sa mère. Où est-elle ? au camp, déportée ? Nul ne sait.

Combien y en a-t-il de ces petits enfants qui appellent leur mère, et qui n'ont même pas de Neuilly ?

À l'Institut, Nicole est arrivée décomposée. Jean-Paul lui a écrit qu'il allait partir, une fois de plus, elle va vivre des jours horribles. Je sens que pour elle, c'était son univers ; et c'est sans doute cela qui la rendait un peu inconsciente, en tout cas qui me faisait demander, lorsque j'étais dans une de mes crises de désarroi, si je n'étais pas folle, car tous les autres paraissaient calmes, ou si je ne jouais pas à la Cassandre. Elle dit : « C'est la pire des catastrophes pour lui et pour moi. » J'ai passé par là aussi,

---

1. Eugène Deloncle, homme politique français d'extrême droite, cofondateur de la Cagoule. Il a été assassiné par la Gestapo le 17 janvier 1944, en raison de ses liens avec les membres de l'Abwehr opposés à Hitler.

mais pas de la même manière : je n'ai su qu'après un long silence. Que pourrais-je faire pour eux ?
Gérard dit qu'il ne faut pas partir.
Vu André Bay, très gentil, *introduced* [présentée] à M. Catin et Marie-Louise Reuge.

Mardi 18

J'avais une seule matinée libre cette semaine : je n'osais même pas m'en servir, c'était trop beau. À neuf heures, le courrier m'amène un SOS des gens de Bordeaux. J'ai couru toute la journée pour pas grand-chose. Les parents ne veulent pas que j'y aille. Rochefort, Denis, Lamarck, etc.
Odile Varlot a été arrêtée il y a deux mois, lorsqu'elle allait porter à des enfants, cachés par elle dans un couvent, des vêtements, dénoncée, déportée sans doute en costume d'été, en sandales (à Nice).

Samedi 22 janvier

Bruit de rafles à nouveau, il y en a eu cette nuit. Mme Pesson a alerté Maman.
Papa dit qu'il faudra envisager le moment de ne plus rester ici. J'ai toujours peur que ce ne soit trop tard. S'ils sonnent, que ferons-nous ? Ne pas ouvrir : ils enfonceront la porte.
Ouvrir et présenter la carte : une chance sur cent.
Essayer de filer : s'ils sont derrière la porte de service ? refaire les lits en vitesse pour qu'ils ne voient pas qu'on vient de partir ; là-haut le froid, la réaction, et la pensée du lendemain à partir duquel il va falloir vivre une vie de traqués. Je n'ai jamais quitté mon domicile encore. On ouvre, la sommation, l'habillage fébrile dans la nuit, pas de *rucksack* [sac à dos], qu'emporter ? Le sentiment de la

catastrophe que cela va être, du changement total, pas le temps de réfléchir. Tout ce qu'on abandonne, la voiture en bas qui attend, le camp, la rencontre avec tous les autres, qu'on ne reconnaît plus.

Cela sera-t-il ou non ?

* * *

Mercredi 24 janvier 1944

Une avalanche de nouveau, de choses à faire, et une plongée amère dans les bas-fonds.

Hier matin, j'ai conduit le petit Gérard à Mme Carp. Il ne voulait pas me quitter : « Vous resterez avec moi ? Vous mangerez avec moi ? » de sa voix suppliante et tendre. Heureusement, il s'est attaché tout de suite à Mme C. (Voilà des gens qui connaissent la vraie charité, la simplicité. Quand je le leur ai dit ce matin, lui m'a répondu : « Pensez donc ! Il faudrait seulement qu'il y en ait un peu plus. ») Dire qu'il y a une moitié de l'humanité qui *fabrique* du mal et un tout petit élément qui essaye de réparer !

L'après-midi, par miracle était libre, tout entière. Je voulais faire de la musique avec Denise. (Mais cela aurait été impossible, parce que nous avons soulevé la question du danger qu'elle courait, moi volontairement, sachant très bien qu'elle serait fâchée contre moi, ou peut-être blessée par mon intrusion, mais quelque chose me poussait qui me disait de faire fi de mes *feelings* [sentiments] – mais l'atmosphère était toute détraquée.) J'ai dit, *as a joke* [pour plaisanter] : « Il va sûrement me tomber quelque chose à faire. »

À deux heures, l'aînée des Biéder est arrivée, ils sont affolés évidemment, une femme seule avec huit enfants, pour se retourner, elle voulait en faire partir au moins quatre, voilà quelque chose à faire. Je suis allée chez eux, avec la fille, qui est bête, puis chez Marie M., toujours prête (encore une de cette élite), puis chez Mme B., où je n'ai pas trouvé Mme Milhaud [1].

Les Robert Neveux sont venus dîner. Ils ont parlé de Jean, leur frère, qui est venu en permission dans le rutilant uniforme allemand, qui porte à sa boutonnière la croix de guerre et la croix de fer ! Quel trouble des consciences ! J'en perds la tête, parce que je n'arrive pas à concevoir comment d'hommes libres, ayant une âme et une conscience, et un jugement, on arrive à faire des fanatiques et des automates. Ce qu'on a fait sur Jean Neveux, c'est en petit ce que le nazisme a fait sur les Allemands.

Ce matin, en me levant, pneu de la grand-mère de Danielle. Je viens de courir toute la matinée pour cela. Il faut que je note quelques faits, de ceux qu'il ne faudra jamais oublier. Mme W. m'a dit : on est venu arrêter près de chez elle une vieille femme qui a une jambe coupée, dont la plaie ne se referme pas parce qu'elle a du diabète. La première fois, l'inspecteur, voyant son état, l'a laissée. Le surlendemain, on est revenu la chercher sur un brancard, pour l'interner à l'hôpital Rothschild.

Or, l'hôpital Rothschild est archi-plein ; et comme les autres hôpitaux n'ont pas le droit d'accepter les malades de notre espèce... Saint-Joseph a dû renvoyer ces jours-ci une femme paralytique qu'il hébergeait, et les « juifs » n'ont pas droit à l'ambulance, pas plus qu'ils n'ont le droit de s'asseoir dans un bureau allemand. Une vieille dame impotente convoquée ces jours-ci avec son infirmière à la

---

1. Denise Milhaud et son mari, Fred, ont monté une association de sauvetage d'enfants juifs, l'Entraide temporaire, qui permettra le sauvetage de près de 500 enfants juifs en région parisienne.

Kommandantur a été accueillie par ces mots : « Vous (l'infirmière) asseyez-vous – la juive, restez debout ! » (pendant deux heures).

A-t-on le droit de traiter des êtres humains comme des bêtes ? Voilà à quoi nous sommes parvenus vingt siècles après la venue du Christ.

Même les maisons de santé *privées* maintenant doivent refuser les juifs. Denise s'était inscrite rue Narcisse-Diaz pour la naissance du bébé. Hier, la dame est venue lui rapporter (en pleurant) son argent. Que faire ? Et qui sait toutes ces choses-là ? Il faut que je le raconte. Mais ceux qui ne l'auront pas vécu, même mes amis, même les Léauté à qui je le raconterais, ne réaliseront pas. Ils nous plaindront *nous*, mais ils ne réaliseront pas la portée de ce fait et ses conséquences.

Autre histoire : Mme Biéder me raconte ce matin que sa fille avait perdu un carré imprimé, auquel elle tenait, car c'était un cadeau de son père. L'autre jour, elle l'a vu sur le dos de quelqu'un du quartier (porte Saint-Denis). Elle lui demande si elle ne l'a pas trouvé par hasard. L'autre lui dit : « Non, c'est votre concierge qui me l'a donné, il vient de sa belle-sœur qui vient de mourir, et comme elle ne peut pas le porter parce qu'elle est en deuil, elle me l'a donné. » La concierge l'a ramassé dans l'escalier (et elle n'a jamais porté le deuil). Peut-on être vil à ce point de dépouiller une famille de huit enfants, dont le père est déporté, et qui arrivent à vivre à grand-peine ? J'ai eu un haut-le-cœur moral en y pensant. La pauvre Mme Biéder est continuellement obligée de lui donner quelque chose (vin, pommes de terre, et ils ne mangent que des pommes de terre à l'eau depuis un mois) pour qu'elle ne risque pas de la dénoncer. Elle est entre ses mains.

* * *

Lundi 31 janvier 1944

Hier, Georges est venu déjeuner comme d'habitude. J'avais emmené de Neuilly Raphaël et Dédé. Pendant qu'ils jouaient au salon, j'ai soudain eu conscience (cette conscience si familière maintenant) que Georges apprenait une mauvaise nouvelle aux parents. Je me suis approchée. Je ne m'étais pas trompée :

Suzanne est toute seule, sans rien (sans même son sac à main) ; Marianne, Édith, la femme de François, et la vieille Mme Horace Weill ont été prises ; Emmeline heureusement n'était pas là, Jean-Paul non plus ; le petit Bernard a été sauvé aussi.

J'ai eu une douleur au cœur, on ne peut qu'apprendre des nouvelles de ce genre en ce moment. Mais lorsqu'il s'agit de vos proches, la douleur est d'un genre différent. L'horrible engrenage tourne, tourne et happe sans cesse. Sa griffe agrippe tantôt des inconnus, tantôt les vôtres, créant partout un monde inextricable de souffrances et de soucis.

Cette famille W. R., un cas entre des milliers. Car chacun peut en raconter de semblables : François, tué en juin 1940, officier de chars d'assaut, blessé mortellement d'un éclat au poumon alors qu'il donnait l'ordre de brûler ses tanks pour ne pas les rendre à l'ennemi. Jamais je n'ai pu le réaliser ; et la blessure causée par sa mort ne s'était jamais refermée dans sa famille. Il laissait un bébé de 2 ans, Bernard, et sa femme, que personne ne connaissait beaucoup, une Lithuanienne. La grand-mère de François a presque entièrement recueilli le petit.

Août 41. Dans la première rafle d'avocats, Maurice, le père de François, est arrêté. Après un an de Drancy, il est déporté dans un état de santé si lamentable qu'il est presque sûr qu'il ne reviendra pas.

Décembre 41. Georges et Robert, les deux frères de Suzanne, arrêtés. Après cent jours de Compiègne, relâchés. Robert est mort il y a trois mois, très probablement des suites de Compiègne. Après la déportation de Maurice, Suzanne va rejoindre ses enfants en zone libre. Et maintenant... Marianne sa fille, sa belle-mère et sa belle-fille emmenées en déportation.

* * *

Je citais il n'y a pas longtemps, par goût littéraire, la phrase d'une pièce russe que j'avais trouvée dans *Le Duel* : « Nous nous reposerons, oncle Vania, nous nous reposerons. » Il s'agissait du sommeil de la tombe. Mais de plus en plus, je me dis que seuls les morts échappent à cette persécution harassante ; lorsque j'apprends la mort d'un israélite maintenant, je pense malgré moi : « Il est hors d'atteinte des Allemands. » N'est-ce pas horrible ? Nous ne pleurons presque plus les morts.

Cette vie est si harassante, et la vie d'un homme si peu de chose, qu'on est bien forcé de se demander s'il n'y a pas autre chose que la vie. Aucune doctrine, aucun dogme ne pourront me faire croire sincèrement à l'au-delà : peut-être le spectacle de cette vie y parviendra-t-il.

Je ne le voudrais pas, car cela impliquerait que je n'ai plus de goût à la vie. Il y a sans doute une vie bonne, il y a du bonheur dans d'autres parties du globe, et en réserve dans l'avenir, pour moi si je vis, pour les autres sûrement. Mais jamais ne s'effacera ce sentiment du peu de chose qu'est la vie, et en tout cas du mal qui est en l'homme, de la force énorme que peut acquérir le principe mauvais dès qu'il est éveillé.

31 janvier 1944

Françoise est venue hier me rapporter la réponse pour Danielle. Elle m'a raconté qu'un de leurs amis qui travaillait en face de la Gestapo ici (place des Saussaies) avait été obligé de déménager, car il ne pouvait plus supporter d'entendre des hurlements toute la journée. On enfonce des choses sous les ongles aux inculpés pour les faire avouer, on les interroge pendant onze heures de suite, puis on les met « au repos », sous la surveillance d'un énorme chien policier qui est prêt à vous sauter à la gorge si l'on fait mine de sortir son mouchoir de sa poche.

Que se passe-t-il dans les prisons ? Ceux-là aussi en auront à raconter.

Mardi 1er février

Hier matin, été chercher Doudou à l'hôpital. Ses infirmières et les enfants ne voulaient pas le laisser partir.

Après, visite à Mme Weill. Elle est dans un état de nerfs désespérant. Ennuis pour les petits. Soucis de la vie actuelle.

Je retiens ceci. Pierre, dans la pension où il est en ce moment, a un vieux professeur auquel il faut apporter des cadeaux pour se faire bien voir. En pleine classe, après une réprimande quelconque, il a apostrophé Pierre : « Vous, vous seriez mieux avec vos coreligionnaires dans les environs du Bourget ! »

Cela vous lacère le cœur. Quand on sait les atroces implications que suggère le sous-entendu, quand on sait ce qu'est Drancy.

Naturellement, aussitôt les camarades lui ont demandé ce qu'il était. Peut-on obliger un enfant à mentir ? Comment peut-il se retrouver ensuite dans ce réseau inextricable ? À deux, « sous le sceau du secret », il a confié ce qu'il était.

Maintenant, c'est nouveau, lorsque je vois un Allemand ou une Allemande, je me suis aperçue avec stupéfaction qu'une bouffée de rage montait en moi, je pourrais les frapper. Ils sont devenus pour moi ceux qui font le mal que je côtoie chaque minute. Avant, je ne les voyais pas ainsi, je les voyais comme des automates aveugles, abrutis et brutes, mais non responsables de leurs actes, peut-être avais-je raison ? Maintenant, je les vois avec les yeux de l'homme simple, avec une réaction instinctive, primitive – je connais la haine ?

Pourquoi ne céderai-je pas à cette attitude primitive ? Pourquoi essayer de raisonner, de voir clair dans les causes et les origines des responsabilités, alors qu'eux ne le font pas ? C'est une question qui peut se poser ? Si l'on supprime par un effort conscient la réaction de haine, arrivera-t-on à réparer tout le mal qui a été fait ? Comprendront-ils autre chose que la loi du talion ? C'est un problème angoissant.

Hier, onzième anniversaire de l'avènement de Hitler ! Onze ans, nous le savons maintenant, d'un régime dont l'auxiliaire principal est le camp de concentration et la Gestapo. Qui peut admirer cela ?

Je n'ai guère dormi cette nuit ; hier soir, lorsque je suis rentrée, Papa a annoncé sa résolution de ne plus coucher ici. Entre Papa qui est maintenant fixé dans une décision qui se cristallise depuis de longs jours, et sans doute justifiée par les faits, et Maman qui, dans son état de fatigue, ne pourra pas le supporter, je suis divisée. Qui aura eu raison ? Papa, qui voit les faits, ou Maman, qui sent ? Maman est-elle inconsciente et Papa conscient ? Qui sait. La vérité est que tout le souci et la fatigue de cette vie vont retomber sur Maman, toujours sur la femme.

Maman a eu une crise de larmes, comme si elle était brisée brusquement, avant le dîner ; c'est vrai, depuis des mois elle supporte tout pour tous, et n'a pas le droit de se laisser aller. Elle est hypertendue. Mon Dieu ! Que va-t-il advenir de tout cela ?

Sacrifier aussi le peu de vie familiale qui restait. Nos soirées ensemble. D'un autre côté, cela doit-il entrer en balance avec la menace, si cette menace est vraie ? Papa a déjà vu ce que c'était : je comprends sa décision. Mais je comprends aussi la lassitude extrême de Maman.

Vendredi soir, 4 février 1944

Cette fois-ci, l'orage va éclater. L'abcès gonflait depuis le début de la semaine. À midi, nous avons reçu une visite qui nous a laissés « rêveurs », une bonne femme envoyée par Mlle D. pour nous prévenir. Il y avait une histoire de mariage qui nous embrouillait, et nous faisait croire à une imposture. Nous nous sommes creusé la tête et j'ai regretté de ne pas avoir l'esprit détective.

Mais c'était vrai. En rentrant ici, j'ai rencontré Papa dans l'escalier. Il avait reçu la visite de N., qui lui a dit : « Alerte pendant trois jours. »

Je revenais de chez Nadine. À nouveau, le cours est interrompu. Le pianiste qui faisait de la musique d'ensemble avec nous a été arrêté lundi avec sa sœur, et sans doute déjà déporté. Dénonciation. Mme Jourdan a joué avec Nadine une sonate de Beethoven. Tout à coup, pendant l'adagio, la cruauté, l'injustice insensée de cette nouvelle arrestation, entre mille, entre dix mille, m'a saisie au cœur. Un garçon si artiste, capable de procurer au monde des joies si pures par son art, cet art qui ne connaît pas les méchancetés humaines, et en face la brutalité, la matière qui ignore l'esprit. Combien d'âmes qui valaient un prix infini, dépositaires de dons devant lesquels d'autres hommes auraient dû s'incliner, ont-elles été ainsi broyées, brisées par cette brutalité germanique ? Exactement comme un violon de valeur, plein de possibilités dormantes, capables d'éveiller les émotions les plus profondes et les plus pures, est brisé par une force brutale, sacrilège. Tous ces gens que les Boches ont arrêtés, déportés, fusillés, valaient dix mille fois mieux qu'eux. Quelle ruine ! Quel triomphe du mal sur le bien, du laid sur le beau, de la force sur l'harmonie, de la matière sur l'esprit ! Des âmes comme celle de Françoise, qui étaient un monde, et qui étaient si pures et pleines de merveilleuses facultés, passées aussi dans cet engrenage du mal.

Fermons les yeux. Oublions ce qui est et posons la question : « Concevez-vous que des hommes mauvais aient la faculté de faire périr une multitude d'hommes innocents, par millions, comme cela s'est fait ici pour les juifs, par exemple, autre part pour d'autres multitudes humaines ? » Car, réduite en termes nus, dans la conscience de tout honnête homme, c'est cela la question, c'est cela qu'on a fait, que les Allemands ont fait.

Et je crois encore à la supériorité du bien sur le mal. En ce moment, tout dément ma croyance. Tout s'efforce de me prouver que la vraie supériorité, celle qui est réelle, concrète, est celle de la force. L'esprit nie les faits cependant. D'où vient cette croyance indéracinable ? Ce n'est pas pourtant une simple tradition.

Ce pauvre Jean Marx. Comment va-t-il supporter cela ? Je sens sans pouvoir en donner les raisons que les artistes souffrent cent fois plus que les hommes d'action normaux. Car c'est un déracinement complet du monde de l'idéal où ils vivaient. Et puis leur sensibilité vibre à la moindre éraflure.

Et Jean-Paul qui est arrivé aujourd'hui !

Cette fois encore, une période est finie. Il va falloir adopter la vie de bohème, de nomade. Ici se termine ma « vie officielle ».

Lundi 14 février 1944

Schwab, Marianne, Gilbert.
Voici plus de huit jours que j'ai cessé d'écrire ce journal, me demandant si j'étais parvenue à un tournant de ma vie extérieure. Rien ne s'est encore passé. Je continue à coucher chez Andrée, les parents chez les L. [Loiselet]. Tous les soirs, au moment de partir, il y a dans l'air un élément de discussion ; bien inutile, car nous avons déjà examiné le cas, et passé au-delà du point de discussion. Nous savons que nul ne peut prétendre avoir raison absolument, et nous n'avons pas le droit de nous opposer à Papa, qui a déjà passé par là. C'est seulement la fatigue, la tentation de passer la soirée chez nous, d'aller nous coucher dans nos lits, qui font remonter à la surface une opposition déjà examinée et rejetée volontairement.
Cette semaine, il y a eu un mot de Marianne, demandant des vêtements chauds. Elles sont à Drancy. Nous avons fait un paquet avec des vêtements à nous ; je lui ai confectionné une petite boîte de couture, ce que j'aurais voulu pour moi. Il y a beaucoup de petits détails de la vie de déporté que je parviens à imaginer. Il y a eu jeudi un départ de quinze cents. Peut-être étaient-elles déjà du nombre.
La mère de Gilbert a été arrêtée à Grenoble. Cela met le point final à une vie de souffrances : perte de leur fortune, mort brusque de son mari, suivie à un an de distance de la mort en quelques heures de son fils Yves, à 18 ans. Elle était restée à Grenoble uniquement pour sa vieille belle-mère, qu'on n'a pas prise.

Georges a raconté hier l'histoire d'une vieille dame de 80 ans arrêtée avec son mari lors des rafles de Troyes. Son fils s'inquiétait de ne pas avoir de nouvelles. On l'a fait rechercher à l'hospice, à l'hôpital. On a fini par lui dire qu'elle était à la morgue. Elle est morte à Drancy, et on l'a transportée à la morgue, *sans une chemise* ou *un drap* sur elle, on lui avait donc ôté les vêtements qu'elle portait lorsqu'on l'a arrêtée. Maman s'est exclamée : « Il faudrait tout de même noter ces choses-là, pour s'en souvenir après. » Sait-elle que je le fais, et que je tâche d'en oublier le moins possible.

Pendant l'alerte, l'autre jour, trente personnes étoilées ont été arrêtées, mises à Drancy et déportées parce qu'elles se trouvaient dans la rue (sûrement pour leur plaisir) – le rabbin Sachs revenait d'un enterrement. Un autre, mis dehors à la station Cité (sans doute pas « Abri ») et revenant d'une cérémonie à l'église en souvenir de son fils tué à la guerre, a été pris par la police allemande. Les « aryens » ont quinze francs d'amende, les autres sont déportés.

Mardi 15 février 1944

J'ai vu ce matin à Neuilly Mme Kahn, qui vient de passer huit jours à Drancy. Elle avait été arrêtée à Orly et, comme membre du personnel, a été relâchée la veille de la dernière déportation. Par elle j'ai obtenu les détails que nous ne pourrons plus apprendre que de ceux qui reviendront de la déportation. Elle est allée pour ainsi dire jusqu'à l'extrême bord. À partir de là, c'est l'inconnu, c'est le secret des déportés.

À Drancy même, la vie est supportable. Pendant huit jours, elle n'a pas eu faim. Ce que je voulais obtenir, c'était des détails sur le départ. Je connais Drancy, j'y suis allée deux fois quinze jours tous les jours l'année dernière ; j'imagine la vie qu'on y mène. Je revois les grandes vitres des bâtiments, et les figures qui se collaient aux vitres, ces gens enfermés, désœuvrés, ou alors rassemblant le peu qu'ils avaient à manger et mangeant sur leurs lits, à n'importe quelle heure. Juste en face de la PJ[1], il y avait la famille Klotz, une famille arrêtée à Tours, père, mère, fils et deux filles, la mère, une belle femme distinguée aux cheveux blancs. Cela, je voudrais le raconter, mais que suis-je pour le raconter, à côté de ceux qui y ont été, et y ont souffert ?

J'ai demandé des détails précis, un ou deux jours avant le départ, on s'organise dans une chambrée qui reproduira le wagon, soixante personnes, hommes et femmes mélangés (jusqu'à Metz sans doute, on ne sépare pas les familles). Pour soixante personnes, *seize* paillasses étendues sur le plancher du wagon à bestiaux plombé, un seau hygiénique (peut-être trois), vidés quand ? Comme vivres, chacun reçoit au départ un paquet contenant : quatre grosses pommes de terre à l'eau, une livre de bœuf cuit à l'eau, 125 gr de margarine, quelques gâteaux secs, une demi-crème de gruyère, un pain un quart. Ration pour six jours de ce voyage.

A-t-on faim ? Dans cette atmosphère qui doit être étouffante, l'odeur des seaux, l'odeur humaine. Pas d'aération ? J'imagine. Et les crampes, tout le monde ne peut pas se coucher, ni s'asseoir, à soixante dans un wagon.

Là-dedans des malades ou des vieillards. Encore si l'on est avec des personnes convenables. Mais il faut aussi compter avec les promiscuités désagréables.

---

1. PJ pour PQJ : la Police aux questions juives, service spécialisé de la police de Vichy, créé en octobre 1941.

Pour se laver, au camp, hommes et femmes ensemble. Mme Kahn dit : « On arrive à se laver sans qu'on vous voie, si les gens sont bien, et puis quand une femme n'est pas très bien, pour sa toilette, une autre se met devant elle pendant ce temps. » Mme Kahn est très courageuse, et elle est infirmière. Elle dit : « Pour les gens pudibonds, évidemment, c'est ennuyeux. » Mais il y en a.

Je lui demande : « Qui vide les seaux hygiéniques dans le wagon (cela me tracasse) ? » Elle n'en sait rien. Je lui demande si elle a vu arriver les gens arrêtés (je pensais qu'elle aurait pu voir Marianne et sa grand-mère, mais elle a été libérée avant leur arrivée). Elle répond : « Par exemple, dans ma chambre, il y avait une famille de treize, enfants et parents, arrêtés dans les Ardennes, mutilé et décoré, onze enfants de 15 mois à 20 ans. Quand Fuidine (un des autres du personnel d'Orly) a vu que je les avais pris dans notre chambre, il m'a dit : "Tu en as fait une trouvaille !" Mais je vous assure qu'ils étaient propres et bien élevés, tous ces enfants. Et la mère, pas un mot, une dignité ! Mon cœur se serrait en l'entendant. »

Treize enfants et parents, que vont-ils faire de ces petits ? S'ils déportent pour faire travailler, à quoi servent les petits ? Est-ce vrai qu'on les met à l'assistance publique allemande ? Les autres ouvriers qu'on envoie en Allemagne, on ne prend pas leurs femmes et leurs enfants. La monstrueuse incompréhensibilité, l'horrible illogisme de tout cela vous torture l'esprit. Il n'y a sans doute pas à réfléchir, car les Allemands ne cherchent même pas de raison, ou d'utilité. Ils ont un but, exterminer.

Pourquoi alors le soldat allemand que je croise dans la rue ne me gifle-t-il pas, ne m'injurie-t-il pas ? Pourquoi souvent me tient-il la porte du métro, ou me dit-il pardon quand il passe devant moi ? Pourquoi ? parce que ces gens ne savent pas, ou plutôt qu'ils ne *pensent* plus ; ils sont

pour l'acte immédiat qu'on leur commande. Mais ils ne voient même pas l'illogisme incompréhensible qu'il y a à me tenir la porte dans le métro, et peut-être demain à m'envoyer à la déportation : et pourtant je serais la même et unique personne. Ils ignorent le principe de causalité.
Il y a aussi sans doute qu'ils ne savent pas tout. La marque atroce de ce régime, c'est son hypocrisie. Ils ne connaissent pas tous les horribles détails de ces persécutions : parce qu'il n'y a qu'un petit groupe de tortionnaires, et de Gestapo qui y est impliqué.
Sentiraient-ils, s'ils savaient ? Sentiraient-ils la souffrance de ces gens arrachés de leurs foyers, de ces femmes séparées de leur chair et de leur sang ? Ils sont trop abrutis pour cela.
Et puis ils ne pensent pas, j'en reviens toujours à cela, je crois que c'est la base du mal ; et la force sur laquelle s'appuie ce régime. Annihiler la pensée personnelle, la réaction de la conscience individuelle, tel est le premier pas du nazisme.
« J'ai vu arriver des gens de Bordeaux, de Nice, de Grenoble (Mme Bloch ?), des côtes », a dit Mme Kahn. Je pense que la souffrance de ces personnes-là doit être encore pire, car le changement doit être si brusque. Moi par exemple, nous ici, nous connaissons cela, nous savons mieux. Mais eux, les autres qui vivaient presque normalement là-bas, quel arrachement ! Comme ils doivent avoir du mal à s'adapter !
« Cela ne m'a rien fait d'entrer à Drancy, le choc a été lorsqu'on m'a dit que je sortais. » Moi aussi, je connais le « paysage » de Drancy. Seulement, quelle impression éprouverai-je lorsque je sentirai que je suis « bouclée pour de bon », et que toute une partie de ma vie est close à jamais, qui sait, peut-être toute ma vie quoique j'aie la volonté de vivre même là-bas.

N'est-ce pas, tout cela a l'air d'un reportage ? « J'ai vu une telle, retour de... Nous lui avons posé des questions. » Mais dans quel journal aujourd'hui lirons-nous des reportages sur ces choses-là ? « Je reviens de Drancy. » Qui en parlera ?

Et même n'est-ce pas une insulte à la souffrance indicible de toutes ces âmes individuelles, dont chacune a la sienne particulière, que d'en parler sous forme de reportage ? Qui dira jamais ce qu'a été la souffrance de chacun ? Le seul « reportage » véridique, et digne d'être écrit, serait celui qui réunirait les récits complets de chaque individu déporté.

Tout le temps, à l'arrière-plan de ma pensée, il y a les pages de *Résurrection*, du deuxième volume où l'on décrit le voyage des déportés. Cela me réconforte presque (étrange réconfort), de savoir que quelqu'un d'autre, et Tolstoï, a connu et écrit des choses pareilles. Parce que nous sommes si isolés parmi les autres, notre souffrance particulière même crée entre les autres et nous une barrière, qui fait que notre expérience demeure incommunicable, sans précédent et sans attaches dans le reste de l'expérience du monde. Après, cette impression s'évanouira, car on saura. Mais il ne faudra pas oublier que *pendant*, le groupe humain qui souffrait toutes ces tortures était totalement séparé de ceux qui ne les connaissaient pas, que la grande loi du Christ qui dit que tous les hommes sont frères, et que tous devraient partager et soulager la souffrance de leurs égaux, a été ignorée. Car il n'y a pas que l'inégalité sociale, il y a aussi une inégalité de souffrance (qui correspond quelquefois, surtout en temps de paix avec la première).

L'année dernière, à cette époque, j'écrivais à Jean des lettres pleines d'une étrange exaltation, à propos de *Résurrection*. Je lui en avais même transcrit une page, celle où

Tolstoï cherche les raisons de tout ce mal. Maintenant, je ne peux même plus lui en parler. L'autre jour, chez Andrée, j'ai retrouvé tout mon journal, commencé en cette année qui avait été à la fois si tragique et si exaltante, celle où j'ai connu Jean, où nous pique-niquions à Aubergenville.

Maintenant, le tragique est devenu uniformément sombre, la tension nerveuse constante. Tout n'est que grisaille, et incessant souci, d'une monotonie affreuse, parce que c'est la monotonie de l'angoisse.

... C'était il y a deux ans. Avec une sensation de vertige, je réalise que deux ans ont passé, et que cela dure toujours. Je classe les mois en années, cela devient du passé ; et alors j'ai la sensation intérieure que mes épaules vont s'écrouler.

Mme Loewe m'a demandé, lorsque nous étions à l'infirmerie en train de déshabiller deux petits jumeaux de 4 ans, nouveaux arrivés : « Eh alors, qu'est-ce que vous en dites ? » J'ai répondu : « Ce n'est pas drôle. » Alors, elle a dit pour m'encourager : « Allez, ne vous en faites pas, nous serons de la même fournée, nous ferons le voyage ensemble. »

Elle a cru que je disais cela parce que je craignais pour moi. Mais elle se trompait. C'est pour les autres, pour tous ceux qui sont arrêtés chaque jour, pour tous ceux qui ont déjà passé par là. Je souffre en pensant à la souffrance des autres. S'il n'y avait que moi, tout serait si facile. Je n'ai jamais pensé à moi, et ce ne serait pas maintenant que je commencerais. Je souffre de la chose en elle-même, de cette monstrueuse organisation des persécutions, de la déportation en elle-même. Comme elle se trompait !

7 h 15

Je viens de recevoir la visite d'un ancien prisonnier du camp du petit Paul, qui m'avait écrit pour me demander ce qu'il pouvait faire pour lui.

Il avait les yeux creusés et la maigreur des prisonniers libérés. Sa visite m'a fait plaisir, car c'est un homme qui a souffert, qui a vu et qui comprend. Il ne savait pas que les Allemands s'attaquaient aux femmes et aux enfants. Mais il n'y a pas eu de résistance pour lui faire accepter le fait.

Il m'a raconté que près de Hambourg, dans une ferme, il avait vu arriver une vingtaine de femmes juives déportées de Vienne, de tous les milieux, certaines très bien. Je lui ai demandé comment elles étaient traitées. « Avec une brutalité inouïe. Réveillées à coups de cravache à cinq heures, envoyées aux champs toute la journée, ne rentrant que le soir, couchant dans deux chambres minuscules, sur des lits de planches superposées. Le fermier les brutalisait, la femme avait un peu pitié, et les nourrissait à peu près. »

Qui avait donné le droit à ce fermier de traiter comme des bêtes des êtres humains qui lui étaient sûrement supérieurs dans leur valeur spirituelle ?

Il m'a dit aussi, à propos des fosses de Katyń[1], qu'il avait *assisté* à des scènes exactement semblables. En 41, il est arrivé à son Stalag des milliers de prisonniers russes dans un dénuement effroyable, mourant de faim. Le

---

1. En avril 1940, sur ordre de Staline, 4 500 officiers polonais sont délibérément assassinés dans la forêt de Katyń. En avril 1943, après la découverte des victimes, Goebbels fait de ce massacre un des principaux thèmes de la propagande nazie contre l'Union soviétique.

typhus s'est établi là-dedans ; des centaines mouraient chaque jour. Chaque matin, les Allemands allaient achever à coup de revolver ceux qui ne pouvaient plus se lever. Alors, les malades, pour ne pas subir ce sort, se faisaient soutenir sous les bras par leurs camarades valides pour être dans les rangs. Les Allemands donnaient des coups de crosse sur les mains de ceux qui les soutenaient. Les malades tombaient, ils les entassaient sur des charrettes, en les dépouillant de leurs bottes et de leurs vêtements, les menaient jusqu'à une fosse où ils les déchargeaient sur des *fourches à fumier*, et les jetaient dans la fosse pêle-mêle avec les cadavres, un peu de chaux vive là-dessus. Et c'était fini.

À peu près le récit du garçon de salle des Enfants-Malades. *Horror ! Horror ! Horror !*

À mes parents, Denise et François Job, au cœur de la tourmente, qui ont accepté de répondre à toutes mes questions, et m'ont transmis ce qu'ils ont vécu. Je leur exprime toute mon affection.
À Jean Morawiecki, dont l'engagement et le soutien moral ont été indispensables.

Mariette Job.

Sa sœur Nadine, son frère Didier, ses cousins Maxime, Yves et Irène, nés pendant ou juste après le conflit, marqués depuis toujours par l'histoire et la fin tragique de leur tante, ainsi que leurs enfants, remercient chaleureusement Mariette pour son précieux travail de « passeuse » fidèle et passionnée du journal d'Hélène Berr.

Familles Schwartz et Job.

UNE VIE CONFISQUÉE

par Mariette Job

> Cela m'est un bonheur de penser que si je suis prise, Andrée aura gardé ces pages, quelque chose de moi, ce qui m'est le plus précieux, car maintenant je ne tiens plus à rien d'autre qui soit matériel ; ce qu'il faut sauvegarder, c'est son âme et sa mémoire.
>
> Hélène Berr,
> *Journal*, 27 octobre 1943.

> La seule expérience de l'immortalité de l'âme que nous puissions avoir avec sûreté, c'est cette immortalité qui consiste en la persistance du souvenir des morts parmi les vivants.
>
> *Journal*, 30 novembre 1943.

Hélène Berr est née le 27 mars 1921 à Paris. Ses parents, Antoinette, née Rodrigues-Ély, et Raymond Berr, sont tous deux d'origine juive, de vieille souche française.

Le couple à cinq enfants : Jacqueline, née en 1915 et morte de la scarlatine à l'âge de 6 ans, Yvonne, née en 1917, Denise, en 1919, Hélène, en 1921 et Jacques, en 1922. Après des études secondaires au cours Boutet de Monvel, Hélène passe ses deux baccalauréats avec la mention « très bien », le premier en 1937 (option latin-langues), le second en juin 1938 (option philosophie).

En 1940 et 1941, elle obtient dans les mêmes conditions sa licence d'anglais à la Sorbonne, puis en juin 1942 son diplôme d'études supérieures de langue et littérature anglaise, avec un mémoire remarqué sur « l'interprétation de l'histoire romaine dans Shakespeare », qui reçoit la note de 18/20 et la mention « très bien ». En octobre 1942, ne pouvant préparer le concours de l'agrégation dont l'exclut la législation antijuive de Vichy, elle dépose un projet de thèse de doctorat de lettres, consacré à l'influence de l'inspiration hellénique sur Keats.

Dès 1941, elle agit au sein de l'Entraide temporaire, organisation clandestine créée par Denise et Fred Milhaud[1]. Avec sa sœur Denise et sa cousine, Hélène participe au placement des enfants chez des nourrices, notamment en Saône-et-Loire. Antoinette, sa mère, est chargée de rechercher des fonds auprès de particuliers ou d'entreprises. Hélène s'affirme comme le soutien des enfants juifs. Elle se refuse à les abandonner, prête à offrir sa vie pour donner le témoignage auquel elle veut rester fidèle.

Le 7 avril 1942, elle commence à tenir son journal, dans lequel elle consigne les événements quotidiens de sa vie. Elle l'interrompt du 28 novembre 1942 au 25 août 1943.

Sa sœur Yvonne, mariée en 1939 à Daniel Schwartz et mère d'un petit garçon, Maxime, part en zone libre, ainsi que son frère Jacques. Le 12 août 1943, sa sœur Denise épouse François Job. Hélène se retrouve donc seule avec

---

1. Organisation qui aide au sauvetage d'environ 500 enfants sur les 11 000 déportés, dont 2 000 n'avaient pas 6 ans.

ses parents dans l'appartement familial, 5, avenue Élisée-Reclus, dans le 7ᵉ arrondissement de Paris. Elle confie régulièrement les pages du journal à Andrée Bardiau, au service de la famille durant un demi-siècle, avec mandat de le remettre à son fiancé Jean Morawiecki, au cas où elle serait arrêtée. Hélène a rencontré Jean en novembre 1941 dans le grand amphithéâtre de la Sorbonne. Le 26 novembre 1942, il quitte Paris pour gagner par l'Espagne l'Afrique du Nord et y rejoindre les Forces français libres[1].

Dès 1942, la persécution s'est abattue sur la famille Berr. Le 23 juin, Raymond Berr est arrêté chez Kuhlmann, dont il est le vice-président-directeur général[2]. Il est interné au camp de Drancy. Grâce au versement d'une caution par Kuhlmann, les autorités allemandes le libèrent le 22 septembre 1942, tout en lui imposant de remplir ses fonctions uniquement chez lui, sans avoir de contact avec le public. L'étau se resserre, cependant, et la famille doit de plus en plus souvent quitter son domicile. Le 14 février 1944, Hélène Berr écrit : « Je continue à coucher chez Andrée, les parents chez les L. Tous les soirs, au moment de partir, il y a dans l'air un élément de discussion [...]C'est seulement la fatigue, la tentation de passer la soirée chez nous, d'aller nous coucher dans nos lits, qui font remonter à la surface une opposition déjà examinée et rejetée volontairement. » Différentes personnes les accueillent alors. Le 7 mars 1944, les Berr décident de revenir dormir chez eux. C'est là qu'ils sont arrêtés le 8,

---

1. Il participe au débarquement de Provence en août 1944 et se trouve en Allemagne en 1945, au sein des forces d'occupation alliées.

2. Il a joué un rôle essentiel dans l'essor de la chimie industrielle en France entre les deux guerres.

à 7 h 30, avant d'être transférés vers Drancy. Hélène est déportée avec ses parents le 27 mars 1944, jour de ses 23 ans.

Raymond est affecté au camp d'Auschwitz III-Monowitz, où il est assassiné à la fin du mois de septembre 1944. David Rousset l'évoque ainsi en 1947 dans *Les Jours de notre mort* :

> « Le souvenir de Raymond Berr l'aidait. Rentré au KB pour un phlegmon à la jambe, bien soigné par le *Blockältester* du 16, un juif allemand communiste, et par le jeune *Stubendienst*[1] polonais Manelli, Raymond Berr n'avait pu échapper au médecin chef polonais, un antisémite farouche qui, après l'avoir opéré, avait dû vraisemblablement l'empoisonner sur ordre supérieur.
> Bernard se souvenait avec étonnement de sa façon claire et captivante, même pour un homme simple, de parler des mathématiques. Et c'était avec le même esprit de détachement singulier qu'il étudiait devant eux, pour eux, pour lui, son expérience des camps. Une telle puissance de la volonté, une décision si constamment maintenue de rester maître de soi, excitait en Bernard une émulation fervente. Il avait encore, sa jeunesse était si forte, de ces enthousiasmes.
> Il se créait des figures idéales qu'il admirait de la même façon que certains croient jusqu'à leur mort

---

1. Le *Krankenbau* (KB), littéralement « hôpital », est le nom officiel de l'infirmerie du camp ou *Revier*. Le *Blockältester* est le doyen du bloc (baraque des détenus), responsable de celui-ci et de son effectif devant les SS. Le *Stubendienst* est chargé de l'entretien.

aux héros de légende. Il voulait finir comme Raymond Berr[1]. »

Antoinette est conduite à la chambre à gaz le 30 avril 1944. Seule Hélène survit plus d'un an. Elle fait l'évacuation d'Auschwitz et se trouve début novembre à Bergen-Belsen[2]. Atteinte du typhus, elle succombe aux mauvais traitements début avril 1945, quelques jours avant la libération du camp par les Anglais.

Lorsque la nouvelle de sa mort se révèle certaine, son frère Jacques en instruit Jean Morawiecki, auquel il adresse le manuscrit que lui a remis Andrée Bardiau. Voici ce que Jean Morawiecki écrit le 20 juin 1946, dans une lettre adressée à Denise Job :

« Les êtres comme Hélène – je ne suis pas sûr qu'il y en ait – ne sont pas seulement beaux et forts en eux-mêmes. Ils propagent le sens de la beauté et donnent la force à ceux qui savent les comprendre. Pour moi, Hélène était le symbole de la Force – de la Force radieuse, qui est magnétisme, beauté, harmonie, persuasion, confiance et loyauté. Tout cela a sombré. Avec elle disparaît la femme que j'aimais, et plus encore cette âme si proche de la mienne (la lecture du journal achève de me l'apprendre d'une manière poignante). Tout ce que je lui avais donné, confiance, amour, élan, elle l'emporte avec elle – je ne puis même pas dire : dans la tombe ; c'est atroce, n'est-ce pas. Elle emporte aussi le trésor merveilleux

---

1. David Rousset, *Les Jours de notre mort*, Paris, Éd. du Pavois, 1947, p. 512 (réédition Hachette, coll. « Pluriel », 2005).
2. Témoignage de Mylène Weil, janvier 2008.

de force que je savais pouvoir puiser en elle dans l'avenir, auquel j'avais eu un peu recours déjà – mais six mois, qu'est-ce ? Oui, six mois seulement ont suffi pour attacher nos deux existences avec un lien que seul la mort pouvait défaire, que seul la mort a défait. Malgré la séparation, Hélène occupait en moi une place toujours croissante ! Tout se mettait en réserve pour elle. Comment ai-je pu la quitter sans la savoir à l'abri ! »

Parallèlement, le journal, qui a été tapé à la machine par un employé de chez Kuhlmann, circule dans la famille. Le 9 novembre 1992, je décide de retrouver l'original. Je pense immédiatement à Jean, à qui le journal est dédié. Sachant qu'il a été conseiller d'ambassade, j'adresse un courrier à son attention au ministère des Affaires étrangères. Dès réception de ma lettre, il me téléphone et me propose de venir le voir chez lui. Nous entamons une série de rencontres extraordinaires, durant lesquelles il se raconte et me raconte, la présence d'Hélène autour de nous. Le 18 avril 1994, il me confie l'original et me rend héritière du journal.

Je découvre une série de feuillets de cahier d'écolier, rangés à l'intérieur d'une enveloppe kraft, intacts ; ce long journal, dont la forme aussi révèle la personnalité d'Hélène, est écrit entièrement à la main, paragraphe par paragraphe, presque sans ratures, sans retouches. Le texte est étonnamment clair, la pensée se déroule sans le moindre repentir, d'un seul jet, dans un équilibre parfait de la pensée et de l'émotion.

En 2002, avec l'accord de ma famille, je fais don de l'original au Mémorial de la Shoah. J'ai la chance d'y rencontrer Karen Taïeb, responsable des Archives, à qui je remets les documents sur ma famille. Son écoute passionnée et son travail remarquable de reconstitution permettent de faire vivre ce document.

Au Mémorial, une vitrine est consacrée à l'exposition du journal et à l'histoire de la famille Berr, dans le cadre de l'exposition permanente de la vie des juifs de France sous l'Occupation ; un jour de visite, j'y ai trouvé un essaim de jeunes filles penchées au-dessus de la vitrine, essayant de décrypter l'écriture manuscrite, tandis que d'autres attendaient sagement leur tour, assises sur un banc.

Au travers de cette période d'enfer, de cette insoutenable cruauté des faits, il reste cette présence forte et lumineuse d'Hélène, pour toujours.

Que ce journal, acte de survie, se transmette au fil du temps, et nourrisse la mémoire de tous ceux dont les mots ont été anéantis.

Octobre 2007.

« LA PHOTO VOLÉE »

« Je regarde souvent cette photo. Elle était jeune, belle, intelligente et secourable. Elle m'a donné des vêtements chauds quand nous avions froid. Nous bavardions chaque fois que cela a été possible. Sa mère a été gazée le 30 avril 1944, après la sélection. Je l'avais rencontrée quinze jours avant, sans la reconnaître tout d'abord, et avais promis d'aller voir sa fille.
Cette photo, je l'ai retrouvée, je ne sais plus quand, dans un carton, et je l'ai gardée.
Elle est morte à vingt-quatre ans, quelques jours avant la libération de Bergen-Belsen. »

Texte de Louise Alcan, amie de la famille, extrait du livre *Le Temps écartelé*, 1980.

I

LA FAMILLE D'HÉLÈNE BERR

Sa grand-mère [Bonne Maman] :
• Berthe Rodrigues-Ély, mère d'Antoinette.

Ses parents :
• Raymond Berr (1888-1944), vice-président directeur général des usines Kuhlmann.
• Antoinette Berr, née Rodrigues-Ély (1891-1944).

Ses frères et sœurs :
• Jacqueline Berr (1915-1921).
• Yvonne Schwartz, née Berr (1917-2001), mariée à Daniel Schwartz (né en 1917).
• Denise Job, née Berr (née en 1919), mariée à François Job (1918-2006), frère des jumelles Nicole et Jacqueline Job.
• Jacques Berr (1922-1998).

Son fiancé :
• Jean Morawiecki [J. M.] (né en 1921).

II

LES LECTURES D'HÉLÈNE BERR

- Maurice Baring, *Daphne Adeane*, roman, 1927.
- *Beowulf*, poème épique anglo-saxon du haut Moyen Âge (édition illustrée par Rockwell Kent, 1932).
- Louis Bromfield, *La Mousson (The Rains Came)*, roman, 1937.
- Lewis Carroll, *Alice's Adventures in Wonderland (Alice au pays des merveilles)*, roman, 1865 ;
  Through the Looking-Glass (De l'autre côté du miroir), roman (suite du précédent), 1887 ;
  La Chasse au Snark, récit poétique, 1876.
- Joseph Conrad, *Heart of Darkness (Au cœur des ténèbres)*, nouvelle, 1899 ;
  Lord Jim, roman, 1900.
- Fedor Dostoïevski, *Crime et Châtiment*, roman, 1866 ;
  L'Éternel mari, roman, 1870 ;
  L'Adolescent, roman, 1875 ;
  Les Frères Karamazov, roman, 1880.
- Georges Duhamel, *Vie des martyrs*, récit, 1917.
- John Galsworthy, *The Freelands*, roman, 1915.
- André Gide, *L'Immoraliste*, récit, 1902 ;
  La Porte étroite, récit, 1909
- Oliver Goldsmith, *The Good Natured Man*, comédie, 1768.
- Elizabeth Goudge, *Island Magic (L'Arche dans la tempête)*, roman, 1934.

- Kenneth Grahame, *The Wind in the Willows (Le Vent dans les saules)*, roman, 1908.
- Thomas Hardy, *Jude l'Obscur (Jude the Obscure)*, roman, 1895.
- Heinrich Heine, *Poèmes*.
- Ernest Hemingway, *A Farewell to Arms (L'Adieu aux armes)*, roman, 1929.
- Hugo von Hofmannsthal, *Écrits en prose*, traduction de 1927.
- Aldous Huxley, *Marina di Vezza (Those Barren Leaves)*, roman, 1925 ;
  Contrepoint (Point Counter Point), roman, 1926.
- Henrik Ibsen, *Brand*, drame, 1865.
- John Keats, *Endymion, A Poetic Romance*, 1818 ;
  Hyperion. A Fragment, poème, 1819 (publié en 1820) ;
  This Living Hand (Cette main vivante), poème, 1819 (publié en 1898) ;
  Odes, notamment l'*Ode à l'automne (To Autumn)*, 1819 (publié en 1820) ;
  John Keats, selected and edited by Henry Newbolt, s. l., Thomas Nelson, 1923.
- Rudyard Kipling, *Rikki-Rikki-Tavi*, nouvelle parue dans *Le Livre de la Jungle*, 1894 ;
  Un beau dimanche anglais (My Sunday at Home), nouvelle parue dans *The Day's Work*, 1898.
- Alexandre Kouprine, *Le Duel*, roman, 1904.
- Rockwell Kent, *Salamina*, récit de voyage illustré, 1935.
- Walter de La Mare, *Poèmes* ; *Peacock Pie*, 1913.
- Alan Alexander Milne, *Winnie-the-Pooh (Winnie l'ourson)*, conte pour enfants, 1926 ;
  un recueil de poèmes pour enfants, soit *When We Were Very Young* (1924), soit *Now We Are Six* (1927).
- Roger Martin du Gard, *Les Thibault*, 8e volume : *Épilogue*, 1940.
- Herman Melville, *Moby Dick*, roman, 1851 (édition illustrée par Rockwell Kent, 1930).
- Charles Morgan, *Sparkenbroke*, roman, 1936.
- Axel Munthe, *The Story of San Michele*, mémoires, 1929.

- Guy de Pourtalès, *La Pêche miraculeuse*, roman, 1937.
- Rainer Maria Rilke, *La Chanson de l'amour et de la mort du cornette Christophe Rilke*, 1904 ;
Les Cahiers de Malte Laurids Brigge, 1910 ; *La Mousson*.
- William Shakespeare, *Théâtre complet*, notamment *Othello* (1604) et *Coriolan* (1607) ;
Sonnets (1609) ;
Trilogie shakespearienne, traduction de *Hamlet*, *Mesure pour Mesure* et *La Tempête*, par Guy de Pourtalès, 1929.
- Percy Bysshe Shelley, *Prometheus Unbound (Prométhée délivré)*, 1820 ;
Adonaïs, élégie sur la mort de John Keats, 1821 ;
A Defence of Poetry (Défense de la poésie), essai, 1821 (publié en 1840).
- Laurence Sterne, *A Sentimental Journey through France and Italy*, roman, 1768.
- Anton Tchekhov, *Oncle Vania*, comédie dramatique, 1899 ;
Tales, un recueil des nouvelles, probablement la traduction anglaise de 1917-1921, par Constance Garnett.
- Léon Tolstoï, *Résurrection*, roman, 1900.
- Paul Valéry, *Tel quel*, 1941.
- Mary Webb, *Gone to Earth*, roman, 1917.

III

LETTRE D'HÉLÈNE BERR À SA SŒUR DENISE,
LE JOUR DE SON ARRESTATION

8 mars 1944
19h20

Ce matin à 7h30, dring ! Je croyais que c'était un pneu !! Vous savez la suite. Mesure individuelle. Henri [Raymond Berr] visé, soit disant à cause de trop nombreuses interventions il y a dix-huit mois. Petit voyage en auto particulière jusqu'en face, chez Gaston Bébert [le commissariat]. Station dans l'auto. Et arrivée ici, dépôt du VIIIe sous le cirque Raincy ! Marcel [la police française] ce matin était désagréable (à mon avis). Ici, ils sont gentils. Nous attendons. Il y a un chat nommé Négus ! N'avons pas emporté beaucoup d'affaires. Voudrais culotte de ski et bottines (pour maman) et Rücksack pour moi. Petite valise pour maman.

Espère que Denden [Denise] fera attention à sa santé ; le petit Jito [de Jitomir, ville de Russie, surnom donné par Denise à son enfant à naître] serait bien chez mon cousin Paul [sage-femme à Hargeville]. Henri [Raymond Berr] n'a [avec lui] qu'un enfant, Hélène, il y tient. Mais si Denise venait au monde [accouchait], faites tout pour elle.

Que Nickie aille voir sa belle-mère pour lui raconter. J'ai eu le temps de mettre de côté les livres de la Sorbonne. Vous voyez si je suis soigneuse ! Qu'on tâche de trouver Supponéryl [somnifère] pour Minnie [Antoinette Berr]. Andrée [Bardiau] en a peut-être ? Probable que UG [Ugif] fera son possible. En tous cas, quoi qu'il arrive, nous avons bien l'intention de revenir. Je m'y attendais tellement ! Je n'ai pas encore visité le Gospodje [toilettes, souvenir d'un voyage en Yougoslavie] d'ici. Papa dit qu'il est convenable.

Denden ne doit pas aller visiter Elisée [Reclus]. Minnie s'y oppose absolument. Philippe D. fera le nécessaire pour Auber[genville], comme il le sait. Et parle à Charles et à Lucie [Jacques et Yvonne Schwartz] auxquels nous pensons de tout cœur. Ils pensent que j'ai toujours mon sense of humor (témoin mon histoire de Gospodje !) Tout va bien, chérie. A bientôt. Dix mille baisers.

Linlin

TABLE DES MATIÈRES

Préface, par Patrick Modiano — 7

Journal d'Hélène Berr — 15

   1942 — 17

   1943 — 167

   1944 — 255

Une vie confisquée, par Mariette Job — 283

« La photo volée » — 291

La famille d'Hélène Berr — 293
Les lectures d'Hélène Berr — 295
Lettre d'Hélène Berr à sa sœur Denise,
   le jour de son arrestation — 299

TABLE DES MATIÈRES

Préface, par Patrick Modiano — 7

Journal d'Hélène Berr — 15

    1942 — 17

    1943 — 167

    1944 — 255

Une vie confisquée, par Mariette Job — 283

« La photo volée » — 291

La famille d'Hélène Berr — 293
Les lectures d'Hélène Berr — 295
Lettre d'Hélène Berr à sa sœur Denise,
    le jour de son arrestation — 299

Depuis sa création au printemps de l'année 1943, le Centre de Documentation Juive Contemporaine s'est donné pour mission de collecter les documents qui pourraient permettre d'écrire l'histoire de la persécution des Juifs pendant la Shoah.

Le CDJC a tout naturellement trouvé sa place au sein du Mémorial de la Shoah dont les nouveaux locaux ont ouvert rénovés et agrandis, le 27 janvier 2005.

Les collections du CDJC sont riches de plusieurs millions de pages, mais l'une de ses spécificités tient sans doute à l'importance des fonds d'archives privées qu'il détient.

Comme Mariette Job qui est venue un jour de 2002 nous confier le journal d'Hélène Berr, un document exceptionnel et le trésor douloureux de toute une famille, chaque année des dizaines de personnes déposent aux archives du CDJC lettres, photos, objets et documents de toute nature. Ces pièces sont parmi leurs biens les plus précieux, souvent l'unique trace d'un père, d'une mère, d'un être cher, assassinés pendant la Shoah.

En conservant ces documents, en les portant à la connaissance du plus grand nombre au travers d'expositions historiques, de films, de documentaires, de travaux universitaires, ou comme ici, de publications, nous préservons à jamais leur mémoire, leur histoire, leur visage.

Merci à Mariette Job et à sa famille d'avoir déposé l'ensemble de leurs archives et de nous avoir accordé leur confiance.

Si vous aussi vous disposez de documents que vous souhaitez nous confier, contactez-nous :

Mémorial de la Shoah, CDJC
17, rue Geoffroy l'Asnier
75004 Paris
Tél : 01 42 77 44 72
Mél : archives@memorialdelashoah.org

Achevé d'imprimer par GGP Media GmbH, Pößneck
en septembre 2008
pour le compte de France Loisirs,
Paris

N° d'éditeur: 52984
Dépôt légal: septembre 2008
Imprimé en Allemagne